초등 때 키운 한자 어휘력!
나를 키운다 2

| 저자 소개 |

이재준

• 1950년 출생.
• 교육대학을 졸업하고 20여 년간 초등학교에서 재직하였다.
• 퇴직한 후에 다년간 초등학생들을 위한 한자교실을 운영하였다.

초등 때 키운 한자 어휘력! 나를 키운다 2

발행일   2023년 12월 8일

지은이   이재준
펴낸이   손형국
펴낸곳   (주)북랩
편집인   선일영   편집   윤용민, 배진용, 김부경, 김다빈
디자인   이현수, 김민하, 임진형, 안유경   제작   박기성, 구성우, 이창영, 배상진
마케팅   김회란, 박진관
출판등록   2004. 12. 1(제2012-000051호)
주소   서울특별시 금천구 가산디지털 1로 168, 우림라이온스밸리 B동 B113~114호, C동 B101호
홈페이지   www.book.co.kr
전화번호   (02)2026-5777   팩스   (02)3159-9637

ISBN   979-11-93499-69-6 64710 (종이책)   979-11-93499-70-2 65710 (전자책)
            979-11-93499-67-2 64710 (세트)

(주)북랩 성공출판의 파트너
북랩 홈페이지와 패밀리 사이트에서 다양한 출판 솔루션을 만나 보세요!
홈페이지 book.co.kr   •   블로그 blog.naver.com/essaybook   •   출판문의 book@book.co.kr

작가 연락처 문의 ▶ ask.book.co.kr
작가 연락처는 개인정보이므로 북랩에서 알려드릴 수 없습니다.

초등 때 키운

한자 어휘력!
나를 키운다

2

차근차근 꾸준히

머리말

    같은 글을 읽으면서도 어떤 사람은 쉽게 이해하고 어떤 사람은 제대로 이해하지 못합니다. 그런가 하면 누구는 어떤 사실이나 자기의 생각을 간결하고 명확하게 잘 표현하는데 누구는 그렇지 못합니다. 왜 그럴까요? 그것은 사람에 따라 문해력과 어휘 구사력, 즉 어휘력이 있기도 하고 그렇지 못하기 때문입니다.

    우리는 한글이 만들어지기 전에는 한자를 우리 글자처럼 사용하였고 한글이 만들어진 뒤에도 여전히 한자를 사용해왔습니다. 그래서 우리말의 많은 어휘(낱말들)는 한자로 이루어진 한자어이며, 더욱이 교과 학습의 밑바탕이 되는 중요한 학습 용어는 90퍼센트 이상이 한자어입니다. 따라서 문해력을 키우고 온전한 학습을 이루어 나가기 위해서는 한자와 함께 한자어를 익혀야 합니다.

    초등학교 고학년에서 중학교로 이어지는 시기는 인지 발달로 추상적, 논리적 사고를 할 수 있기에 교과 학습에서 사용하는 어휘가 크게 늘어나게 되는 때입니다. 그러므로 원활한 학습을 위해서는 어휘력을 키워야 하는데, 이때는 인지 기능이 활발하고 어휘 습득력도 왕성하므로 현재의 학습은 물론 앞날의 더 큰 학업 성취와 성숙한 언어 생활을 위해 어휘력을 키우기에 어느 때보다도 좋은 시기입니다.

    지은이는 오랫동안 학교에서 학생들과 생활하며 한자와 한자어 학습 자료를 만들고 지도하여 많은 성과와 보람이 있었습니다. 학생 지도의 오랜 경험을 바탕으로 그동안 활용하던 자료를 정리하고 보완하여 누구나 스스로 배우고 익히도록 이 책을 엮었습니다.

    쉬운 것만을 찾고 편하게 공부하려 한다면 그 이상의 발전을 기대할 수 없습니다. 마음 먹고 차근차근 꾸준히 배우고 익히면 어느덧 한자와 한자어에 대한 이해와 함께 어휘력이 쌓이고 사고력과 학습 능력도 늘어나 뿌듯한 성취감을 느낄 것입니다. 그리고 앞으로 더욱더 많은 한자와 한자어를 쉽게 익힐 수 있는 힘이 갖추어질 것입니다.

2023년 12월 이재준

초등 때 키운
한자 어휘력! 나를 키운다

구성과 특징
* 혼자서 공부할 수 있어요 *

1. 많이 쓰이는 한자 1162자와 그 한자들로 이루어진 한자어를 익힙니다.
   ☞ 기본이 되는 한자 1162자와 이들로 이루어진 한자어를 익히므로 문해력은 물론
   모든 교과 학습과 독서, 논술 등에 바탕이 되는 어휘력과 사고력을 기릅니다.

2. 옛일에서 비롯된 성어와 생활 속에서 이루어진 성어 228개를 익힙니다.
   ☞ 한자성어의 함축된 의미와 그에 담긴 지혜와 교훈을 이해하고 적절한 활용을 익혀
   글을 읽고 이해하는 배경 지식을 쌓고 상황에 알맞은 표현을 구사할 수 있게 합니다.

3. 획과 필순을 익혀 한자의 모양을 파악하고 바르게 쓸 수 있도록 합니다.
   ☞ 한자를 처음 대하면 글자의 모양이 복잡하게 느껴지고 어떻게 써야 할지 모르는데,
   획과 필순을 익히면 글자의 모양을 쉽게 파악할 수 있고 바르게 쓸 수 있습니다.

4. 한자의 바탕이 되는 갑골문을 살펴보며 한자의 이해와 학습을 돕습니다.
   ☞ 처음 글자는 그림의 모습을 하고 있어서 뜻하는 것을 쉽게 알 수 있으며, 이는 모든
   한자의 바탕이 되는 글자로 한자를 배우고 익히는 데에 큰 도움이 됩니다.

5. 앞서 배운 한자가 뒤에 한자를 이해하는 데 도움이 되는 순서로 배웁니다.
   ☞ 즉 '日(날 일)', '月(달 월)', '門(문 문)'과 '耳(귀 이)' 등을 먼저, '明(밝을 명)', '間(사이 간)',
   '聞(들을 문)' 등을 뒤에 배우는 것으로, 한자를 배우고 익히는 데에 효과적입니다.

6. 새 한자를 배우면 앞서 배운 한자와 이루어진 한자어를 익혀 나갑니다.
   ☞ 한자 학습이 한자어 학습으로 이어져 한자어의 뜻과 활용을 효과적으로 익힐 수
   있으며 바로 어휘력이 됩니다. 그리고 이때 한자도 반복 학습이 이루어집니다.

7. 한자어를 이루는 한자의 뜻과 결합 관계로 한자어의 뜻을 알도록 합니다.
   ☞ 한자의 말을 만드는 기능을 이해하게 되어 다른 한자어의 뜻도 유추할 수 있게 됩니다.
   이로써 한자어에 대한 이해력과 적응력이 커지고 우리말 이해의 폭이 넓어집니다.

8. 학습 진행에 따라 알아야 할 것과 참고할 것을 각 권에 적었습니다.
   ☞ 1권 – 한자의 획과 필순. 2권 – 한자의 짜임. 3권 – 한자의 부수. 부수의 변형.
   4권 – 한자어의 짜임. 5권 – 자전 이용법.

– 한 묶음(12 글자) 단위로 **학습 활동**을 엮었습니다. –

공부할 한자

- 공부할 한자를 살펴보며 글자의 모양을 파악하도록 합니다.
- 공부할 한자의 음과 훈을 알도록 합니다.

알아보기

- 주어진 내용의 글에서 공부할 한자로 이루어진 한자어의 뜻과 쓰임을 알아 봅니다.
- 공부할 한자가 이루어진 근원과 지니는 뜻을 알아보고 필순을 따라 바르게 써 봅니다.

새기고 익히기

- 배울 한자가 지니는 뜻을 새기고 앞서 배운 한자와 이루어진 한자어의 뜻과 활용을 익힙니다.
- 한자어를 이루는 한자의 뜻을 결합 관계에 따라 연결하여 한자어의 뜻을 알도록 합니다.
- 예문을 통해 한자어의 뜻과 활용을 익힙니다.

한자성어

- 한자성어의 뜻과 그 속에 담긴 함축된 의미를 이해하고 그에 적합한 활용을 익힙니다.

더 살펴 익히기

- 한자가 지닌 여러 뜻을 살펴보고 그 뜻으로 결합된 한자어를 익힙니다.
- 비슷한 뜻, 상대되는 뜻을 지니는 한자를 살펴 익힙니다.
- 한자 성어가 지니는 의미와 성어를 이루는 개별 한자의 뜻을 한 번 더 익힙니다.

어휘력 다지기

- 배운 한자로 이루어진 한자어의 뜻과 활용을 익혀 가다듬습니다.
- 한자가 글자의 조합으로 말(한자어)을 만드는 기능을 알 수 있어 우리말(한자어) 이해의 폭이 넓어집니다

되새기기

- 배운 한자를 음과 뜻을 되새기며 필순에 따라 한 번 더 쓰면서 한 묶음의 한자 공부를 마무리 짓습니다.

차례

한자의 짜임

한자가 만들어진 원리를 알아보자

한자의 시초는 어떤 물체의 모양을 본떠서 그 뜻을 나타내는 글자를 만든 것이었다.
그리고 형체가 없는 추상적인 뜻은 선이나 점 등의 부호를 사용하여 나타내었다.
그리고 점차 더 많은 것을 나타내기 위하여 이미 만들어진 글자들을 조합하여 새로운 글자를
만들어 갔다. 이렇게 한자가 만들어진 원리를 설명한 것이 상형, 지사, 회의, 형성이다.

상형 은, '사물의 모양을 본뜨다' 는 뜻으로,
상형자는 구체적인 사물의 모양을 본떠서 만든 한자이다.

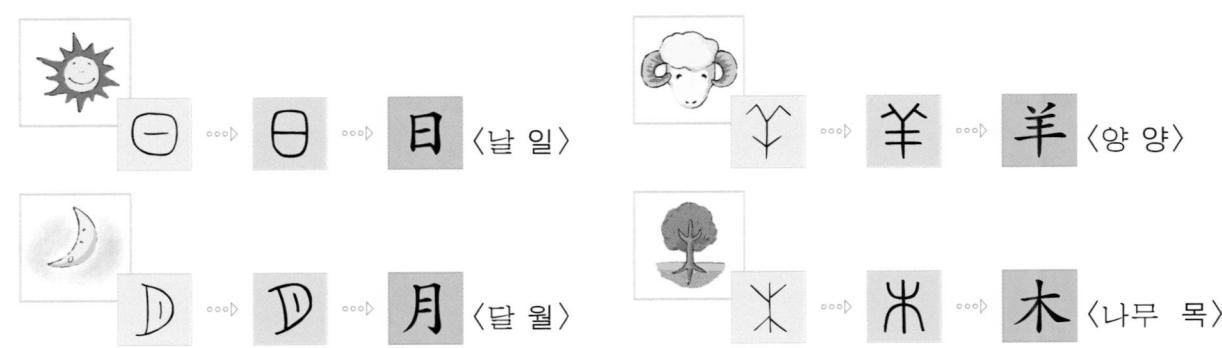

■ 한자는 상형에서 출발한 것이다.
　따라서 상형자는 한자를 형성하는 가장 기본적인 글자이다.

지사 는, '어떤 일(생각이나 뜻)을 가리키다' 는 뜻으로,
지사자는 추상적인 뜻을 점이나 선으로 나타낸 한자이다.

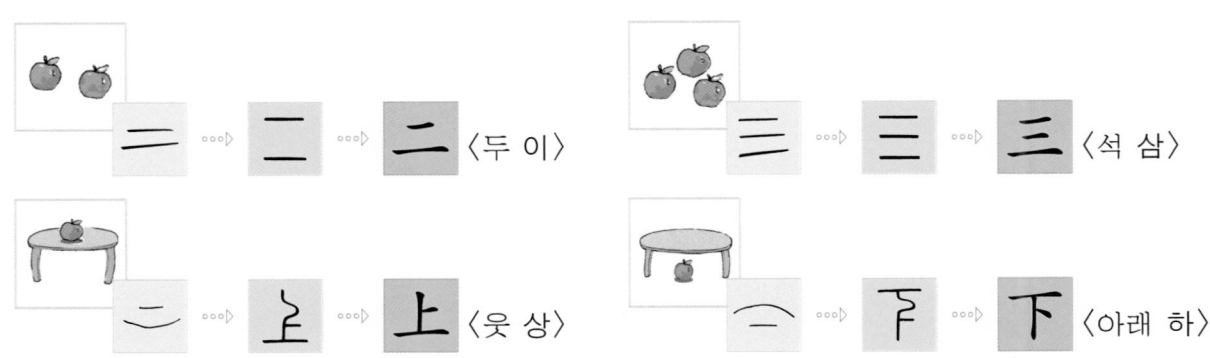

■ '二', '三' 은 수효를 기호화한 것이고,
　'上', '下' 는 기준 선의 위 ━와 아래 ━를 가리켜 나타낸 것이다.

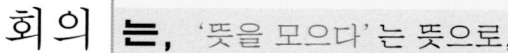

회의 는, '뜻을 모으다'는 뜻으로,
회의자는 이미 만들어진 글자의 뜻과 뜻을 합쳐 새로 만든 한자이다.

日	✚	月	⇨	明		田	✚	力	⇨	男
〈날 일〉		〈달 월〉		〈밝을 명〉		〈밭 전〉		〈힘 력〉		〈사내 남〉

■ 해와 달은 밝다.　　　　　　　　　■ 밭에서 힘써 일하는 사람은 사내.

형성 은, '모양(뜻)과 소리(음)'라는 뜻으로,
형성자는 이미 만들어진 글자의 음과 뜻을 합쳐 새로 만든 한자이다.

其	✚	土	⇨	基		水(氵)	✚	羊	⇨	洋
〈그 기〉		〈땅 토〉		〈터 기〉		〈물 수〉		〈양 양〉		〈바다 양〉

■ '기'란 음을 취함.　　　　■ '땅'이란 뜻을 취함.
■ '물'이란 뜻을 취함.　　　　■ '양'이란 음을 취함.

■ 한자는 대부분 형성의 원리로 만들어졌다. (한자의 80%이상)
■ 음을 나타내는 부분도 때로는 뜻을 나타내기도 한다.

전주 는, '돌리어 쓰다(끌어대다)'는 뜻으로,
본래의 뜻으로부터 다른 뜻으로 활용하는 것이다.

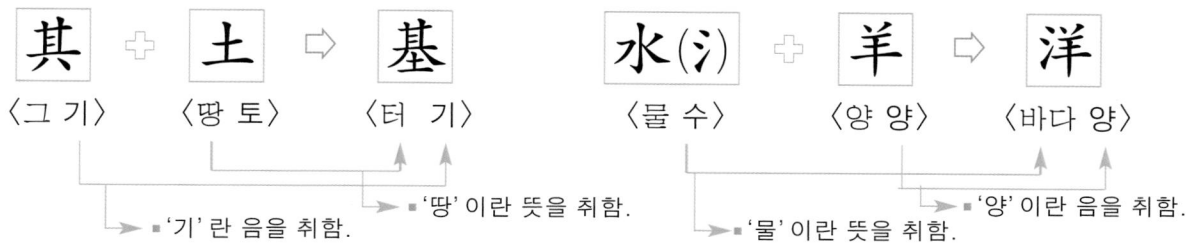

老 〈늙을 로〉 ■ 늙다 ⋯➡ 나이를 많이 먹다.
　　　　　　　■ 노련하다 ⬅⋯ 나이를 많이 먹으면 경험이 풍부하여 노련하다.
　　　　　　　■ 쇠약하다 ⬅⋯ 나이를 많이 먹으면 힘이 쇠하고 몸이 약해진다.

首 〈머리 수〉 ■ 머리 ⋯➡ 머리는 몸의 맨 위에 있다.
　　　　　　　■ 우두머리, 첫째 ⬅⋯ 머리는 맨 위에 있으므로.

가차 는, '임시로 빌리다'는 뜻으로,
글자의 뜻과는 관계 없이 음만을 빌려 쓰는 것이다.

　　　　　　■ 나무 찍는 소리 : 丁丁(정정)
　　　　　　■ 외국어 표기 : Asia ⇨ 亞細亞(아세아), Paris ⇨ 巴利(파리)

일러두기

★ 한자는 오랜 세월이 흐르는 동안 글자의 모양이 많이 변화되어 지금의 모습이 되었습니다. 그런데 처음의 글자(갑골문)는 그림의 모습을 하고 있어서 뜻하는 것을 쉽게 이해할 수 있습니다. 이는 모든 한자의 바탕이 되는 글자로 이를 살펴보는 것은 한자를 배우고 익히는 데에 큰 도움이 되며 재미도 있습니다. 갑골문이 없는 것은 그 자리를 비워 놓았습니다.

[갑골문이 있는 한자]

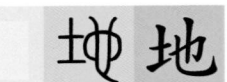

[갑골문이 없는 한자]

★ 새로운 한자를 배우는 대로, 앞서 배운 한자와 이루어진 한자어를 익혀나 갑니다. 이때 앞서 배운 한자는 뜻을 다시 새기면서 반복하여 익히게 됩니다. 처음 배우는 한자와 앞서 배운 한자를 바탕색으로 구분하였습니다.

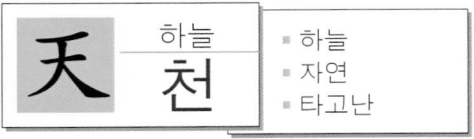

[처음 배우는 한자]

[앞서 배운 한자]

■ 공부할 한자의 모양을 살펴보며 음과 훈을 알아보자,

묶음 2-1

음 ■ 한자를 읽는 소리
아래 한자의 음을 찾아 적고 소리내어 읽어 보자.

– 바탕색과 글자색이 같은 것을 찾아 보자 –

훈 ■ 한자의 뜻 새김
한자의 음을 적고 훈과 함께 외어 보자.

初 처음	步 걸음	性 성품	能 능할
存 있을	在 있을	寸 마디	刻 새길
卽 곧	時 때	寺 절	院 집

알아보기

■ 한자어와 한자어를 이루는 개별 한자의 뜻을 알아보자.
■ 아래 한자어의 음을 적고 그 뜻을 생각하며 글을 읽어 보자.
■ 공부할 한자의 뜻을 알아보고 필순에 따라 바르게 써 보자.

初步 [　　　]　▶ 첫걸음

「 상대편 車는 그 당시 깜박이도 켜지 않은 채
제 車가 달리고 있던 차선으로 앞에서 갑자기
끼어들어 왔습니다. 그래서 직진하고 있었던
제 車와 충돌한 것입니다.
제가 初步 운전이어서 운전
솜씨는 노련하지 못하지만,
지금까지 交通 법규를
어긴 일은 없습니다. 」

• 車(차) • 交通(교통).　　* 노련하다: 많은 경험으로 익숙하고 능란하다.　# 능란하다: 익숙하고 솜씨가 있다.

初는 '옷'을 뜻하는 衤 ┅→ 衣(의)와 '칼'을 뜻하는 刂
┅→ 刀(도)를 결합한 것이다.　옷감을 마름질하여 옷을
짓기 시작하는 〈처음〉을 의미한다.

[새김] ■ 처음, 시초 ■ 시작 ■ 비로소

` ｽ ｿ ｹ ｹ 初 初			
初	初	初	初
初	初	初	初

步는 왼 발(止)과 오른 발(◡)이 한 걸음씩 앞으로 나
아가는 모습이다.　오른발 왼발을 번갈아 떼어놓는 〈발
걸음〉을 의미한다.

[새김] ■ 걸음 ■ 도보 ■ 행위 ■ (천문을)헤아리다

一 ┣ ┣ 廿 步 步 步			
步	步	步	步
步	步	步	步

새기고 익히기

■ 한자의 뜻을 새기고 그 한자로 이루어진 한자어를 익히자.
■ 한자의 뜻을 연결하여 한자어의 뜻을 생각해 보자.
■ 한자어의 뜻을 알고 예문을 통해 그 활용을 익히자.

初	처음 초	■ 처음, 시초 ■ 시작 ■ 비로소

步	걸음 보	■ 걸음 ■ 도보 ■ 행위 ■ (천문을)헤아리다

- 흐리게 나타난 한자어 위에 겹쳐서 쓰고 음을 적어라 -

期	기약할 기	■ 기약하다 ■ 때, 시기 ■ 기간

初期 [　] ▷ 암과 같은 병도 初期에 발견하면 완치가 가능하다.
처음　시기 ▶ 일정한 기간의 처음이 되는 때나 시기.

乳	젖 유	■ 젖 ■ 젖을 먹이다

初乳 [　] ▷ 初乳에는 신생아에게 꼭 필요한 성분들이 들어 있다.
처음에 나오는　젖 ▶ 분만 후 며칠간 분비되는 노르스름하고 묽은 젖.

道	길 도	■ 길 ■ 도리 ■ 행하다 ■ 기예

步道 [　] ▷ 步道에는 붉은 무늬의 블럭이 깔려 있었다.
걷는　길 ▶ 보행자의 통행에 사용하도록 된 도로.

兵	병사 병	■ 병사 ■ 군사 ■ 병기

步兵 [　] ▷ 삼촌은 步兵 장교로 군대 생활을 하였다.
도보로 싸우는　병사 ▶ 육군의 주력 부대를 이루는 전투 병과.

한 글자 더

存	있을 존	■ 있다 ■ 존재하다 ■ 살아 있다

☆ 객관적 현실적으로 존재하다.
　머무른 상태로 계속해 있다.

一 ナ 才 存 存 存

存	存	存	存
存	存	存	存

現	나타날 현	■ 나타나다 ■ 드러내다 ■ 지금 ■ 실재

現存 [　] ▷ 지구상에 現存하는 동물은 모두 몇 종이나 될까?
지금　존재함 ▶ 현재 살아 있음, 현재에 있음.

共	한가지 공	■ 한가지 ■ 함께하다 ■ 함께, 같이

共存 [　] ▷ 냉전의 시대가 가고 평화 共存의 시대가 왔다.
함께　존재함 ▶ 두 가지 이상의 사물이나 현상이 함께 존재함.

15

알아보기

■ 한자어와 한자어를 이루는 개별 한자의 뜻을 알아보자.
■ 아래 한자어의 음을 적고 그 뜻을 생각하며 글을 읽어 보자.
■ 공부할 한자의 뜻을 알아보고 필순에 따라 바르게 써 보자.

性能 [   ] ▶ 기계의 성질과 능력.

「 우리의 전통 사회에서는 여성의 주된 역할이 가사 노동을
수행하는 것이었다. 여성은 하루 종일 밥짓고, 빨래하고,
청소하는 등의 집안일에서 벗어나지 못하였다. 물론, 현대
사회의 여성들도 전통 사회에서 여성들이
하였던 그런 일들을 하고 있다.
그러나 현대 사회의 여성들은
여러 종류의 性能 좋은 가전
제품들을 활용함으로써, 예전에
비해 훨씬 짧은 시간에 그러한
일들을 해결할 수 있게 되었다. 」

* 역할: 자기가 마땅히 하여야 할 맡은 바 직책이나 임무.　* 수행: 생각하거나 계획한 대로 일을 해냄.

性은 '마음'을 뜻하는 ♨ ··› 心(심)과 '태어나다'는
뜻인 ♨ ··› 生(생)을 결합한 것이다.　태어날 때부터
지니는 마음의 본바탕인 〈성품〉을 의미한다.

[새김] ■ 성품 ■ 성질 ■ 남녀의 구별

`	´	ㅏ	忄	忄	忄	性	性
性	性	性	性				
性	性	性	性				

能은 한 마리 곰의 모습이다.　'곰'을 뜻하였는데, 곰
이 힘이 좋고 재주가 있다는 데서, 〈능하다〉는 의미로 쓰
이게 되었다.

[새김] ■ 능하다 ■ ~할 수 있다 ■ 재능 ■ 능력

ㄥ	ㄥ	ㅑ	台	台	育	育	能	能	能
能	能	能	能						
能	能	能	能						

새기고 익히기

■ 한자의 뜻을 새기고 그 한자로 이루어진 한자어를 익히자.
  ■ 한자의 뜻을 연결하여 한자어의 뜻을 생각해 보자.
  ■ 한자어의 뜻을 알고 예문을 통해 그 활용을 익히자.

| 性 | 성품
성 | ■ 성품
■ 성질
■ 남녀의 구별 | 能 | 능할
능 | ■ 능하다
■ ~할 수 있다
■ 재능 ■ 능력 |

– 흐리게 나타난 한자어 위에 겹쳐서 쓰고 음을 적어라 –

男	사내 남	■ 사내 ■ 남자 ■ 아들
男性		▷ 그녀의 귀여운 애교는 모든 男性의 마음을 사로잡기에 충분하였다.
남자인 / 성별	▶ 성(性)의 측면에서 남자를 이르는 말. 특히 성년이 된 남자.

質	바탕 질	■ 바탕 ■ 본질 ■ 따져 묻다 ■ 볼모
性質		▷ 저렇게 性質 사나운 사람은 처음 본다. ▷ 빛은 곧게 나아가는 性質이 있다.
성품의 / 바탕	▶ 사람이 지닌 마음의 바탕. 사물이나 현상이 가지고 있는 특성.

才	재주 재	■ 재주 ■ 재능 ■ 바탕
才能		▷ 그는 어릴 때부터 탁구에 남다른 才能이 있었다.
재주와 / 능력	▶ 어떤 일을 하는 데 필요한 재주와 능력.

萬	일만 만	■ 일만 ■ 많은 ■ 온갖 ■ 절대로
萬能		▷ 그는 萬能 스포츠맨이다.
많은 것을 / 할수 있음	▶ 모든 일에 다 능통하거나 모든 일을 다 할 수 있음.

한 글자 더

| 在 | 있을
재 | ■ 있다
■ 존재하다
■ ~에 있다 |

一 ナ オ 右 存 在

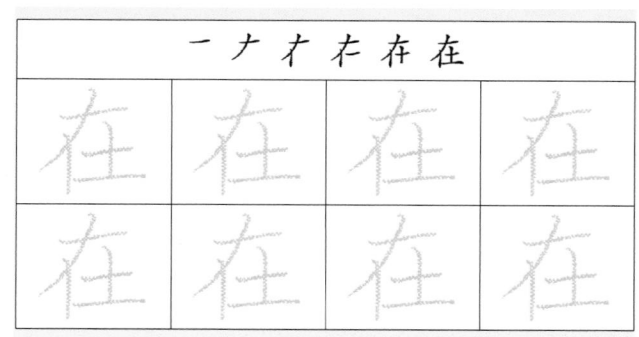

存	있을 존	■ 있다 ■ 살아 있다 ■ 존재하다
存在		▷ 공룡이 아직도 지구에 存在한다면?
있다 / 있다	▶ 현실에 실제로 있음. 또는 그런 대상.

所	바 소	■ 바 ■ 것 ■ 곳
所在		▷ 그의 所在를 아무도 모르고 있다.
곳 / 있는	▶ 어떤 곳에 있음. 또는 있는 곳.

17

알아보기

■ 한자어와 한자어를 이루는 개별 한자의 뜻을 알아보자.
■ 아래 한자어의 음을 적고 그 뜻을 생각하며 글을 읽어 보자.
■ 공부할 한자의 뜻을 알아보고 필순에 따라 바르게 써 보자.

寸刻 [　　　] ▶ 매우 짧은 동안의 시간.

「 실력자는 자기 전문 분야에 대한 풍부한 지식이나 기술을
가져야 한다. 그리고 이 지식과 기술은 결코 정지된 것이 아니라,
끊임없는 탐구에 의하여 나날이 새로워지는 것이 아니면 안 된다.
그렇지 않고는, 오늘날과 같이 寸刻을 다투며 발전하는 시대에
있어서, 쏟아지는 여러 가지 까다로운
문제들에 직면했을 때, 적절한
착상과 창의로 신속, 과감하게
대처할 수 있는 능동성을
가질 수 없기 때문이다. 」

* 착상: 어떤 일이나 창작의 실마리가 되는 생각이나 구상 따위를 잡음. 또는 그 생각이나 구상.
# 구상: 앞으로 이루려는 일에 대하여 그 일의 내용이나 규모, 실현 방법 따위를 어떻게 정할 것인지 이리 저리 생각함.

寸은 '손'을 뜻하는 손에 '손마디'를 가리키는 ╱ 를 결합한 것이다. 손가락의 〈마디〉를 의미한다.

[새김] ■ 마디 ■ 치(약3cm) ■ 작다, 적다 ■ 헤아리다

一 寸 寸			
寸	寸	寸	寸
寸	寸	寸	寸

刻은 시각을 가리키는 열두 지지 중 마지막 번인 '돼지'를 뜻하는 亥(해)와 '칼'을 뜻하는 刀 = 刂 를 결합한 것이다. 물시계, 해시계 등에 시각을 나타내는 열두 지지를 칼로 〈새김〉을 의미한다.

[새김] ■ 새기다 ■ 시각 ■ 때 ■ 모질다

丶 亠 亥 亥 亥 刻 刻			
刻	刻	刻	刻
刻	刻	刻	刻

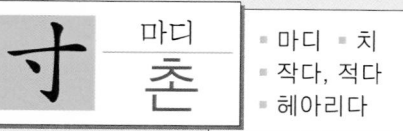 **새기고 익히기**

■ 한자의 뜻을 새기고 그 한자로 이루어진 한자어를 익히자.
■ 한자의 뜻을 연결하여 한자어의 뜻을 생각해 보자.
■ 한자어의 뜻을 알고 예문을 통해 그 활용을 익히자.

寸 마디 촌	■ 마디 ■ 치 ■ 작다, 적다 ■ 헤아리다	刻 새길 각	■ 새기다 ■ 시각, 때 ■ 모질다

– 흐리게 나타난 한자어 위에 겹쳐서 쓰고 음을 적어라 –

步 걸음 보	■ 걸음, 발걸음 ■ 도보 ■ 행위	寸步 [ ] _{적은 걸음}	▷ 우리집에서 寸步도 안 되는 곳에 그의 집이 있다. ▶ 몇 발짝 안 되는 걸음, 가까운 거리를 비유적으로 이르는 말.
四 넉 사	■ 넷	四寸 [ ] _{네 마디}	▷ 그와 나는 四寸 형제간이다. ▶ 아버지의 친형제자매의 아들이나 딸과의 촌수.
木 나무 목	■ 나무 ■ 목재 ■ 나무로 만든 ■ 다닥치다	木刻 [ ] _{나무에 새김}	▷ 이것이 내가 아끼는 木刻 인형이야. ▶ 나무에 그림이나 글자를 새기는 일.
正 바를 정	■ 바르다 ■ 바로 ■ 결정하다 ■ 주가 되는 것	正刻 [ ] _{바로그 시각}	▷ 그 방송국에서는 오후 아홉 시 正刻에 저녁 뉴스 방송을 시작한다. ▶ 시각을 나타내는 말과 함께 쓰여, 틀림없는 바로 그 시각.

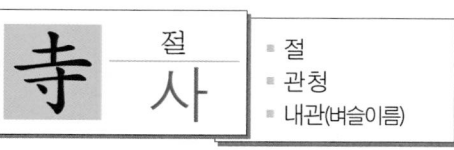 **한 글자 더**

寺 절 사	■ 절 ■ 관청 ■ 내관(벼슬이름)

☆ 중이 부처를 모신 곳.
　공무를 집행하는 기관이나 곳.

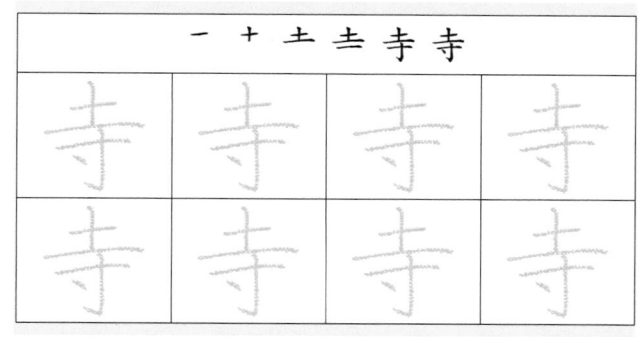

一 十 土 𡈼 寺 寺

山 메 산	■ 메 ■ 산	山寺 [ ] _{산에 있는 절}	▷ 안개비가 자욱이 내리는 山寺의 아침. ▶ 산속에 있는 절.
古 옛 고	■ 옛, 예 ■ 옛날 ■ 오래되다	古寺 [ ] _{오래된 절}	▷ 이 절은 비록 규모는 작지만 많은 사람들이 찾아오는 古寺이다. ▶ 오래된 절.

알아보기

卽時 [　　] ▶ 곧, 바로 그때, 즉각.

「 지구 반대편에서 일어나는 일이나 운동 경기 장면을 같은
시간에 어디서나 볼 수 있는 것은 통신 위성이 있기 때문이다.
外國에서 열리는 올림픽 경기가 중계되고,
세계 곳곳의 홍수 소식이나 外國에 있는
우리 선수들의 경기 모습도 통신 위성을
利用하여 텔레비전 화면에 卽時 비춰진다.
그래서 오늘날의 세계를 지구촌이라
부른다. 그만큼 온 세계가
서로 가까워졌다는 뜻이다. 」

• 外國(외국) • 利用(이용).　* 지구촌: 지구 전체를 한 마을처럼 여겨 이르는 말.

皀은 사람(卩)이 밥그릇(皀) 앞에 앉은 모습이다.
밥그릇 앞에 다가가서 이제 곧 밥을 먹으려고 하는 것으
로, 〈이제〉, 〈곧〉을 의미한다.

[새김] ■ 곧, 바로 ■ 이제 ■ 나아가다

| ´ | ´ | 𠂉 | 𠂤 | 𠂤 | 皀 | 皀 | 皀 | 卽 | 卽 |

卽	卽	卽	卽
卽	卽	卽	卽

旹 는 '해'를 뜻하는 ☉ ⋯ 日(일)과 어디에 '이르다'는
뜻인 止 ⋯ 止(지)를 결합한 것이다. 나중에 '헤아리다'
는 뜻인 寸(촌)을 결합하였다.　해의 이동에 따른 해시
계의 해그림자로 헤아리는 〈시각〉을 의미한다.

[새김] ■ 때 ■ 철 ■ 그때 ■ 시각

| 丨 | 冂 | 日 | 日 | 日 | 旪 | 旹 | 旹 | 時 | 時 |

時	時	時	時
時	時	時	時

새기고 익히기

■ 한자의 뜻을 새기고 그 한자로 이루어진 한자어를 익히자.
■ 한자의 뜻을 연결하여 한자어의 뜻을 생각해 보자.
■ 한자어의 뜻을 알고 예문을 통해 그 활용을 익히자.

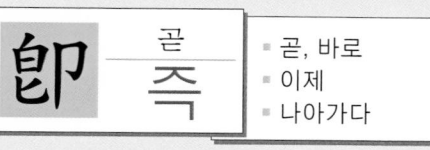
即 곧 즉 ■ 곧, 바로 ■ 이제 ■ 나아가다

時 때 시 ■ 때 ■ 철 ■ 그때 ■ 시각

– 흐리게 나타난 한자어 위에 겹쳐서 쓰고 음을 적어라 –

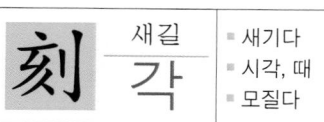
刻 새길 각 ■ 새기다 ■ 시각, 때 ■ 모질다

即刻
곧   이 시각에 ▶ 당장에 곧.
▷ 내가 부르면 即刻 달려오너라.

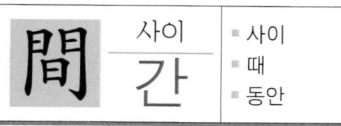
間 사이 간 ■ 사이 ■ 때 ■ 동안

時間
시각과 시각의 사이 ▶ 어떤 시각에서 어떤 시각까지의 사이.
▷ 오늘은 영화를 보면서 時間을 보냈다.

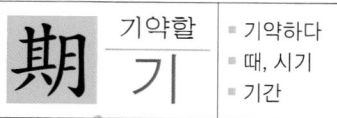
期 기약할 기 ■ 기약하다 ■ 때, 시기 ■ 기간

時期
때   시기 ▶ 어떤 일이나 현상이 진행되는 시점.
▷ 청소년기는 자신의 미래를 위해 밭을 갈고 씨를 뿌리는 時期란다.

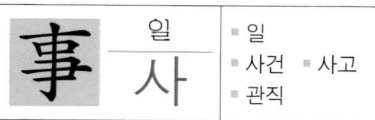
事 일 사 ■ 일 ■ 사건 ■ 사고 ■ 관직

時事
그 때의   사건 ▶ 그 당시에 일어난 여러 가지 사회적 사건.
▷ 부모님은 요즘 時事 문제에 대해 관심이 많으시다.

한 글자 더

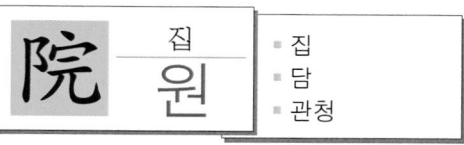
院 집 원 ■ 집 ■ 담 ■ 관청

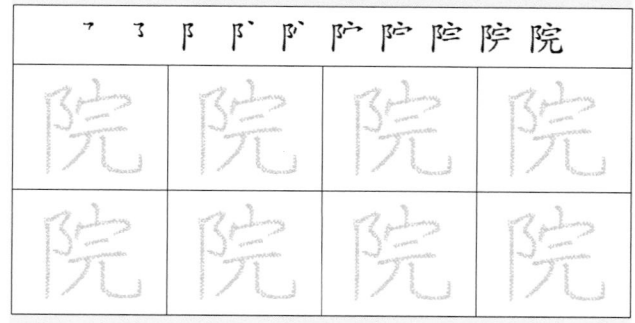

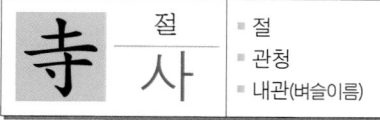
寺 절 사 ■ 절 ■ 관청 ■ 내관(벼슬이름)

寺院
절   집 ▶ 종교의 교당을 통틀어 이르는 말.
▷ 우리나라에는 이스람교 寺院이 많지 않다.

學 배울 학 ■ 배우다 ■ 학문 ■ 학교 ■ 가르침

學院
배우는   집 ▶ 학교 설치 기준의 여러 조건을 갖추지 않은 사립 교육 기관.
▷ 요즘 아이들은 學院에 가느라 함께 모여서 놀 수 있는 시간이 부족하다.

21

어휘력 다지기

■ 공부한 한자로 이루어진 한자어를 익혀 어휘력을 다지자.
■ 글 속 한자어의 음을 적고, 그 뜻과 줄로 잇고, 쓰임을 익히자.

■ 항상 初心 [ ] 을 잃지 말아라. • • 걸어 다님.

■ 그 일은 사상 初有 [ ] 의 사건이었다. • • 처음에 먹은 마음.

■ 이 길은 初行 [ ] 이라서 잘 모른다. • • 목표를 향하여 크게 나아가는 걸음.

■ 눈길이 미끄러워 步行 [ ] 이 어렵구나. • • 처음으로 있음.

■ 우주를 향한 巨步 [ ] 를 내딛었다. • • 어떤 곳에 처음으로 감.

■ 그는 속이 깊고 心性 [ ] 이 착하다. • • 일을 감당해 낼 수 있는 힘.

■ 그는 온화한 品性 [ ] 을 타고났다. • • 타고난 마음씨.

■ 사람의 本性 [ ] 은 속일 수가 없어. • • 품격과 성질을 아울러 이르는 말.

■ 그것은 내 能力 [ ] 밖의 일이다. • • 사람이 본디부터 가진 성질.

■ 그는 우리나라 역사에 能通 [ ] 하다. • • 살아 있음 또는 살아 남음.

■ 有能 [ ] 한 인재를 양성해야 한다. • • 사물의 이치에 훤히 통달하다.

■ 갈수록 生存 [ ] 경쟁이 심해지고 있다. • • 능력이나 재능이 있음.

■ 미래를 위하여 現在 [ ] 에 충실해라. • • 학교에 적을 두고 있음.

■ 그는 대학 在學 [ ] 중에 입대했다. • • 할 수 없음.

■ 그 누나는 나와 四寸 [ ] 간이다. • • 지금의 시간, 기준으로 삼은 그 시점.

■ 해 뜨는 時刻 [ ] 이 점점 빨라진다. • • 역사적으로 어떤 표준에 의하여 구분한 일정한 기간.

■ 폭설로 통행 不能 [ ] 상태가 되었다. • • 시간의 어느 한 시점.

■ 그들은 同時 [ ] 에 일어서서 나갔지. • • 아버지의 친형제자매의 아들이나 딸과의 촌수.

■ 時代 [ ] 에 뒤떨어지지 않아야 한다. • • 같은 때나 시기, 어떤 사실을 겸함.

■ 빠른 時日 [ ] 안에 다시 만나자. • • 병을 고치기 위해 일정기간 병원에 들어가 머무는 것.

■ 入院 [ ] 중인 친구를 찾아가 보았다. • • 때와 날을 아울러 이르는 말, 기일이나 기간.

· 초심 · 초유 · 초행 · 보행 · 거보 · 심성 · 품성 · 본성 · 능력 · 능통 · 유능 · 생존 · 현재 · 재학 · 사촌 · 시각 · 불능 · 동시 · 시대 · 시일 · 입원

■ 한자어가 되도록 □ 안에 공통으로 넣을 한자를 보기에서 찾아 □ 안에 쓰고 , 그 한자어들의 뜻을 생각하며 음을 적어라.

	⇨	男□	女□	□質

	⇨	存□	現□	所□

	⇨	□間	□期	同□

	⇨	入□	學□	□長

	⇨	才□	□力	有□

	⇨	正□	時□	木□

보기

在 · 寺 · 刻 · 初 · 寸 · 能 · 卽 · 時 · 性 · 步 · 穀 · 院 · 存

■ 아래의 뜻을 지닌 한자어가 되도록 위의 보기에서 알맞은 한자를 찾아 □ 안에 써 넣어라.

▶ 산속에 있는 <u>절</u>.

▷ 산에 오르면서 山□ 에도 들렀다.

▶ <u>걸어</u> 다님.

▷ 다리를 다쳐서 □行 이 어렵다.

▶ <u>처음</u>에 먹은 마음.

▷ 끝까지 □心 을 잃지 말아라.

▶ 살아 <u>있음</u>, 또는 살아 남음.

▷ 실종자의 生□ 이 불확실하다.

▶ 아버지의 친형제자매의 아들이나 딸과의 <u>촌수</u>.

▷ 그와 나는 四□ 형제간이야.

▶ 어떤 일이 행하여지는 <u>바로 그때</u>.

▷ 도착하는 □時 내게 전화해라.

▶ 다섯 가지 중요한 곡식(쌀, 보리, 콩, 조, 기장), 온갖 곡식을 통틀어 이르는 말.

▷ 五□ 이 영글어가는 가을 들판.

· 남성. 여성. 성질 · 존재. 현재. 소재 · 시간. 시기. 동시 · 입원. 학원. 원장 · 재능. 능력. 유능 · 정각. 시각. 목각 / · 산사 · 보행 · 초심 · 생존 · 사촌 · 즉시 · 오곡

23

되새기기

初 처음 초	刀(칼도)/총 7획
`丶 ﾗ ｵ ｵ ｵ 初 初`	
初 初 初 初	

步 걸음 보	止(그칠지)/총 7획
`丨 ⺊ ⺊ 止 步 步 步`	
步 步 步 步	

性 성품 성	忄(심방변)/총 8획
`丶 丶 忄 忄 忄 忄 性 性`	
性 性 性 性	

能 능할 능	月(육달월)/총 10획
`厶 厶 仐 育 育 育 能 能 能`	
能 能 能 能	

存 있을 존	子(아들자)/총 6획
`一 ナ 才 存 存 存`	
存 存 存 存	

在 있을 재	土(흙토)/총 6획
`一 ナ 才 在 在 在`	
在 在 在 在	

寸 마디 촌	寸(마디촌)/총 3획
`一 寸 寸`	
寸 寸 寸 寸	

刻 새길 각	刂(선칼도방)/총 8획
`丶 亠 亥 亥 亥 亥 刻`	
刻 刻 刻 刻	

卽 곧 즉	卩(병부절)/총 9획
`丶 丶 白 白 白 皀 皀 卽 卽`	
卽 卽 卽 卽	

時 때 시	日(날일)/총 10획
`丨 冂 日 日 旷 旷 旷 旹 時 時`	
時 時 時 時	

寺 절 사	寸(마디촌)/총 6획
`一 十 土 圭 寺 寺`	
寺 寺 寺 寺	

院 집 원	阝(좌부변)/총 10획
`阝 阝 阝 阝 阾 阹 阹 陀 院`	
院 院 院 院	

旬 열흘 순	日(날일)/총 6획
`丿 勹 勹 旬 旬 旬`	
旬 旬 旬 旬	

穀 곡식 곡	禾(벼화)/총 15획
`十 土 吉 吉 훃 훃 훃 훃 穀 穀`	
穀 穀 穀 穀	

공부할 한자

묶음 2-2

음 ■ 한자를 읽는 소리
아래 한자의 음을 찾아 적고 소리내어 읽어 보자.

- 바탕색과 글자색이 같은 것을 찾아 보자 -

훈 ■ 한자의 뜻 새김
한자의 음을 적고 훈과 함께 외어 보자.

暴 사나울	雨 비	死 죽을	亡 망할
吉 길할	凶 흉할	風 바람	聞 들을
雲 구름	集 모을	文 글월	盲 먼눈

알아보기

■ 한자어와 한자어를 이루는 개별 한자의 뜻을 알아보자.
　■ 아래 한자어의 음을 적고 그 뜻을 생각하며 글을 읽어 보자.
　■ 공부할 한자의 뜻을 알아보고 필순에 따라 바르게 써 보자.

暴雨 [　　] ▶ 갑자기 많이 쏟아지는 비.

「 동식이가 사는 마을의 住民들은 마을 주변에 있는 개울 둘레에
논을 만들어 농사를 짓고 있다. 그런데 이 개울은 주위의 논과
비슷한 높이로 흐르고 있기 때문에 항상
홍수의 위험이 뒤따르고 있다.
마을 사람들은 물이 넘치지 않도록
개울을 따라 둑을 만들었다. 그러나
개울둑은 그다지 튼튼하지 못하고
허술하였다. 暴雨로 개울물이
불어날 경우에는 논밭과 온 마을이
물에 잠길 수도 있다. 」

• 住民(주민).　* 항상: 언제나 변함없이.　* 홍수: 비가 많이 와서 강이나 개천에 갑자기 크게 불은 물.
* 허술하다: 치밀하지 (자세하고 꼼꼼하지) 못하고 엉성하여 빈틈이 있다. 낡고 헐어서 보잘것 없다.

暴은 곡식(米)을 널어 햇볕에 쬐는(旲) 모습이다.
널어놓은 곡식에 내리쬐는 볕이 〈사나움〉을 의미한다.

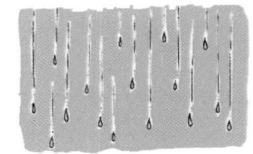

雨는 하늘에서 비가 내리는 모습이다. 雨가 들어 있는
한자는 기상에 관한 것을 의미한다.　기상 현상으로 하
늘에서 내리는 〈비〉를 의미한다.

[새김] ▪ 사납다 ▪ 쬐다 ▪ 드러나다

丶 ⼌ ⼌ 曰 旦 旦 昊 昊 昊 暴 暴 暴			
暴	暴	暴	暴
暴	暴	暴	暴

[새김] ▪ 비 ▪ 비가 오다

一 ⼗ 冂 币 雨 雨 雨 雨			
雨	雨	雨	雨
雨	雨	雨	雨

새기고 익히기

■ 한자의 뜻을 새기고 그 한자로 이루어진 한자어를 익히자.
- 한자의 뜻을 연결하여 한자어의 뜻을 생각해 보자.
- 한자어의 뜻을 알고 예문을 통해 그 활용을 익히자.

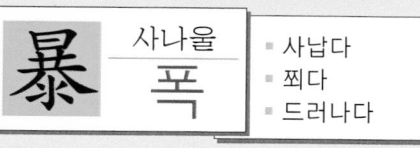

暴 사나울 폭
- 사납다
- 쬐다
- 드러나다

雨 비 우
- 비
- 비가 오다

- 흐리게 나타난 한자어 위에 겹쳐서 쓰고 음을 적어라 -

君 임금 군
- 임금
- 남편
- 그대, 자네

暴君 [　　] ▷ 네로 황제는 暴君으로도 유명하다.
사나운　임금 ▶ 사나운 임금. 다른 사람을 힘이나 권력으로 억누르는 사람.

利 이로울 리
- 이롭다 · 이익
- 편리하다
- 날카롭다

暴利 [　　] ▷ 그는 물건의 품귀 현상을 이용하여 暴利를 취했다.
사나운　이익 ▶ 지나치게 많이 남기는 부당한 이익.

衣 옷 의
- 옷
- 입다
- 행하다

雨衣 [　　] ▷ 나는 우산도 雨衣도 없어 쏟아지는 비를 고스란히 다 맞고 말았다.
비　옷 ▶ 비옷.

期 기약할 기
- 기약하다
- 때., 시기
- 기간

雨期 [　　] ▷ 우리나라는 유월부터 雨期가 시작 된다.
비가 오는　시기 ▶ 비가 오는 시기.

한 글자 더

吉 길할 길
- 길하다
- 좋다
- 길한 일

☆ 운이 좋다. 일이 상서롭다.

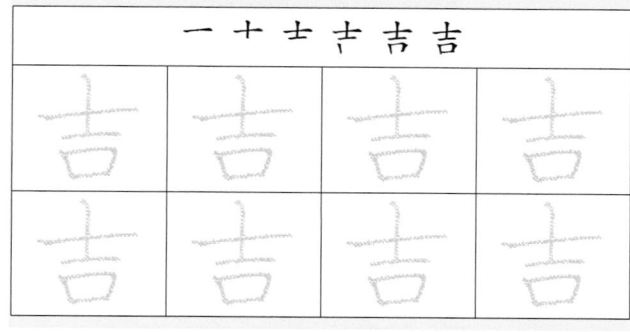

一 十 士 吉 吉 吉

日 날 일
- 날
- 해
- 하루

吉日 [　　] ▷ 신랑 신부는 吉日을 택하여 혼례를 올렸다.
길한　날 ▶ 운이 좋거나 상서로운 날.

不 아닐 불
- 아니다
- 아니하다
- 못하다

不吉 [　　] ▷ 어제 꿈이 不吉하다는 생각이 들어 하루 종일 마음이 쓰였다.
아니하다　길하지 ▶ 운수 따위가 좋지 아니하다. 또는 일이 예사롭지 않다.

27

알아보기

■ 한자어와 한자어를 이루는 개별 한자의 뜻을 알아보자.
■ 아래 한자어의 음을 적고 그 뜻을 생각하며 글을 읽어 보자.
■ 공부할 한자의 뜻을 알아보고 필순에 따라 바르게 써 보자.

死亡 [   ] ▶ 죽는 일. 죽음.

「 질서와 규칙 속에는 반드시 '좋은 것'과 나쁜 것'에 대한 사람들의
판단이나 생각이 포함되어 있다. 예컨데, 거리의 車들이 아무 순서 없이
제멋대로 달리다가 서로 충돌하고, 그래서 사람들이 다치거나
死亡 하게 되고 交通이 마비되는 것을 막기 위하여, 다시 말하면
거리의 질서를 보다 좋은 상태로
유지하기 위하여 사람들은
交通 규칙을 제정하기도
하고 신호등이나 건널목을
설치하기도 하는 것이다. 」

• 車(차) • 交通(교통). * 마비: 본래의 기능이 둔하여지거나 정지되는 일을 비유적으로 이르는 말..
* 유지: 어떤 상태나 상황을 그대로 보존하거나 변함없이 계속하여 지탱함. * 제정: 제도나 법 따위를 만들어서 정함.

 占↑ 朼↑ 死

占↑는 '사람'을 뜻하는 ↑ 과 '뼈만 앙상하게 남았음'을
뜻하는 占 … 歹(뼈앙상할알)을 결합한 것이다. 나중에
↑이 '되다', '죽다'를 뜻하는 化(화)를 줄인 匕로 바
뀌었다. 〈죽음〉을 의미한다.

[새김] ■ 죽다 ■ 목숨걸다 ■ 활동력 없다

一 厂 歹 歹 歹 死			
死	死	死	死
死	死	死	死

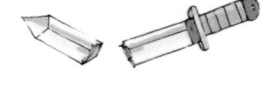 ㅂ ㄴ 亡

ㅂ 은 칼날이 부러졌음을 뜻한다. 날이 부러져 칼로
서의 기능을 잃어 〈망함〉을 의미한다.

[새김] ■ 망하다 ■ 잃다 ■ 죽다 ■ 달아나다

丶 亠 亡			
亡	亡	亡	亡
亡	亡	亡	亡

새기고 익히기

■ 한자의 뜻을 새기고 그 한자로 이루어진 한자어를 익히자.
- 한자의 뜻을 연결하여 한자어의 뜻을 생각해 보자.
- 한자어의 뜻을 알고 예문을 통해 그 활용을 익히자.

死 죽을 사
- 죽다
- 목숨걸다
- 활동력 없다

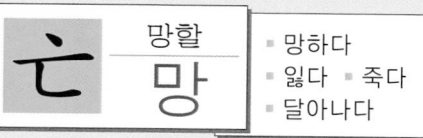

亡 망할 망
- 망하다
- 잃다 ■ 죽다
- 달아나다

- 흐리게 나타난 한자어 위에 겹쳐서 쓰고 음을 적어라 -

生 날 생
- 나다 ■ 살다
- 삶 ■ 날 것
- 싱싱하다

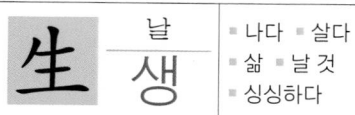 生死
삶과   죽음
▷ 그는 生死를 넘나드는 전쟁터에서 무사히 살아 돌아왔다.
▶ 삶과 죽음을 아울러 이르는 말.

卽 곧 즉
- 곧, 바로
- 이제
- 나아가다

 卽死
곧바로   죽다
▷ 이 절벽에서 추락한다면 卽死할 것이다.
▶ 그 자리에서 바로 죽음.

存 있을 존
- 있다
- 살아 있다
- 존재하다

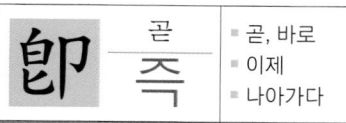 存亡
존재함과   멸망함
▷ 국가의 存亡은 미래의 주인공인 청소년에게 달려있다.
▶ 존속과 멸망, 또는 생존과 사망을 통틀어 이르는 말.

身 몸 신
- 있다
- 살아 있다
- 존재하다

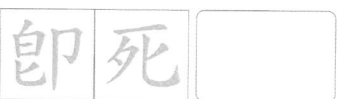 亡身
망침   자신을
▷ 亡身을 당하려면 내내 잘되던 일도 비뚤어진다는 말이 있다.
▶ 말이나 행동을 잘못하여 자기의 지위, 명예 따위를 손상함.

한 글자 더

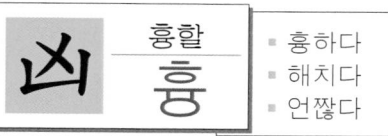

凶 흉할 흉
- 흉하다
- 해치다
- 언짢다

☆ 운수가 나쁘다.
   앞일이 언짢다.

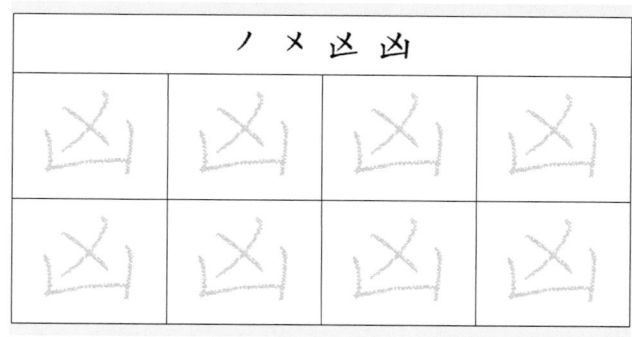
丿 乂 凵 凶

吉 길할 길
- 길하다
- 좋다
- 길한 일

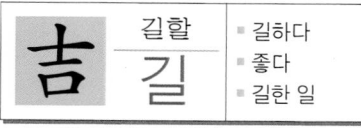 吉凶
길함과   흉함
▷ 해가 바뀌면 어떤 사람들은 그 해의 吉凶을 알고 싶어 점을 치러간다.
▶ 운이 좋고 나쁨.

年 해 년
- 해, 1년
- 나이
- 때, 시대

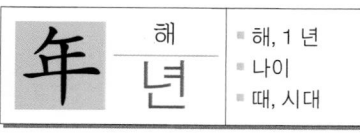 凶年
흉한   해
▷ 작년에는 고추가 凶年이었다.
▶ 농작물이 예년에 비하여 잘되지 아니하여 굶주리게 된 해.

알아보기

■ 한자어와 한자어를 이루는 개별 한자의 뜻을 알아보자.
- 아래 한자어의 음을 적고 그 뜻을 생각하며 글을 읽어 보자.
- 공부할 한자의 뜻을 알아보고 필순에 따라 바르게 써 보자.

風聞 ( )

▸ 바람결에 들리는 소문. 실없이 떠도는 말.

「 우리는 때때로 듣고도 듣지 않은 것처럼 해야 할 때가 있다. 이것은 귀로 흘러들어온 말을 함부로 입 밖에 내서는 안 된다는 것이다. 직접 확인해 보지 않은 風聞을 다른 사람에게 전해서 그 말이 눈덩이처럼 커진다면, 그 말에 책임을 질 수 있을까? 말을 할 때에는 항상 살피고 조심하라는 뜻이다. 우리 얼굴엔 눈과 귀가 두 개씩 있지만, 입은 하나밖에 없다. 이것은 많이 보고 많이 듣되, 말은 조금만 하라는 뜻이다. 」

* 책임: 어떤 일에 관련되어 그 결과에 대하여 지는 의무나 부담(어떠한 의무나 책임을 짐). 맡아서 해야 할 임무나 의무.

 風

은 '무릇(대체로 보아)'을 뜻하는 ⇢ 凡(범)과 '벌레'를 뜻하는 ⇢ 虫(충)을 결합한 것이다. 벌레들은 바람이나 기류를 타고 멀리까지 이동한다. 벌레를 실어서 퍼트리는 〈바람〉을 의미한다.

새김 ▪ 바람 ▪ 풍속, 습속 ▪ 풍치

丿 几 凡 凤 凨 凬 風 風 風			
風	風	風	風
風	風	風	風

 聞 聞

은 손을 입 쪽에 대고 있는 사람의 귀가 크게 강조된 모습이다. 귀기울여 소리를 〈들음〉을 의미한다.

새김 ▪ 듣다, 들리다 ▪ 알리다 ▪ 소문나다

丨 ｒ ｐ ｐ 門 門 門 門 閅 聞 聞 聞			
聞	聞	聞	聞
聞	聞	聞	聞

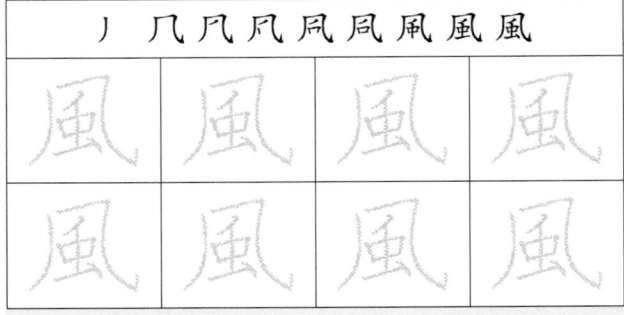

새기고 익히기

■ 한자의 뜻을 새기고 그 한자로 이루어진 한자어를 익히자.
■ 한자의 뜻을 연결하여 한자어의 뜻을 생각해 보자.
■ 한자어의 뜻을 알고 예문을 통해 그 활용을 익히자.

| 風 바람 풍 | ■ 바람 ■ 풍속, 습속 ■ 풍치 |
| 聞 들을 문 | ■ 듣다, 들리다 ■ 알리다 ■ 소문나다 |

- 흐리게 나타난 한자어 위에 겹쳐서 쓰고 음을 적어라 -

暴 사나울 폭 ■ 사납다 ■ 쬐다 ■ 드러내다

暴風 [ ] ▷ 우리나라는 暴風의 영향권에서 벗어났다.
사나운 바람 ▶ 매우 세차게 부는 바람.

物 물건 물 ■ 물건 ■ 만물 ■ 사물

風物 [ ] ▷ 이 책은 세계 각국의 독특한 風物을 소개하는 내용을 담고 있다.
풍치와 나는 물건 ▶ 어떤 지방이나 계절 특유의 구경거리나 산물.

所 바 소 ■ 바 ■ 곳 ■ 것

所聞 [ ] ▷ 나쁜 所聞일수록 더 빨리 퍼진다.
바 들리는 ▶ 사람들의 입에 오르내려 전하여 들리는 말.

見 볼 견 ■ 보다 ■ 보이다 ■ 보는 바, 소견

見聞 [ ] ▷ 여행을 통하여 見聞을 넓힐 수 있다.
보고 들음 ▶ 보고 들음, 보거나 듣거나 하여 깨달아 얻은 지식.

한 글자 더

文 글월 문 ■ 글월, 문장 ■ 글자 ■ 학문 ■ 문학

☆ 뜻을 전달하기 위해 사물의 모습을 본 떠 간략 하게 나타낸 글자.

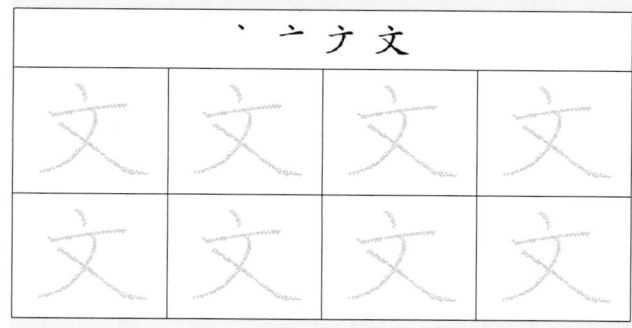

例 법식 례 ■ 법식 ■ 관례 ■ 본보기

例文 [ ] ▷ 주어진 例文을 참고하여 글을 지어 보아라.
본보기 문장 ▶ 설명을 위한 본보기나 용례가 되는 문장.

作 지을 작 ■ 짓다, 만들다 ■ 행하다 ■ 일으키다

作文 [ ] ▷ 그의 作文에는 자신의 생각과 감정이 잘 표현되어 있다.
지음 글을 ▶ 글을 지음, 또는 지은 글.

31

알아보기

■ 한자어와 한자어를 이루는 개별 한자의 뜻을 알아보자.
■ 아래 한자어의 음을 적고 그 뜻을 생각하며 글을 읽어 보자.
■ 공부할 한자의 뜻을 알아보고 필순에 따라 바르게 써 보자.

雲集 [ ] ▶ 구름처럼 많이 모임.

「 예수는 이스라엘의 작은 마을에서 가난한 木手의 아들로 태어났습니다. 그는 30세가 되자 여러 地方을 다니며 설교를 하였습니다. 가는 곳마다 수많은 군중들이 雲集하였습니다. 예수는 점차 구원자로 존경받게 되었습니다. 그러나 그럴수록 그는 어둡고 그늘진 곳에 있는 사람들을 구원하려고 애썼습니다. 」

• 木手(목수) • 地方(지방). * 설교: 종교의 교리(종교적인 원리나 이치)를 설명함. 또는 그런 설명.
* 구원: 어려움이나 위험에 빠진 사람을 구하여 줌. 인류(세상의 모든 사람)를 죽음과 고통과 죄악에서 건져 내는 일.

ㅎ은 뭉게뭉게 피어나(ㅎ) 위로 올라 떠 있음(二)을 뜻한다. 나중에 '기상에 관한 것'을 뜻하는 雨→雨(우)를 결합하였다. 하늘 높이 떠있는 〈구름〉을 의미한다.

[새김] ▪ 구름 ▪ 높음의 비유 ▪ 많음의 비유

은 나무(木 → 木) 위에 새(隹 → 隹)가 앉아 있는 모습이다. 해가 기울면 새들은 잠자리가 되는 나무에 날아든다. 새들이 나무에 날아들어 〈모여 있음〉을 의미한다.

[새김] ▪ 모으다 ▪ 모이다 ▪ 떼 ▪ 모임

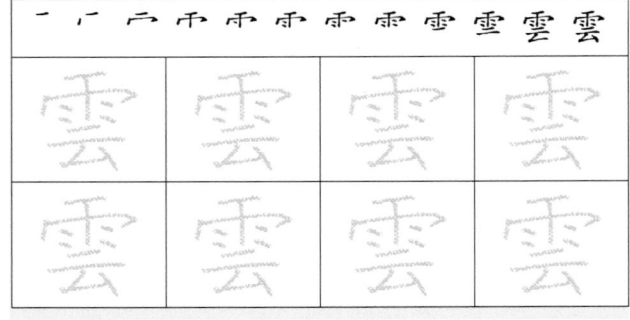

| 一 | 一 | 一 | 一 | 一 | 一 | 一 | 一 | 一 | 一 | 一 | 一 |

雲	雲	雲	雲
雲	雲	雲	雲

| ノ | イ | イ | イ | 作 | 作 | 隹 | 隹 | 隻 | 隼 | 集 | 集 |

集	集	集	集
集	集	集	集

새기고 익히기

■ 한자의 뜻을 새기고 그 한자로 이루어진 한자어를 익히자.
- 한자의 뜻을 연결하여 한자어의 뜻을 생각해 보자.
- 한자어의 뜻을 알고 예문을 통해 그 활용을 익히자.

| 雲 구름 운 | ■ 구름
■ 높음의 비유
■ 많음의 비유 | 集 모을 집 | ■ 모으다
■ 모이다
■ 떼 ■ 모임 |

- 흐리게 나타난 한자어 위에 겹쳐서 쓰고 음을 적어라 -

| 靑 푸를 청 | ■ 푸르다
■ 젊다
■ 고요하다 |
| 靑 雲 [　　]
푸른빛의　구름 ▶ 푸른 빛깔의 구름, 높은 지위나 벼슬을 비유적으로 이르는 말. | ▷ 그는 靑雲의 뜻을 품고 외국으로 유학을 떠났다. |

| 海 바다 해 | ■ 바다
■ 바닷물
■ 넓다 |
| 雲 海 [　　]
구름　바다 ▶ 산꼭대기 등에서 내려다보았을 때 바다처럼 널리 깔린 구름. | ▷ 산 정상에서 바라보는 雲海가 장관이다. |

| 收 거둘 수 | ■ 거두다
■ 모으다
■ 빼앗다 |
| 收 集 [　　]
거두어　모음 ▶ 거두어 모음. | ▷ 쓰지 않는 물건을 收集하여 벼룩시장을 열 생각이다. |

| 合 합할 합 | ■ 합하다
■ 모으다
■ 맞다 |
| 集 合 [　　]
모이다　모으다 ▶ 사람들을 한곳으로 모으거나 모임. | ▷ 전원 운동장으로 集合! |

한 글자 더

| 盲 먼눈 맹 | ■ 먼눈
■ (사리에)어둡다
■ 무지하다 |

☆ 눈이 멀다.
　도리를 분별하지 못하다.

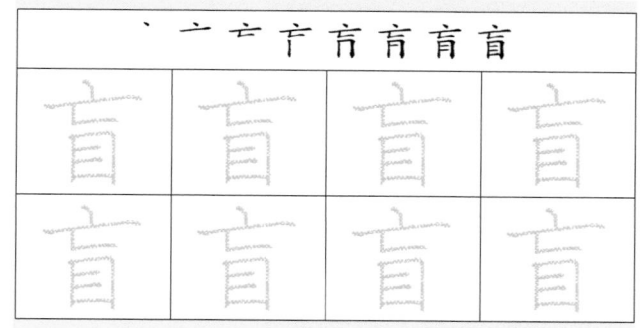

| 文 글월 문 | ■ 글월, 문장
■ 글자
■ 학문 ■ 문학 |
| 文 盲 [　　]
글자에　무지함 ▶ 배우지 못하여 글을 읽거나 쓸 줄을 모름. 또는 그런 사람. | ▷ 그는 야학을 열어 文盲을 퇴치하는 데에 힘을 쏟았다. |

| 色 빛 색 | ■ 빛, 빛깔
■ 낯빛 ■ 미색
■ 꿰매다 |
| 色 盲 [　　]
빛깔 구별에　먼눈 ▶ 빛깔을 가리지 못하거나 다른 빛깔로 잘못 보는 상태. | ▷ 오늘 학교에서 色盲 검사를 하였다. |

■ 한자 성어에 담긴 함축된 의미를 파악하고 그 쓰임을 익히자.

■ 한자 성어의 음을 적고 그에 담긴 의미와 적절한 쓰임을 알아보자.

人	非	木	石

▶ 사람은 목석이 아니라는 뜻으로, 사람은 누구나 감정과 분별력을 가지고 있음을 이르는 말.

▷ 人非木石인데 누군들 그런 대접을 받고 가만히 있겠니?

九	死	一	生

▶ 아홉 번 죽을 뻔하다 한 번 살아난다는 뜻으로, 죽을 고비를 여러 차례 넘기고 겨우 살아남을 이르는 말.

▷ 깊은 계곡으로 떨어졌지만 그는 九死一生으로 살아났다.

馬	耳	東	風

▶ 동풍이 말의 귀를 스쳐간다는 뜻으로, 남의 말을 귀담아 듣지 아니하고 지나쳐 흘려버림을 이르는 말.

▷ 그토록 여러번 한 엄마의 말이 내게는 馬耳東風이었다.

五	十	步	百	步

▶ 조금 낫고 못한 정도의 차이는 있지만 본질적으로는 차이가 없음을 이르는 말.

▷ 백점 만점에 20점이나 30점이나 五十步百步다.

國	泰	民	安

▶ 나라가 태평하고 백성이 편안함.

▷ 훌륭한 지도자들은 모두 國泰民安에 많은 힘을 기울였다.

玉	石	同	碎

▶ 옥과 돌이 함께 부서진다는 뜻으로, 착한 사람과 악한 사람이 함께 망함을 이르는 말.

▷ 한 두 사람의 잘못된 욕심이 玉石同碎의 결과를 가져왔다.

泰	클 태	■ 크다 ■ 심하다 ■ 편안하다

一 二 三 夫 夫 泰 泰 泰 泰 泰

泰	泰	泰	泰

碎	부술 쇄	■ 부수다 ■ 부서지다 ■ 깨뜨리다

一 丆 丆 石 石 石 石 矿 矿 碎 碎 碎 碎

碎	碎	碎	碎

· 인비목석 · 구사일생 · 마이동풍 · 오십보백보 · 국태민안 · 옥석동쇄

더 살펴 익히기

■ 한자가 지닌 여러가지 뜻과 한자어를 한 번 더 살펴 익히자.

■ 아래 한자가 지닌 뜻과 그 뜻을 지니는 한자어를 줄로 잇고 음을 적어라.

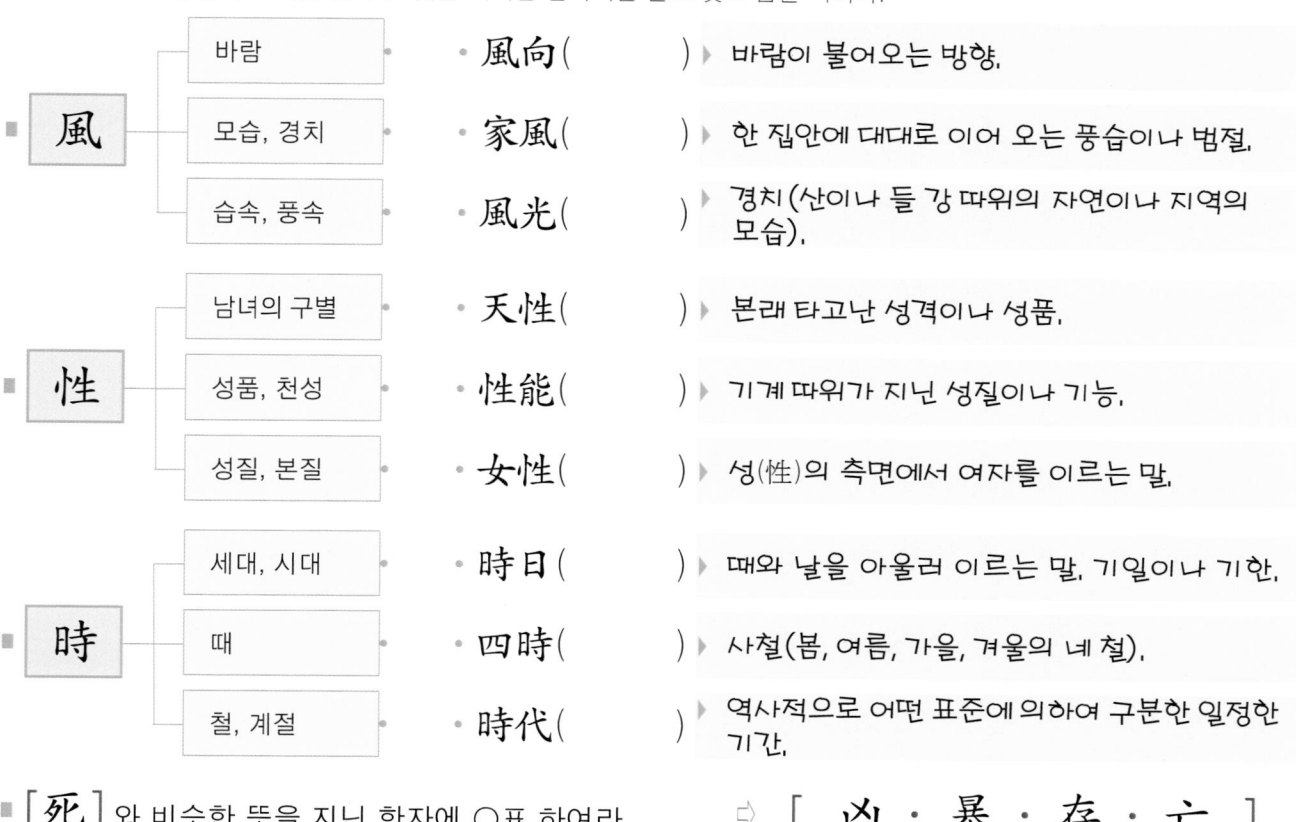

■ [死]와 비슷한 뜻을 지닌 한자에 ○표 하여라.   ⇨ [凶 · 暴 · 存 · 亡]

■ [吉]과 상대되는 뜻을 지닌 한자에 ○표 하여라.   ⇨ [盲 · 亡 · 凶 · 吉]

■ 아래의 뜻을 지닌 한자성어를 찾아 줄로 잇고 음을 적어라.

▶ 사람이 마땅히 지키고 행하여야 할 도리나 본분.
   어떤 일을 꾀하는 데 내세우는 합당한 구실이나 이유.

▶ 동양과 서양, 옛날과 지금을 통틀어 이르는 말.   ·

▶ 온갖 곡식과 과일.

▶ 말 속에 뼈가 있다는 뜻으로, 예사로운 말 속에
   단단한 속뜻이 들어 있음을 이르는 말.   ·

▶ 삼십 일 동안 아홉 끼니밖에 먹지 못한다는 뜻으
   로, 몹시 가난함을 이르는 말.   ·

▶ 한 입으로 두 말을 한다는 뜻으로, 한 가지 일에
   대하여 말을 이랬다저랬다 함을 이르는 말.

東西古今	
三旬九食	
大義名分	
一口二言	
五穀百果	
言中有骨	

· 풍향. 가풍. 풍광 · 천성. 성능. 여성 · 시일. 사시. 시대

35

어휘력 다지기

■ 학교 暴力 □ 은 모두 없어져야 한다. •
• 음식을 한꺼번에 지나치게 많이 먹음.

■ 暴食 □ 은 자신의 건강을 해친다. •
• 비가 오는 날씨.

■ 오늘 경기는 雨天 □ 으로 취소되었어. •
• 죽은 사람처럼 창백한 얼굴빛.

■ 세찬 風雨 □ 를 무릅쓰고 달려갔다. •
• 남을 거칠고 사납게 제압할 때에 쓰는 수단이나 힘.

■ 그들은 모두 死力 □ 을 다해 싸웠다. •
• 바람과 비를 아울러 이르는 말.

■ 공포에 질린 그는 死色 □ 이 되었어. •
• 목숨을 아끼지 않고 쓰는 힘.

■ 나의 올해 운수는 大吉 □ 이란다. •
• 어떤 지역의 기후와 토지의 상태.

■ 올해 농사는 凶作 □ 을 겨우 면했다. •
• 운이 매우 좋음.

■ 지역 風土 □ 에 맞게 농사를 지어라. •
• 바람의 세기. 동력으로서의 바람의 힘.

■ 깃발을 올려 風向 □ 을 살펴보아라. •
• 농작물의 수확이 평년작을 훨씬 밑도는 일.

■ 요즘 風力 □ 발전이 늘어나고 있다. •
• 바람이 불어오는 방향.

■ 그는 家風 □ 이 엄한 집에서 자랐다. •
• 한 집안에 대대로 이어 오는 풍습이나 범절.

■ 그런 소문은 나도 금시 初聞 □ 이다. •
• 어떤 일에 관하여 처음으로 들음. 또는 그런 말.

■ 천체 망원경으로 星雲 □ 을 관측했다. •
• 한곳을 중심으로 하여 모임. 또는 그렇게 모음.

■ 나의 글을 모아 文集 □ 을 만들었어. •
• 구름 모양으로 퍼져 보이는 천체.

■ 나는 정신을 集中 □ 할 수 없었어. •
• 시나 문장을 모아 엮은 책.

■ 다음 例文 □ 을 읽고 물음에 답하여라. •
• 사상이나 감정을 언어로 표현한 예술.

■ 세계 文學 □ 전집을 읽고 있는 중. •
• 긴 글.

■ 친구가 長文 □ 의 편지를 보내 왔어. •
• 설명을 위한 본보기나 용례가 되는 문장.

■ 무속에 대한 盲信 □ 은 옳지 않다. •
• 문서에서 주가 되는 글. 본디 그대로의 원문.

■ 本文 □ 을 읽고 내용을 요약하여라. •
• 옳고 그름을 가리지 않고 덮어놓고 믿는 일.

· 폭력 · 폭식 · 우천 · 풍우 · 사력 · 사색 · 대길 · 흉작 · 풍토 · 풍향 · 풍력 · 가풍 · 초문 · 성운 · 문집 · 집중 · 예문 · 문학 · 장문 · 맹신 · 본문

■ 한자어가 되도록 □ 안에 공통으로 넣을 한자를 보기에서 찾아 □ 안에 쓰고, 그 한자어들의 뜻을 생각하며 음을 적어라.

□ ⇨	作□	學□	□明		□ ⇨	□力	□風	□言

□ ⇨	□聞	□力	暴□		□ ⇨	□合	□中	雲□

□ ⇨	□年	吉□	□作		□ ⇨	□亡	生□	不□

보기

吉 · 雨 · 盲 · 風 · 死 · 文 · 集 · 聞 · 雲 · 泰 · 亡 · 暴 · 凶

■ 아래의 뜻을 지닌 한자어가 되도록 위의 보기에서 알맞은 한자를 찾아 □ 안에 써 넣어라.

▶ 갑자기 세차게 쏟아지는 비.	▷ 어젯밤 暴□ 로 도로가 침수되었다.
▶ 말이나 행동을 잘못하여 자기의 지위, 명예, 체면 따위를 손상함.	▷ 아는 체하다가 □身 만 당했네.
▶ 운수 따위가 좋지 아니함.	▷ 어째 不□ 한 예감이 든다.
▶ 높고 큰 산. 크고 많음을 비유적으로 이르는 말.	▷ 할 일이 □山 같은데 잠만 자니?
▶ 보고 들음. 보거나 듣거나 하여 깨달아 얻은 지식.	▷ 여행을 하면서 見□ 을 넓혀라.
▶ 산꼭대기나 비행기에서 내려다보았을 때 바다처럼 널리 깔린 구름.	▷ 발아래 깔린 □海 가 장관이다.
▶ 배우지 못하여 글을 읽거나 쓸 줄을 모름. 또는 그런 사람.	▷ 요즘 文□ 인 사람은 드물다.

· 작문. 학문. 문명 · 폭력. 폭풍. 폭언 · 풍문. 풍력. 폭풍. 집합. 집중. 운집. 흉년. 길흉. 흉작 · 사망. 생사. 불사 / · 폭우 · 망신 · 불길 · 태산 · 견문 · 운해 · 문맹

37

되새기기

한자의 음과 훈을 되새기며 필순에 따라 바르게 써 보자.

暴 사나울 폭	日(날일)/총 15획
丶口日日旦早昻昻昻暴暴暴	
暴　暴　暴　暴	

雨 비 우	雨(비우)/총 8획
一厂厅雨雨雨雨雨	
雨　雨　雨　雨	

死 죽을 사	歹(죽을사변)/총 6획
一厂歹歹死死	
死　死　死　死	

亡 망할 망	亠(돼지해머리)/총 3획
丶亠亡	
亡　亡　亡　亡	

吉 길할 길	口(입구)/총 6획
一十士吉吉吉	
吉　吉　吉　吉	

凶 흉할 흉	凵(위튼입구몸)/총 4획
ノメ凶凶	
凶　凶　凶　凶	

風 바람 풍	風(바람풍)/총 9획
丿几凡凡凮凮風風風	
風　風　風　風	

聞 들을 문	耳(귀이)/총 14획
丨丨丬丬丬丬門門門門閅閅聞	
聞　聞　聞　聞	

雲 구름 운	雨(비우)/총 12획
一厂戶币雨雨雲雲雲雲雲雲	
雲　雲　雲　雲	

集 모을 집	隹(새추)/총 12획
ノイ亻仆仸佺隹隹隼隼集集	
集　集　集　集	

文 글월 문	文(글월문)/총 획
丶亠ナ文	
文　文　文　文	

盲 먼눈 맹	目(눈목)/총 8획
丶亠亡亡盲盲盲盲	
盲　盲　盲　盲	

泰 클 태	水(아래물수)/총 10획
一二三夫夫泰泰泰泰泰	
泰　泰　泰　泰	

碎 부술 쇄	石(돌석)/총 13획
一ナオ石石石矿矿矿矿碎碎碎	
碎　碎　碎　碎	

38

공부할 한자

■ 공부할 한자의 모양을 살펴보며 음과 훈을 알아보자.

묶음 2-3

음 ■ 한자를 읽는 소리
아래 한자의 음을 찾아 적고 소리내어 읽어 보자.

훈 ■ 한자의 뜻 새김
한자의 음을 적고 훈과 함께 외어 보자.

前 앞	進 나아갈	未 아닐	來 올
廣 넓을	告 고할	過 지날	去 갈
理 다스릴	由 말미암을	後 뒤	退 물러날

39

알아보기

■ 한자어와 한자어를 이루는 개별 한자의 뜻을 알아보자.
■ 아래 한자어의 음을 적고 그 뜻을 생각하며 글을 읽어 보자.
■ 공부할 한자의 뜻을 알아보고 필순에 따라 바르게 써 보자.

前進 ☐

▶ 앞으로 나아감.

「 아프리카는 이제 더 이상 검은 대륙이 아니다. 사람들은 아프리카 하면 밀림이나 사막, 그리고 벌거벗은 원주민들만 생각하기 쉽다. 하지만, 도시의 거리에는 자동차의 물결이 넘실대고 있고, 고층 건물들이 들어선 도심지에서는 첨단 文明의 혜택을 누리고 있다. 물론 도시를 조금만 벗어나면 넓은 밀림이 태고의 모습을 그대로 간직하고 있다. 현대 文明과 태고의 모습이 共存하는 곳, 새로운 세계를 向하여 힘차게 前進하는 곳이 바로 아프리카다. 」

• 文明(문명) • 共存(공존): 두 가지 이상의 사물이나 현상이 함께 존재함. • 向(향). * 태고: 아득한 옛날.
사물: 일과 물건을 아울러 이르는 말. # 현상: 사람이 알아서 깨달을 수 있는 사물의 모양과 상태.

은 '배'를 뜻하는 ㅂ…月와 배의 앞쪽을 향해 있는 발 ㄴ…ㅃ을 결합한 것이다. 나중에 다시 '거룻배'를 뜻하는 ㅏ…刀(도)= ㅣ를 결합하였다. 　배가 나아가고 있는 쪽인 〈앞〉을 의미한다.

[새김] ■ 앞 ■ 먼저 ■ 앞서서

＼	＼	＼	＼	＼	＼	＼	＼	＼

前　前　前　前

前　前　前　前

은 '새'를 뜻하는 ㅎ…佳(추)와 '나아가다'는 뜻인 ㅓ…辵(쉬엄쉬엄갈착)=辶을 결합한 것이다. 　새가 날아오르며 앞으로 〈나아감〉을 의미한다.

[새김] ■ 나아가다 ■ 오르다

進　進　進　進

進　進　進　進

새기고 익히기

■ 한자의 뜻을 새기고 그 한자로 이루어진 한자어를 익히자.
- 한자의 뜻을 연결하여 한자어의 뜻을 생각해 보자.
- 한자어의 뜻을 알고 예문을 통해 그 활용을 익히자.

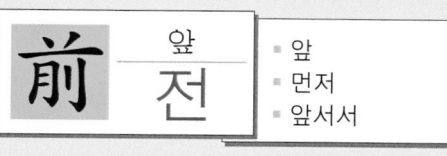
前 앞 전
- 앞
- 먼저
- 앞서서

進 나아갈 진
- 나아가다
- 오르다

- 흐리게 나타난 한자어 위에 겹쳐서 쓰고 음을 적어라 -

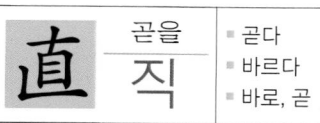
直 곧을 직
- 곧다
- 바르다
- 바로, 곧

直前
바로   앞서서
▷ 잠자리에 들기 直前에는 음식물을 먹지 않는 것이 좋다.
▶ 어떤 일이 일어나기 바로 전.

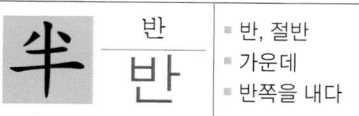
半 반 반
- 반, 절반
- 가운데
- 반쪽을 내다

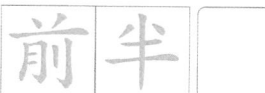
前半
앞의   절반
▷ 前半에 두 골을 먹은 우리 팀은 후반에 세 골을 넣었다.
▶ 전체를 둘로 나누었을 때의 앞 부분.

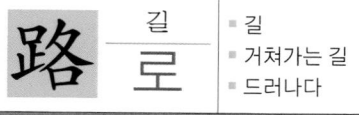
路 길 로
- 길
- 거쳐가는 길
- 드러나다

進路
나아갈   길
▷ 나의 進路에 대해 선생님과 상담하였다.
▶ 앞으로 나아갈 길.

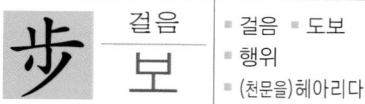
步 걸음 보
- 걸음 - 도보
- 행위
- (천문을)헤아리다

進步
나아감   발걸음이
▷ 과학 기술은 나날이 進步하고 있다.
▶ 정도나 수준이 나아지거나 높아짐.

한 글자 더

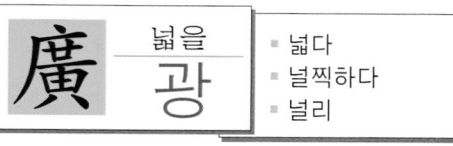
廣 넓을 광
- 넓다
- 널찍하다
- 널리

☆ 널따랗게 뻗어 있다.
  일정하게 차지하는 면적의 크기.

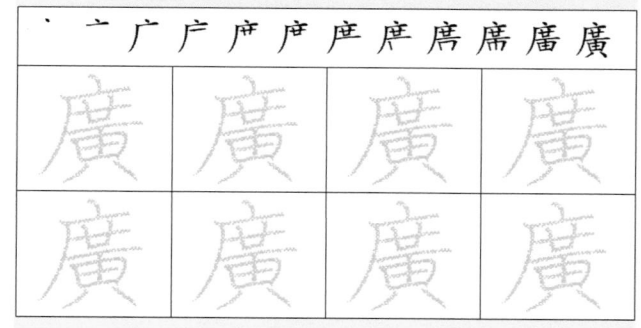
丶 亠 广 广 庀 庀 産 産 庿 庿 庿 廣

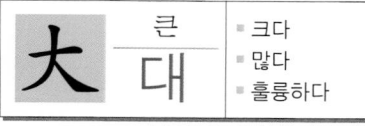
大 큰 대
- 크다
- 많다
- 훌륭하다

廣大
넓음   크고
▷ 눈 앞에는 廣大한 평원이 펼쳐져 있었다.
▶ 크고 넓음.

場 마당 장
- 마당
- 곳, 장소
- 때, 경우

廣場
넓은   장소
▷ 환영 인파가 廣場을 가득 메우고 있었다.
▶ 많은 사람이 모일 수 있게 만들어 놓은 넓은 빈터.

알아보기

■ 한자어와 한자어를 이루는 개별 한자의 뜻을 알아보자.
■ 아래 한자어의 음을 적고 그 뜻을 생각하며 글을 읽어 보자.
■ 공부할 한자의 뜻을 알아보고 필순에 따라 바르게 써 보자.

未來 ☐ ▶ 아직 오지 아니한 앞날. 장래.

「 未來 사회의 主人公인 여러분!
급격히 변화하는 未來 사회에 대응하는 길은 창조의 힘과 개척
정신을 기르는 것입니다. 새로운 것을 만들어 내는 힘이 곧
창조의 힘이며, 알지 못하는 세계에
도전하여 우리의 것으로 만드는 것이
곧 개척 정신입니다. 창조의 힘과
개척 정신을 길러 첨단 과학 文明의
시대에 슬기롭게 대처해 나가야
하겠습니다. 」

• 主人公(주인공). • 文明(문명). * 대처하다: 어떤 정세나 사건에 대하여 알맞은 조치를 취하다.
정세: 일이 되어가는 형편. # 조치: 벌어지는 사태(일의 상태)를 잘 살펴서 필요한 대책을 세워 행함. 또는 그 대책.

☀는 자라고 있는 나무가 아직 열매를 맺을 수 있는 햇
수만큼 자라지 아니함을 나타낸다. 실과나무는 햇수로
얼마만큼은 자라야 열매를 맺을 수 있다. 〈아직 ~아니
다〉를 의미한다.

[새김] ▪ 아니다 ▪ 아직 ~하지 못하다

一 二 キ 未 未			
未	未	未	未
未	未	未	未

☀는 한 포기의 보리이다. 처음에는 '보리'를 뜻하였
는데, 보리가 딴 곳에서 전해 온 곡물이라는 데서 〈오다〉
를 의미하게 되었다.

[새김] ▪ 오다 ▪ 돌아오다 ▪ 부터

一 一 厂 厂 厅 币 來 來 來			
來	來	來	來
來	來	來	來

새기고 익히기

■ 한자의 뜻을 새기고 그 한자로 이루어진 한자어를 익히자.

　　■ 한자의 뜻을 연결하여 한자어의 뜻을 생각해 보자.

　　■ 한자어의 뜻을 알고 예문을 통해 그 활용을 익히자.

未	아닐 미	▪ 아니다 ▪ 아직 ~하지 　못하다

來	올 래	▪ 오다 ▪ 돌아오다 ▪ 부터

― 흐리게 나타난 한자어 위에 겹쳐서 쓰고 음을 적어라 ―

定	정할 정	▪ 정하다 ▪ 정해지다 ▪ 안정시키다

未 定 ▷ 출발 날짜는 아직 未定이다.

못함　　정하지 ▶ 아직 정하지 못함.

開	열 개	▪ 열다 ▪ 트이다 ▪ 피다 ▪ 시작하다

未 開 ▷ 아마존 밀림 속에는 아직도 未開한 생활을 하는 부족들이 있다.

못하다　　트이지 ▶ 사회가 발전되지 않고 문화 수준이 낮은 상태.

外	바깥 외	▪ 바깥 ▪ 외국 ▪ 벗어나다 ▪ 추가로

外 來 ▷ 우리의 전통 문화와 外來 문화가 조화를 이루어야 한다.

밖에서　　옴 ▶ 밖에서 옴, 또는 다른 나라에서 옴.

本	근본 본	▪ 근본 ▪ 본디 ▪ 책 ▪ 주가 되는 것

本 來 ▷ 이 석탑은 파손되었던 것을 本來의 모습으로 복원한 것이다.

본디　　부터 ▶ 사물이나 사실이 전하여 내려온 그 처음, 본디.

한 글자 더

告	고할 고	▪ 고하다 ▪ 알리다 ▪ 고발하다

☆ 일정한 일에 대하여 알리다.
　공식적으로 발표하다.

'	⺧	⺥	生	牛	告	告

告	告	告	告
告	告	告	告

公	공평할 공	▪ 공평하다 ▪ 공공의 ▪ 드러내 놓다

公 告 ▷ 헌법 개정안을 公告 하였다.

두루(공공)　　알림 ▶ 세상에 널리 알림.

通	통할 통	▪ 통하다 ▪ 오가다 ▪ 전하다

通 告 ▷ 교통 법규 위반으로 범칙금을 납부하라는 通告를 받았다.

전하여　　알림 ▶ 서면이나 말로 소식을 전하여 알림.

알아보기

■ 한자어와 한자어를 이루는 개별 한자의 뜻을 알아보자.
■ 아래 한자어의 음을 적고 그 뜻을 생각하며 글을 읽어 보자.
■ 공부할 한자의 뜻을 알아보고 필순에 따라 바르게 써 보자.

過去 [　　　] ▶ 이미 지나간 때, 옛날, 지난 날.

「 옛 말에 그 민족의 科擧를 알려면 박물관이나 국보를 찾으면
되고, 그 민족의 현재를 알려면 市場에 나가보면 되고, 그 민족의
장래를 점쳐 보고 싶으면 學校나 도서관에 가 보면 된다고 했다.
그래서인지, 한국을 찾아오는
外國 관광객 중에는 백화점보다
東大門 市場이나 南大門 市場을
관광하는 사람이 늘어
간다고 한다. 」

• 市場(시장) • 學校(학교) • 外國(외국) • 東大門(동대문) • 南大門(남대문).
* 국보: 나라의 보배. 나라에서 지정(가리키어 확실하게 정함)하여 법률로 보호하는 문화재. * 장래: 다가올 앞날.

過는 '입 비뚤어지다' 는 뜻인 咼(와)와 '가다' 는 뜻인
辵(착)=辶을 결합한 것이다. 바르지 아니하게 〈지나
침〉을 의미한다.

[새김] ■ 지나다 ■ 지나치다 ■ 잘못, 허물

ㆍ ㄇ ㅁ ㅁ ㅁ 咼 咼 咼 渦 渦 過
過	過	過	過
過	過	過	過

去는 사람(大)이 머물던 곳(ㅂ)에서 나온 모습이다.
머물던 곳을 버리고 〈떠나감〉을 의미한다.

[새김] ■ 가다 ■ 내몰다 ■ 버리다

一 十 土 去 去
去	去	去	去
去	去	去	去

새기고 익히기

- 한자의 뜻을 새기고 그 한자로 이루어진 한자어를 익히자.
  - 한자의 뜻을 연결하여 한자어의 뜻을 생각해 보자.
  - 한자어의 뜻을 알고 예문을 통해 그 활용을 익히자.

過	지날 과	▪ 지나다 ▪ 지나치다 ▪ 잘못, 허물	去	갈 거	▪ 가다 ▪ 내몰다 ▪ 버리다

– 흐리게 나타난 한자어 위에 겹쳐서 쓰고 음을 적어라 –

通	통할 통	▪ 통하다 ▪ 오가다 ▪ 전하다

通過 [ ]
통하여 · 지나감 ▷ 어떤 곳이나 때를 거쳐서 지나감.
▷ 우리 팀의 예선 通過에는 별 문제가 없다.

信	믿을 신	▪ 믿다 ▪ 통신 ▪ 소식

過信 [ ]
지나치게 · 믿음 ▷ 지나치게 믿음.
▷ 언제나 약효에 대한 過信은 금물이다.

來	올 래	▪ 오다 ▪ 돌아오다 ▪ 부터

去來 [ ]
가고 · 오고 ▷ 주고 받음. 또는 사고 팖. 이웃과 친분 관계를 이루어 오고 감.
▷ 그런 식으로 장사를 하려한다면 去來를 끊는 편이 낫겠다.

皮	가죽 피	▪ 가죽 ▪ 껍질 ▪ 거죽

去皮 [ ]
없애버리다 · 껍질을 ▷ 콩, 팥, 녹두 따위의 껍질이나 소, 돼지 말 따위의 가죽을 벗김.
▷ 녹두를 맷돌로 갈아서 물에 불려 去皮하였다.

한 글자 더

後	뒤 후	▪ 뒤 ▪ 나중 ▪ 늦다 ▪ 뒤떨어지다

☆ 향하고 있는 반대의 쪽이나 곳.
  시간상 순서상의 다음이나 나중.

ノ イ イ 彳 犭 犭 犭 後 後
後	後	後	後
後	後	後	後

前	앞 전	▪ 앞 ▪ 먼저 ▪ 앞서서

前後 [ ]
앞 · 뒤 ▷ 앞뒤(앞과 뒤, 먼저와 나중을 이울러 이르는 말).
▷ 그 일의 前後 사정을 상세히 말해 보아라.

先	먼저 선	▪ 먼저, 미리 ▪ 앞 ▪ 앞서다 ▪ 이전

先後 [ ]
먼저와 · 나중 ▷ 먼저와 나중을 아울러 이르는 말. 앞서거니 뒤서거니 함.
▷ 모든 일에는 필요한 절차가 있고 先後가 있는 법이다.

알아보기

■ 한자어와 한자어를 이루는 개별 한자의 뜻을 알아보자.
■ 아래 한자어의 음을 적고 그 뜻을 생각하며 글을 읽어 보자.
■ 공부할 한자의 뜻을 알아보고 필순에 따라 바르게 써 보자.

理由 [　　] ▶ 까닭.

「 우리는 어떤 문제에 대하여 自己 나름대로 각자의 의견을 가지고 있으며, 다른 사람 앞에서 自己 의견이 옳다고 주장할 때가 있다. 自己의 의견이 옳다는 것을 주장하기 위해서는 내 의견이 옳음을 조리 있게 말해야 한다. 조리 있게 말하기 위해서는, 自己의 의견을 뒷받침하는 실제의 사실이나 예를 들고, 주장하는 **理由**와 근거를 分明히 해야 한다. 」

• 自己(자기) • 分明(분명).   * 의견: 어떤 대상에 대하여 가지는 생각.
* 주장: 자기의 의견이나 주의를 굳게 내세움.   * 조리: 말이나 글 또는 일이나 행동에서 앞뒤가 들어맞고 체계가 서는 갈피.

理 [理]

理는 '옥돌'을 뜻하는 玉(옥)과 '속(안)'을 뜻하는 里(리)를 결합한 것이다.   옥돌을 갈아내고 다듬어서 드러내는, 속에 있는 무늬인 〈결(성품의 바탕이나 상태)〉을 의미한다.

[새김] ■ 다스리다 ■ 이치 ■ 도리 ■ 결

| 一 | 一 | 一 | 一 | 一 | 一 | 一 | 一 | 一 | 一 | 一 |

(一 丁 丁 王 玑 坪 理 理 理 理 理)

理	理	理	理
理	理	理	理

由 [　由　]

由는 움이 돋는 모양이다.   씨앗이나 뿌리에서 움이 돋아 나오듯이, 어떠한 것이 〈원인이나 까닭〉이 됨을 의미한다.

[새김] ■ 말미암다 ■ 까닭 ■ ~부터

(丨 冂 冂 由 由)

由	由	由	由
由	由	由	由

새기고 익히기

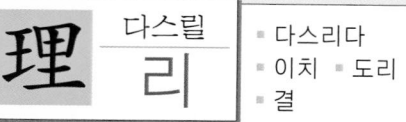

■ 한자의 뜻을 새기고 그 한자로 이루어진 한자어를 익히자.
■ 한자의 뜻을 연결하여 한자어의 뜻을 생각해 보자.
■ 한자어의 뜻을 알고 예문을 통해 그 활용을 익히자.

| 理 다스릴 리 | ■ 다스리다
■ 이치 ■ 도리
■ 결 | 由 말미암을 유 | ■ 말미암다
■ 까닭
■ ~부터 |

– 흐리게 나타난 한자어 위에 겹쳐서 쓰고 음을 적어라 –

| 性 성품 성 | ■ 성품
■ 성질
■ 남녀의 구별 | 理 性
이치를 분별
하는   성품 | | ▷ 흥분해 있을 때는 理性적으로 판단하기 어렵다.
▶ 이치에 따라 사리를 분별하는 성품. |

| 義 옳을 의 | ■ 옳다 ■ 의롭다
■ 올바른 도리
■ 해 넣다 | 義 理
옳은   도리 | | ▷ 사람들과의 관계에서 義理를 저버린다면 짐승과 다를 바가 있을까?
▶ 사람과의 관계에서 지켜야 할 바른 도리. |

| 來 올 래 | ■ 오다
■ 돌아오다
■ 부터, ~에서 | 由 來
말미암다   ~에서 | | ▷ 씨름의 由來는 고구려 때로 거슬러 올라간다.
▶ 사물이 생겨남, 또는 그 사물이나 일이 생겨난 바. |

| 事 일 사 | ■ 일
■ 사건 ■ 사고
■ 관직 | 事 由
일의   까닭 | | ▷ 그가 화를 내는 데에는 그럴 만한 事由가 있었다.
▶ 일의 까닭. |

한 글자 더

| 退 물러날 퇴 | ■ 물러나다
■ 물리치다
■ 바래다 |

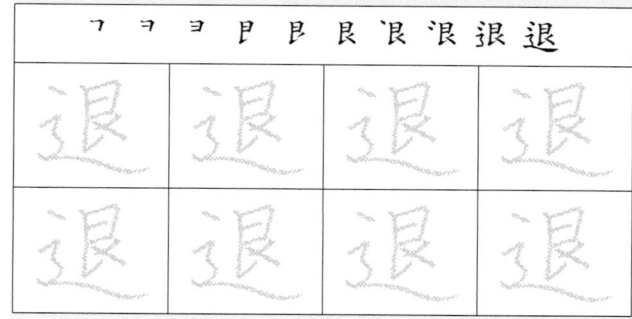

ㄱ ㄱ ㄱ ㅌ ㅌ ㅌ ㅌ 退 退

☆ 되돌아오다. 제자리로 돌아오다.
  물리치다. 멀리하다.

| 後 뒤 후 | ■ 뒤 ■ 나중
■ 늦다
■ 뒤떨어지다 | 後 退
뒤로   물러남 | | ▷ 이보 전진을 위한 일보 後退, 더 멀리 가기 위해 잠시 뒤로 물러남이야.
▶ 뒤로 물러남. 발전하지 못하고 기운이 약해짐. |

| 場 마당 장 | ■ 마당
■ 곳, 장소
■ 때, 경우 | 退 場
물러남   장소에서 | | ▷ 그 선수는 비신사적 행동으로 退場 당했다.
▶ 어떤 장소에서 물러남. |

어휘력 다지기

■ 공부한 한자로 이루어진 한자어를 익혀 어휘력을 다지자.
■ 글 속 한자어의 음을 적고, 그 뜻과 줄로 잇고, 쓰임을 익히자.

■ 사고를 **事前** □ 에 예방하도록 하자.   •   • 학문의 길에 나아가 배움, 상급 학교에 감.

■ 몸을 **前後** □ 좌우로 움직여 보아라.   •   • 앞으로 향하여 나아감, 일 따위를 처리하여 나감.

■ 부모님과 **進學** □ 문제를 의논하였다.   •   • 일이 일어나기 전, 또는 일을 시작하기 전.

■ 그 일이 순조롭게 **進行** □ 되고 있단다.   •   • 앞뒤(앞과 뒤, 먼저와 나중).

■ 너의 꿈을 향한 **前進** □ 을 멈추지 마.   •   • 아직 덜 됨.

■ 그 일은 아직 **未完** □ 인 상태이다.   •   • 앞으로 나아감.

■ 아직 **未收** □ 인 채로 있는 물품 대금.   •   • 예전부터 있어 전하여 내려옴.

■ 멀지 않은 곳에 **在來** □ 시장이 있다.   •   • 사물이나 사실이 전하여 내려온 그 처음.

■ 경복궁이 **本來** □ 의 모습을 되찾았다.   •   • 돈이나 물건을 아직 다 거두어들이지 못함.

■ 그 말을 **廣義** □ 로 해석하여라.   •   • 어떤 말의 개념을 정의할 때에, 넓은 의미.

■ 솔직히 **告白** □ 하는 편이 낫겠다.   •   • 사실대로 숨김없이 말함.

■ 그 사고는 운전자 **過失** □ 로 생각된다.   •   • 절반이 넘음.

■ 전체 작업량의 **過半** □ 은 더 하였다.   •   • 지나치게 많이 먹음.

■ **過食** □ 하여 배탈이 난 것 같아요.   •   • 마음의 작용과 의식의 상태.

■ 폐건전지는 따로 **收去** □ 해야 한다.   •   • 부주의나 태만 따위에서 비롯된 잘못이나 허물.

■ 그 환자의 **心理** □ 상태가 불안하다.   •   • 거두어 감.

■ 그것은 **合理** □ 적인 행동이 아니야.   •   • 무엇에 얽매이지 않고 자기 마음대로 할 수 있는 상태.

■ 사람은 누구나 **自由** □ 를 원한다.   •   • 늙어진 뒤.

■ 그는 **老後** □ 에 대비하여 저축한다.   •   • 이다음(이것에 뒤이어 오는 때나 자리).

■ 사고 **直後** □ 나는 정신을 잃었어.   •   • 이론이나 이치에 합당함.

■ 꾸준히 노력하지 않으면 **退步** □ 한다.   •   • 뒤로 물러감, 뒤떨어지거나 못하게 됨.

· 사전 · 전후 · 진학 · 진행 · 전진 · 미완 · 미수 · 재래 · 본래 · 광의 · 고백 · 과실 · 과반 · 과식 · 수거 · 심리 · 합리 · 자유 · 노후 · 직후 · 퇴보

■ 한자어가 되도록 □ 안에 공통으로 넣을 한자를 보기에서 찾아 □ 안에 쓰고, 그 한자어들의 뜻을 생각하며 음을 적어라.

| □ ⇨ | 直□ | 以□ | □後 | | □ ⇨ | 外□ | 本□ | □日 |

| □ ⇨ | 公□ | 通□ | □白 | | □ ⇨ | 通□ | □失 | □去 |

| □ ⇨ | 義□ | □性 | □由 | | □ ⇨ | 後□ | □場 | 進□ |

보기

過 · 來 · 理 · 後 · 未 · 進 · 廣 · 由 · 碎 · 退 · 去 · 前 · 告

■ 아래의 뜻을 지닌 한자어가 되도록 위의 보기에서 알맞은 한자를 찾아 □ 안에 써 넣어라.

▶ 정도나 수준이 나아지거나 높아짐.　　▷ 과학 기술은 나날이 [　步] 하고 있다.

▶ 아직 정하지 못함.　　▷ 언제 떠날지는 아직 [　定]이다.

▶ 많은 사람이 모일 수 있게 거리에 만들어 놓은, 넓은 빈터.　　▷ 수많은 군중이 [　場]에 모여들었다

▶ 이미 지나간 때.　　▷ 그는 [過　]에 프로야구 선수였어.

▶ 일의 까닭.　　▷ 진학을 포기한 [事　]가 무엇이냐?

▶ 돌을 깨어 잘게 함, 또는 그러한 돌.　　▷ 마당에 [　石]을 깔고 다졌다.

▶ 먼저와 나중을 아울러 이르는 말.　　▷ 찬물도 [先　]가 있는 법이라네.

· 직전 · 이전 · 전후 · 외래 · 본래 · 내일 · 공고 · 통고 · 고백 · 통과 · 과실 · 과거 · 의리 · 이성 · 이유 · 후퇴 · 퇴장 · 진퇴 / · 진보 · 미정 · 광장 · 과거 · 사유 · 쇄석 · 선후

49

되새기기

■ 한자의 음과 훈을 되새기며 필순에 따라 바르게 써 보자.

前	앞 전	刂 (선칼도방)/총 9획

丶 丷 丷 甴 甴 甴 甶 前 前

進	나아갈 진	辶 (책받침)/총 12획

丿 亻 亻 亻 亻 亻 亻 隹 隹 淮 進 進

未	아닐 미	木 (나무목)/총 5획

一 二 十 才 未

來	올 래	人 (사람인)/총 8획

一 一 广 丙 丙 巫 來 來

廣	넓을 광	广 (엄호)/총 15획

丶 一 广 广 庐 庐 庐 庐 廑 廣 廣 廣

告	고할 고	口 (입구)/총 7획

丿 一 牛 牛 告 告 告

過	지날 과	辶 (책받침)/총 13획

丨 冂 冂 円 咼 咼 咼 咼 過 過 過

去	갈 거	厶 (마늘모)/총 5획

一 十 土 去 去

理	다스릴 리. 이	玉=王 (구슬옥변)/총 획

一 丁 王 王 玕 玾 玾 理 理 理 理

由	말미암을 유	田 (밭전)/총 획

丨 冂 巾 由 由

後	뒤 후	彳 (두인변)/총 9획

丿 彳 彳 彳 祉 徉 徉 後 後

退	물러날 퇴	辶 (책받침)/총 10획

一 コ ヨ 艮 艮 艮 退 退 退 退

泰	클 태	水 (아래물수)/총 10획

一 二 三 声 夫 泰 泰 泰 泰 泰

碎	부술 쇄	石 (돌석)/총 13획

一 丆 丆 石 石 石 矿 矿 砕 砕 碎 碎

50

공부할 한자

■ 공부할 한자의 모양을 살펴보며 음과 훈을 알아보자,

묶음 2-4

음 ■ 한자를 읽는 소리
아래 한자의 음을 찾아 적고 소리내어 읽어 보자.

- 바탕색과 글자색이 같은 것을 찾아 보자 -

훈 ■ 한자의 뜻 새김
한자의 음을 적고 훈과 함께 외어 보자.

養	기를	育	기를	責	꾸짖을	任	맡길
幼	어릴	兒	아이	結	맺을	婚	혼인할
約	맺을	束	묶을	幸	다행	福	복

알아보기

■ 한자어와 한자어를 이루는 개별 한자의 뜻을 알아보자.
■ 아래 한자어의 음을 적고 그 뜻을 생각하며 글을 읽어 보자.
■ 공부할 한자의 뜻을 알아보고 필순에 따라 바르게 써 보자.

養育 ☐ ▶ 길러 자라게 함.

「 현대 사회의 산업화는 가족 구조의 변화를 가져왔고, 이와 같은 가족 구조의 변화는 家事와 자녀 養育 등으로부터 여성의 부담을 덜어 주게 되었다. 대가족 시대의 여성은 집안의 여러 어른을 봉양해야 했고, 다수의 子女들을 낳고 기르느라 다른 데로 돌릴 시간이 없었다. 그러나 핵가족 시대의 여성은 어른 봉양, 출산, 육아 등의 일에서 비교적 일찍 벗어나 시간과 여유가 생기게 되었다. 」

• 家事(가사) • 子女(자녀). * 부담: 어떠한 의무나 책임을 짐.
* 봉양: 부모나 조부모(할아버지와 할머니)와 같은 웃어른을 받들어 모심. * 육아: 어린아이를 기름.

養은 손에 회초리를 들고(攵) 양떼(羊…羊)를 몰고 있는 모습이다. 나중에 攵는 '먹이다'는 뜻인 食(식)으로 바뀌었다. 〈먹여 기름〉을 의미한다.

새김 ▪ 기르다 ▪ 봉양하다 ▪ 수양하다

| ` | `` | ゛ | 半 | 羊 | 美 | 美 | 耄 | 養 | 養 | 養 | 養 |

養	養	養	養
養	養	養	養

育은 여인(广)이 아이(ㄊ)를 낳는 모습이다. 나중에 广이 '몸'을 뜻하는 肉(육)＝月((육달월)로 바뀌었다. 아이를 〈낳아 기름〉을 의미한다.

새김 ▪ 기르다 ▪ 낳다 ▪ 자라다

| ` | 一 | ナ | 云 | 云 | 产 | 育 | 育 | 育 |

育	育	育	育
育	育	育	育

새기고 익히기

■ 한자의 뜻을 새기고 그 한자로 이루어진 한자어를 익히자.
■ 한자의 뜻을 연결하여 한자어의 뜻을 생각해 보자.
■ 한자어의 뜻을 알고 예문을 통해 그 활용을 익히자.

養 기를 양	■ 기르다 ■ 봉양하다 ■ 수양하다	育 기를 육	■ 기르다 ■ 낳다 ■ 자라다

- 흐리게 나타난 한자어 위에 겹쳐서 쓰고 음을 적어라 -

老 늙을 로	■ 늙다 ■ 늙은이 ■ 노련하다 ■ 오래 되다	養老 □	▷ 노령 사회로 접어들면서 養老 시설이 더 많이 필요하게 되었다.
		봉양함 노인을 ▶ **노인을 위로하여 안락하게 지내도록 받듦. 또는 그런 일.**	

分 나눌 분	■ 나누다 ■ 구분 ■ 몫 ■ 1분	養分 □	▷ 이 밭은 토양에 養分이 풍부하여 채소가 잘 자란다.
		자라게 하는 성분(몫) ▶ **영양이 되는 성분. 영양분.**	

生 날 생	■ 나다 ■ 살다 ■ 삶 ■ 날 것 ■ 싱싱하다	生育 □	▷ 이 품종은 生育 기간이 다른 품종보다 비교적 짧다.
		나서 길러짐 ▶ **나아서 기름. 생물이 나서 길러짐.**	

成 이룰 성	■ 이루다 ■ 갖추어지다 ■ 성숙하다	育成 □	▷ 나라의 경제를 더욱 튼튼히 하기 위해서 중소기업 育成에 힘쓰고 있다.
		길러서 성숙하게 함 ▶ **길러 자라게 함.**	

한 글자 더

兒 아이 아	■ 아이 ■ 젊은 남자의 미칭

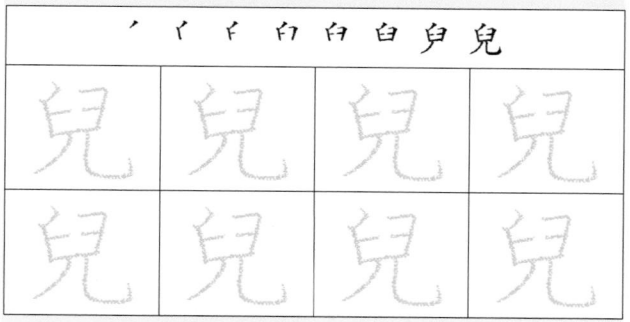

名 이름 명	■ 이름 ■ 이름나다 ■ 평판	兒名 □	▷ 선생님의 兒名이 개똥이였다는 이야기를 듣고 모두들 웃음을 참지 못했다.
		아이 때의 이름 ▶ **아이 때의 이름.**	

男 사내 남	■ 사내 ■ 남자 ■ 아들	男兒 □	▷ 아직도 우리 사회는 男兒를 선호한다. ▷ 씩씩한 대한의 男兒.
		사내 아이 ▶ **사내아이. 남자다운 남자.**	

알아보기

■ 한자어와 한자어를 이루는 개별 한자의 뜻을 알아보자.
■ 아래 한자어의 음을 적고 그 뜻을 생각하며 글을 읽어 보자.
■ 공부할 한자의 뜻을 알아보고 필순에 따라 바르게 써 보자.

責任 ☐

▶ 떠맡아서 하지 않으면 안 되는 의무.

「 자유로운 생활은 매우 소중한 것이며, 민주주의를 이루기 위하여 반드시 필요한 것이다. 그러나 자유스럽게 행동한다고 하여 다른 사람에게 페가 되거나 남의 자유를 해치는 행동을 하는 것은 참다운 자유가 아니다. 자기가 한 행동에 대하여 責任 을 질 수 있을 때, 참다운 자유를 누릴 수 있다. 따라서 자유로운 가운데서도 자기의 責任 을 다 할 수 있어야 한다. 」

* 자유: 외부적인 구속이나 무엇에 얽매이지 아니하고 자기 마음대로 할 수 있는 상태.
\# 구속: 행동이나 의사의 자유를 제한하거나 속박함(자유롭지 못하게 얽어맴).

責은 '가시', '채찍'을 뜻하는 朿┅ 束(자)와 '돈'을 뜻하는 㠯┅ 貝(패)를 결합한 것이다. 갚아야 할 돈을 재촉하며 〈꾸짖음〉을 의미한다.

壬은 사람(亻┅ 亻)이 '일'을 뜻하는 工(공)을 등에 진 모습이다. 나중에 工이 '맡기다'는 뜻인 壬(임)으로 바뀌었다. 사람에게 〈일을 지워 맡김〉을 의미한다.

[새김] ■ 꾸짖다 ■ 책임 ■ 빚(부채)

[새김] ■ 맡기다 ■ 지다 ■ 맡은 일

一 十 卄 土 卉 青 青 青 責 責 責			
責	責	責	責
責	責	責	責

ノ 亻 亻 仁 仟 任			
任	任	任	任
任	任	任	任

새기고 익히기

■ 한자의 뜻을 새기고 그 한자로 이루어진 한자어를 익히자.

- 한자의 뜻을 연결하여 한자어의 뜻을 생각해 보자.
- 한자어의 뜻을 알고 예문을 통해 그 활용을 익히자.

責	꾸짖을 책	▪ 꾸짖다 ▪ 책임 ▪ 빚(부채)

任	맡길 임	▪ 맡기다 ▪ 지다 ▪ 맡은 일

– 흐리게 나타난 한자어 위에 겹쳐서 쓰고 음을 적어라 –

自	스스로 자	▪ 스스로 ▪ 자기 ▪ 자신 ▪ ~부터

自 責 [   ]
스스로   꾸짖음
▷ 그는 노력이 부족했던 자신을 自責했다.
▶ 자신의 결함이나 잘못에 대하여 스스로 뉘우치고 자신을 책망함.

命	목숨 명	▪ 목숨 ▪ 명 ▪ 운명 ▪ 표적

任 命 [   ]
맡김   명하여
▷ 나는 한 학기 동안 학급 회장으로 任命 되었다.
▶ 일정한 지위나 임무를 남에게 맡김.

信	믿을 신	▪ 믿다 ▪ 통신 ▪ 소식

信 任 [   ]
믿고   맡김
▷ 그는 꾸준한 노력과 성실함으로 信任을 얻었다.
▶ 믿고 일을 맡김.

退	물러날 퇴	▪ 물러나다 ▪ 물리치다 ▪ 바래다

退 任 [   ]
물러남   맡은 일에서
▷ 우리 학교 교장 선생님은 내년에 정년으로 退任하신다.
▶ 비교적 높은 직책이나 임무에서 물러남.

한 글자 더

幼	어릴 유	▪ 어리다 ▪ 작다

⺊ ⺊ ⺊ 幻 幼			
幼	幼	幼	幼
幼	幼	幼	幼

兒	아이 아	▪ 아이 ▪ 젊은 남자의 미칭

幼 兒 [   ]
어린   아이
▷ 유치원에서는 幼兒들이 선생님과 함께 노래를 부르고 있었다.
▶ 생후 1년부터 만 6세까지의 어린아이.

年	해 년	▪ 해, 1년 ▪ 나이 ▪ 때, 시대

幼 年 [   ]
어린   나이, 때
▷ 幼年 시절의 추억이 아련히 떠오른다.
▶ 어린 나이나 때, 또는 어린 나이의 아이.

■ 한자어와 한자어를 이루는 개별 한자의 뜻을 알아보자.
■ 아래 한자어의 음을 적고 그 뜻을 생각하며 글을 읽어 보자.
■ 공부할 한자의 뜻을 알아보고 필순에 따라 바르게 써 보자.

結婚 [　　　] ▶ 남녀가 부부 관계를 맺음.

「 아들이나 딸이 자라면, 다른 가정의 딸이나 아들과
結婚을 하여, 새 가족을 이루게 된다. 새 가족은
처음에는 두 사람뿐인 작은 집단이지만,
子女를 가지게 되면 큰 가족이 된다.
그러다가, 자라난 子女들이 結婚해서
새 가정을 이루게 되면, 食口가
많던 가정도 작은 집단을
이루게 된다. 」

• 子女(자녀) • 食口(식구).   *집단: 여럿이 모여 이룬 모임.

結은 '실'을 뜻하는 糸(사)와 '길하다'는 뜻인 吉(길)
을 결합한 것이다.   일을 순조롭게 〈매듭지음〉을 의미
한다.

[새김] ▪맺다 ▪묶다 ▪매듭짓다 ▪엉기다

ㄥ	ㄠ	�么	幺	糸	糸	糸'	糾	結	結	結	結

結	結	結	結
結	結	結	結

婚은 '신부'를 뜻하는 女(여)와 '해 저물 때'를 뜻하는
昏(혼)을 결합한 것이다. 옛날에는 해가 저물 때 신랑이
신부의 집에 가서 혼례를 올렸다.   〈혼인함〉을 의미한
다.

[새김] ▪혼인하다 ▪결혼하다

し	女	女	女	妒	妒	婚	婚	婚	婚	婚

婚	婚	婚	婚
婚	婚	婚	婚

새기고 익히기

■ 한자의 뜻을 새기고 그 한자로 이루어진 한자어를 익히자.
- ■ 한자의 뜻을 연결하여 한자어의 뜻을 생각해 보자.
- ■ 한자어의 뜻을 알고 예문을 통해 그 활용을 익히자.

結	맺을 결	■ 맺다　■ 묶다 ■ 매듭짓다 ■ 엉기다		婚	혼인할 혼	■ 혼인하다 ■ 결혼하다

- 흐리게 나타난 한자어 위에 겹쳐서 쓰고 음을 적어라 -

果	실과 과	■ 실과　■ 열매 ■ 일의 결과 ■ 과단성 있다

結果 [　　] ▷ 생각지도 않은 작은 실수가 이런 結果를 초래하였다니.

맺음　일의 결과를 ▶ 어떤 원인으로 결말이 생김, 또는 그런 결말의 상태,

完	완전할 완	■ 완전하다 ■ 튼튼하다 ■ 끝내다

完結 [　　] ▷ 한 달 동안 끌어 오던 일을 完結 짓고 나니 마음이 홀가분하다.

완전하게　매듭지음 ▶ 완전하게 끝을 맺음,

未	아닐 미	■ 아니다 ■ 아직 ~하지 못 　하다

未婚 [　　] ▷ 근래에 들어서 未婚으로 지내는 사람들이 많아졌다.

아직하지않음　결혼을 ▶ 아직 결혼하지 않음, 또는 그런 사람,

期	기약할 기	■ 기약하다 ■ 때, 시기 ■ 기간

婚期 [　　] ▷ 婚期가 지난 자식을 둔 부모들의 마음은 늘 걱정이다.

혼인할　시기 ▶ 혼인하기에 알맞은 나이,

한 글자 더

幸	다행 행	■ 다행 ■ 좋은 운 ■ 행복

☆ 뜻하지 않은 좋은 운.

一 十 土 圡 坴 坴 幸 幸

幸	幸	幸	幸
幸	幸	幸	幸

不	아닐 불	■ 아니다 ■ 아니하다 ■ 못하다

不幸 [　　] ▷ 조금만 더 주의하고 양보하면 교통사고로 인한 不幸을 줄일 수 있다.

아니함　행복하지 ▶ 행복하지 아니한 일, 또는 그런 운수,

天	하늘 천	■ 하늘 ■ 자연 ■ 타고난

天幸 [　　] ▷ 이런 큰 사고에도 살아난 것은 그야말로 天幸이다.

하늘이 준　행운 ▶ 하늘이 준 큰 행운,

알아보기

■ 한자어와 한자어를 이루는 개별 한자의 뜻을 알아보자.
■ 아래 한자어의 음을 적고 그 뜻을 생각하며 글을 읽어 보자.
■ 공부할 한자의 뜻을 알아보고 필순에 따라 바르게 써 보자.

約束 [   ] ▶ 상대자와 서로 의견을 맞추어 정함.

「 約束 을 잘 어기는 사람은 세상 사람들로부터 信任을 얻지 못한다. 세상 사람들은 서로 믿고 의지하면서 살아가기를 원한다. 그런데 約束 을 어기는 것은 서로에 대한 믿음을 저버리는 행위이다. 따라서, 이러한 행위를 잘하는 사람은 주위 사람들과 더불어 이 세상을 살아가기가 어렵다. 」

• 信任(신임): 일을 믿고 맡김. 또는 그 믿음. * 의지: 다른 것에 마음을 기대어 도움을 받음. 다른 것에 몸을 기댐.
* 저버리다: 마땅히 지켜야 할 도리나 의리를 잊거나 어기다. * 행위: 사람이 의지(어떠한 일을 이루고자 하는 마음)를 가지고 하는 짓.

원 은 묶어 매는 '실'을 뜻하는 糸⋯ 糸(사)와 '술잔'을 뜻하는 ⋯ ⋯ 勺(작)을 결합한 것이다. 술을 나누어 마시며 〈서로 뜻을 맺음〉을 의미한다.

[새김] ▪ 맺다 ▪ 약속하다 ▪ 줄이다

´ ㄠ ㅎ ㅎ ㅎ 糸 糸 糸 約 約 約			
約	約	約	約
約	約	約	約

원 은 나무( )를 끈으로 묶은(○) 다발의 모습이다. 동여매 〈묶음〉을 의미한다.

[새김] ▪ 묶다 ▪ 묶음 ▪ 단속하다

一 ㄱ ㅁ ㅂ 束 束 束			
束	束	束	束
束	束	束	束

58

■ 한자의 뜻을 새기고 그 한자로 이루어진 한자어를 익히자.
　■ 한자의 뜻을 연결하여 한자어의 뜻을 생각해 보자.
　■ 한자어의 뜻을 알고 예문을 통해 그 활용을 익히자.

約	맺을 약	■ 맺다 ■ 약속하다 ■ 줄이다		束	묶을 속	■ 묶다 ■ 묶음 ■ 단속하다

– 흐리게 나타난 한자어 위에 겹쳐서 쓰고 음을 적어라 –

言	말씀 언	■ 말씀, 말 ■ 의견 ■ 묻다 ■ 헤아리다

言約 　　　　　▷ 승이와 나는 중학교에 가서도 서로 헤어
　　　　　　　　 지지 말자고 굳게 言約을 하였다.
말로　약속함　▶ 말로 약속함, 또는 그런 약속,

婚	혼인할 혼	■ 혼인하다 ■ 결혼하다

約婚 　　　　　▷ 이모는 이번 일요일에 約婚을 한다.
약속함　혼인을　▶ 혼인하기로 약속함,

先	먼저 선	■ 먼저, 미리 ■ 앞 ■ 앞서다 ■ 이전

先約 　　　　　▷ 저는 先約이 있어서 오늘 모임에는 참석할
　　　　　　　　 수 없습니다.
먼저　약속함　▶ 먼저 약속함, 또는 그런 약속,

結	맺을 결	■ 맺다 ■ 묶다 ■ 매듭짓다 ■ 엉기다

結束 　　　　　▷ 그들은 많은 어려움 속에서도 結束을 다져
　　　　　　　　 나갔다.
묶음　한 묶음으로　▶ 한 덩어리가 되게 묶음, 뜻이 같은 사람끼리 서로 단결함,

한 글자 더

福	복 복	■ 복 ■ 행복 ■ 복을 내리다

一	二	亍	禾	禾	禾	禾	秳	褔	福	福

福	福	福	福
福	福	福	福

五	다섯 오	■ 다섯

五福 　　　　　▷ 그는 五福을 다 가진 사람이다.
다섯 가지　복　▶ 유교에서 이르는 다섯 가지의 복,

萬	일만 만	■ 일만 ■ 많은 ■ 온갖 ■ 절대로.

萬福 　　　　　▷ 가정에 萬福이 깃들기를 기원합니다.
온갖　복　▶ 온갖 복,

한자성어

■ 한자 성어의 음을 적고 그에 담긴 의미와 적절한 쓰임을 알아보자.

門 前 成 市

▶ 찾아오는 사람이 많아 집 문 앞이 시장을 이루다시피 함을 이르는 말.

▷ 그 식당은 음식맛이 좋고 값도 싸기로 소문이 나서 연일 門前成市를 이루고 있다.

一 進 一 退

▶ 한 번 앞으로 나아갔다 한 번 뒤로 물러났다 함.

▷ 실력이 막상막하인 두 팀은 매회마다 一進一退를 거듭하고 있었다.

日 進 月 步

▶ 나날이 다달이 계속하여 진보·발전함.

▷ 꾸준한 노력으로 그의 한자 실력은 日進月步하고 있다.

先 公 後 私

▶ 공적인 일을 먼저하고 사사로운 일은 뒤로 미룸.

▷ 공직자들은 언제나 先公後私를 마음에 새기고 있어야 한다.

百 年 佳 約

▶ 젊은 남녀가 부부가 되어 평생을 같이 지낼 것을 굳게 다짐하는 아름다운 언약.

▷ 그들은 많은 사람들의 축복 속에 百年佳約을 맺었다.

泰 山 北 斗

▶ 태산(泰山)과 북두칠성을 아울러 이르는 말.
세상 사람들로부터 존경받는 사람을 비유적으로 이르는 말.

▷ 많은 사람들은 그분을 우리 민족의 泰山北斗로 우러러보았다.

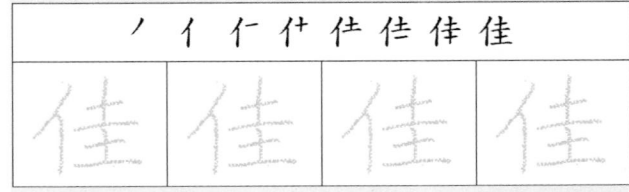

佳	아름다울 가	■ 아름답다 ■ 좋다, 훌륭하다 ■ 좋아하다

丿 亻 亻 仁 仨 住 佳 佳

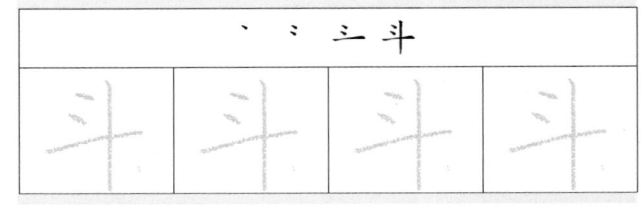

斗	말 두	■ 말(용량의 단위) ■ 구기(자루가 달린 술 따위를 푸는 용기)

丶 二 三 斗

· 문전성시 · 일진일퇴 · 일진월보 · 선공후사 · 백년가약 · 태산북두

더 살펴 익히기

■ 한자가 지닌 여러가지 뜻과 한자어를 한 번 더 살펴 익히자.

■ 아래 한자가 지닌 뜻과 그 뜻을 지니는 한자어를 줄로 잇고 음을 적어라.

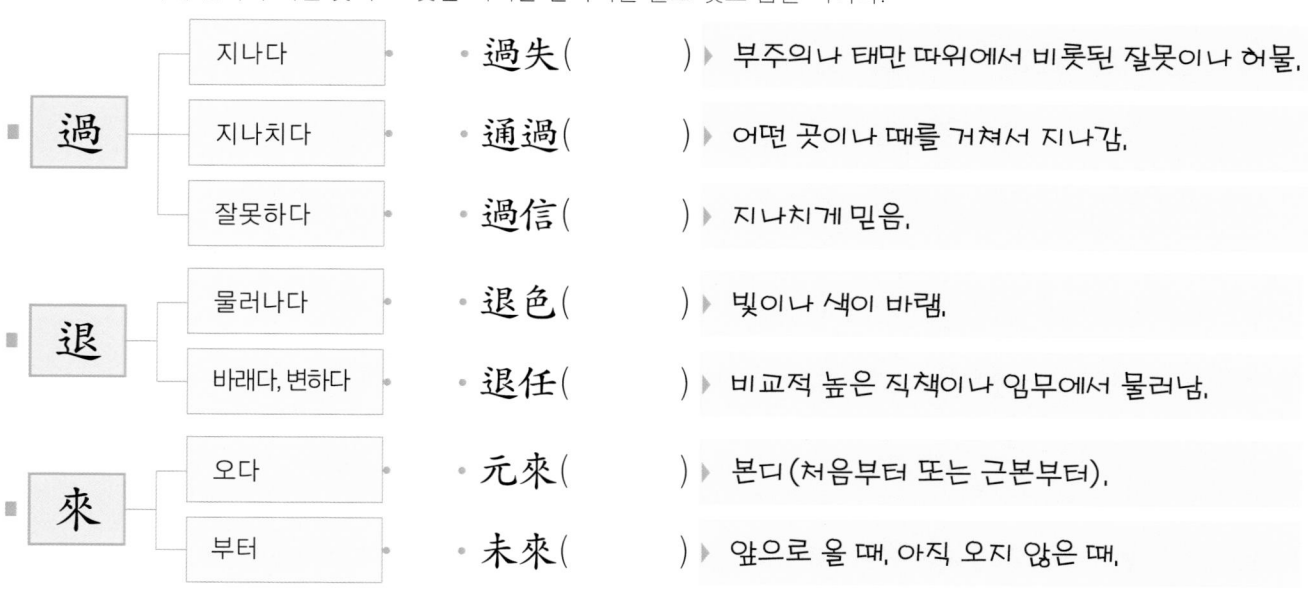

過
- 지나다 ・ 過失( )▶ 부주의나 태만 따위에서 비롯된 잘못이나 허물.
- 지나치다 ・ 通過( )▶ 어떤 곳이나 때를 거쳐서 지나감.
- 잘못하다 ・ 過信( )▶ 지나치게 믿음.

退
- 물러나다 ・ 退色( )▶ 빛이나 색이 바램.
- 바래다, 변하다 ・ 退任( )▶ 비교적 높은 직책이나 임무에서 물러남.

來
- 오다 ・ 元來( )▶ 본디(처음부터 또는 근본부터).
- 부터 ・ 未來( )▶ 앞으로 올 때, 아직 오지 않은 때.

■ [育]과 비슷한 뜻을 지닌 한자에 ○표 하여라.　⇨　[生 ・ 婚 ・ 愛 ・ 養]

■ [進]과 상대되는 뜻을 지닌 한자에 ○표 하여라.　⇨　[開 ・ 交 ・ 退 ・ 路]

■ [去]과 상대되는 뜻을 지닌 한자에 ○표 하여라.　⇨　[通 ・ 來 ・ 步 ・ 登]

■ [前]과 상대되는 뜻을 지닌 한자에 ○표 하여라.　⇨　[現 ・ 古 ・ 後 ・ 未]

■ 아래의 뜻을 지닌 한자성어를 찾아 줄로 잇고 음을 적어라.

▶ 옥과 돌이 함께 부서진다는 뜻으로, 착한 사람과 악한 사람이 함께 망함을 이르는 말. 　・　| 國泰民安 | |

▶ 나라가 태평하고 백성이 편안함. 　・　| 人非木石 | |

▶ 사람은 목석이 아니라는 뜻으로, 사람은 누구나 감정과 분별력을 가지고 있음을 이르는 말. 　・　| 玉石同碎 | |

▶ 조금 낮고 못한 정도의 차이는 있지만 본질적으로는 차이가 없음을 이르는 말. 　・　| 馬耳東風 | |

▶ 동풍이 말의 귀를 스쳐간다는 뜻으로, 남의 말을 귀담아듣지 아니하고 지나쳐 흘려버림을 이르는 말. 　・　| 九死一生 | |

▶ 아홉 번 죽을 뻔하다 한 번 살아난다는 뜻으로, 죽을 고비를 여러 차례 넘기고 겨우 살아남을 이르는 말. 　・　| 五十步百步 | |

· 과실. 통과. 과신 · 퇴색. 퇴임 · 원래. 본래

61

어휘력 다지기

■ 둘째를 큰댁에 養子 로 보냈다. • • 양아들, 입양에 의하여 자식의 자격을 얻은 사람.

■ 상당 기간 休養 이 필요합니다. • • 편안히 쉬면서 몸과 마음을 보양함.

■ 연못을 이용해 養魚 를 하고 있다. • • 어린 아이를 기름.

■ 그 부부는 두 아이를 入養 했다. • • 자신의 결함이나 잘못을 스스로 뉘우치고 책망함.

■ 맞벌이 부부가 겪는 育兒 의 어려움. • • 물고기를 인공적으로 길러 번식하게 함.

■ 너의 실수를 너무 自責 하지 마라. • • 양자로 들어감, 또는 양자를 들임.

■ 공무원 任用 시험에 응시하였다. • • 임무를 자기가 스스로 맡음.

■ 그는 궂은 일을 自任 하고 나섰다. • • 맡은 바 직책이나 임무.

■ 전근 발령을 받고 任地 로 떠났다. • • 직무를 맡기어 사람을 씀.

■ 그는 所任 을 다하려고 노력했다. • • 어린아이.

■ 小兒 들을 위한 시설이 부족하다. • • 임무를 받아 근무하는 곳.

■ 아직도 男兒 선호 사상이 남아있다. • • 조직이나 단체 따위를 짜서 만듦.

■ 산소와 수소의 結合 으로 물이 된다. • • 남자아이, 남자다운 남자.

■ 새로운 노동조합을 結成 하였다. • • 둘 이상의 사물이나 사람이 서로 관계를 맺어 하나 됨.

■ 많은 군중들이 광장에 集結 하였다. • • 혼인이 이루어짐, 또는 혼인을 함.

■ 그는 딸의 婚事 로 마음이 바쁘다. • • 한군데로 모이거나 모여 뭉침, 또는 모아 뭉치게 함.

■ 그들은 오래전에 婚約 한 사이야. • • 혼인에 관한 일.

■ 주례자가 成婚 을 선언하였다. • • 혼인하기로 함, 또는 그 약속.

■ 정치인들은 公約 을 지켜야 한다. • • 때를 정하여 약속함, 또는 그런 약속.

■ 그들은 다시 만날 것을 期約 했지. • • 어떤 일에 대하여 국민에게 실행할 것을 약속함.

■ 約定 한 내용을 계약서에 적었다. • • 어떤 일을 약속하여 정함.

·양자·휴양·양어·입양·육아·자책·임용·자임·임지·소임·소아·남아·결합·결성·집결·혼사·혼약·성혼·공약·기약·약정

■ 한자어가 되도록 □ 안에 공통으로 넣을 한자를 보기에서 찾아 □ 안에 쓰고, 그 한자어들의 뜻을 생각하며 음을 적어라.

□ ⇨	退□	□命	信□		□ ⇨	□老	□育	□成

□ ⇨	男□	女□	小□		□ ⇨	集□	□果	□合

□ ⇨	言□	□婚	先□		□ ⇨	幸□	食□	萬□

보기

結 · 任 · 約 · 佳 · 幸 · 束 · 婚 · 福 · 養 · 幼 · 責 · 兒 · 育

■ 아래의 뜻을 지닌 한자어가 되도록 위의 보기에서 알맞은 한자를 찾아 □ 안에 써 넣어라.

▶ 길러 자라게 함. ▷ 첨단 산업을 [　] 成 하여야 한다.

▶ 아름다운 약속. 사랑하는 사람과 만날 약속. 부부가 되자는 약속. ▷ 그들 둘은 백년 [　] 約 을 맺었다.

▶ 자신의 결함이나 잘못에 대하여 스스로 깊이 뉘우치고 자신을 책망함. ▷ 나의 실수를 自 [　] 하고 있다.

▶ 생후 1년부터 만 6세까지의 어린아이. ▷ [　] 兒 들이 옹기종기 모여 있네.

▶ 행복하지 아니함. 행복하지 아니한일. 또는 그런 운수. ▷ 그것은 매우 不 [　] 한 사건이다.

▶ 한 덩어리가 되게 묶음. 뜻이 같은 사람끼리 서로 단결함. ▷ 큰 일을 앞두고 結 [　] 을 다졌다.

▶ 아직 결혼하지 않음. 또는 그런 사람. ▷ 그는 未 [　] 으로 지내고 있다.

· 퇴임. 임명. 신임 · 양로. 양육. 양성 · 남아. 여아. 소아 · 집결. 결과. 결합 · 언약. 약혼. 선약 · 행복. 식복. 만복 / · 육성 · 가약 · 자책 · 유아 · 불행 · 결속 · 미혼

63

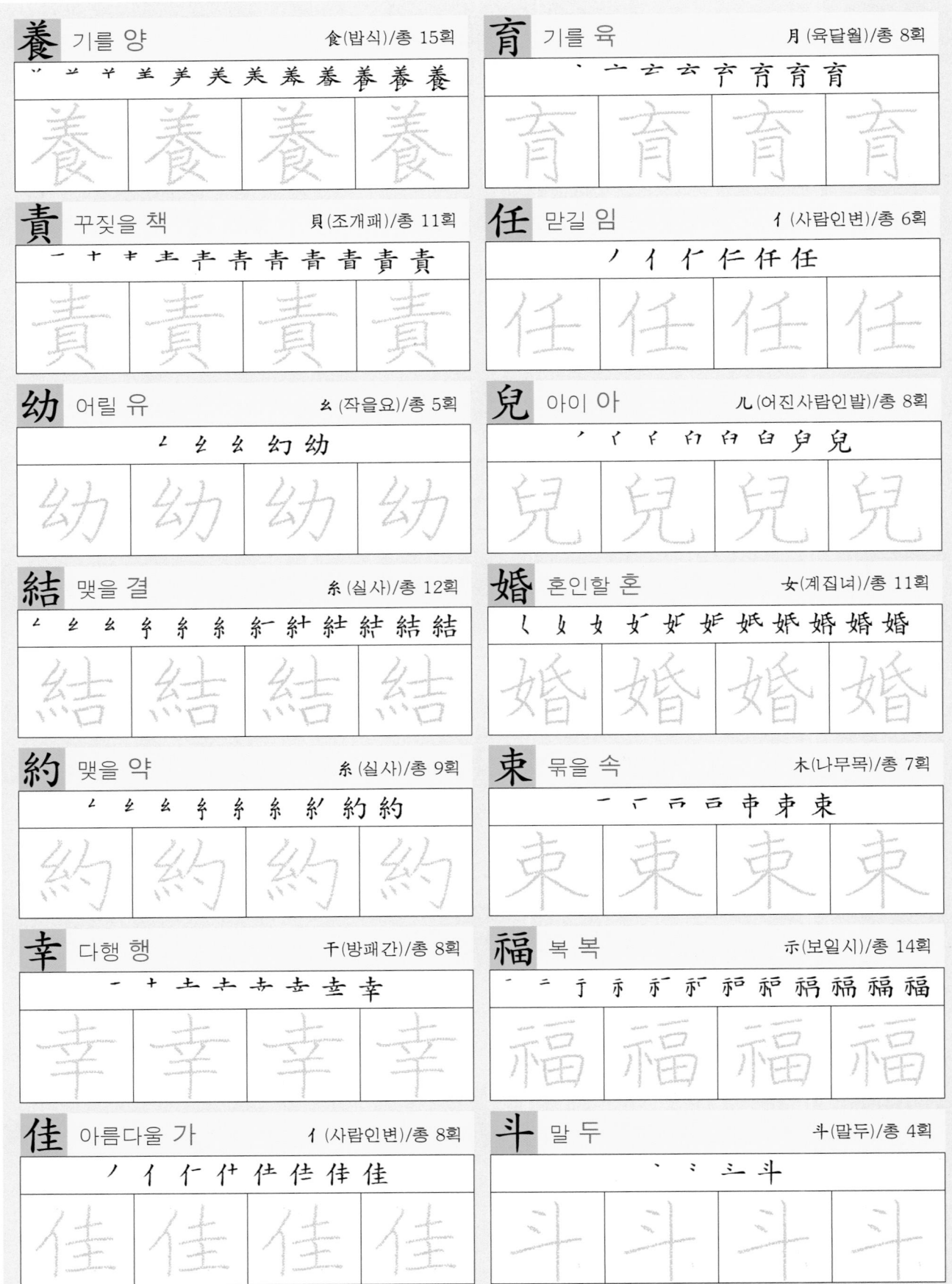

養 기를 양　　　　食(밥식)/총 15획
丷 丷 屮 羊 羊 美 美 美 养 养 養 養 養

育 기를 육　　　　月(육달월)/총 8획
丶 亠 云 云 云 育 育 育

責 꾸짖을 책　　　　貝(조개패)/총 11획
一 十 主 主 主 青 青 青 青 責 責

任 맡길 임　　　　亻(사람인변)/총 6획
丿 亻 亻 仁 仟 任

幼 어릴 유　　　　幺(작을요)/총 5획
乚 幺 幺 幼 幼

兒 아이 아　　　　儿(어진사람인발)/총 8획
丿 丨 丨 臼 臼 臼 兒 兒

結 맺을 결　　　　糸(실사)/총 12획
乚 幺 幺 幺 幺 糸 糸 糸 結 結 結 結

婚 혼인할 혼　　　　女(계집녀)/총 11획
乚 女 女 妒 妒 妒 婋 婚 婚 婚 婚

約 맺을 약　　　　糸(실사)/총 9획
乚 幺 幺 幺 糸 糸 糸 約 約

束 묶을 속　　　　木(나무목)/총 7획
一 一 一 亘 亘 束 束

幸 다행 행　　　　干(방패간)/총 8획
一 十 土 土 圥 圥 幸 幸

福 복 복　　　　示(보일시)/총 14획
一 二 亍 亍 亓 亓 祠 祠 祠 福 福 福

佳 아름다울 가　　　　亻(사람인변)/총 8획
丿 亻 亻 仕 仕 佳 佳 佳

斗 말 두　　　　斗(말두)/총 4획
丶 丶 二 斗

묶음 2-5

음 ■ 한자를 읽는 소리
아래 한자의 음을 찾아 적고 소리내어 읽어 보자.

― 바탕색과 글자색이 같은 것을 찾아 보자 ―

훈 ■ 한자의 뜻 새김
한자의 음을 적고 훈과 함께 외어 보자.

教 가르칠	師 스승	委 맡길	員 인원
早 이를	速 빠를	重 무거울	要 요긴할
判 판단할	決 결단할	宣 베풀	布 베

알아보기

■ 한자어와 한자어를 이루는 개별 한자의 뜻을 알아보자.
 ■ 아래 한자어의 음을 적고 그 뜻을 생각하며 글을 읽어 보자.
 ■ 공부할 한자의 뜻을 알아보고 필순에 따라 바르게 써 보자.

教師 [　　]

▶ 학술이나 기예를 가르치는 스승.

「 사랑하는 마음으로 사람을 대하면, 그들의 단점에 대해서는 관대해지고, 주로 장점이 흥미의 대상이 된다. 수십 명의 조무래기들에게 每日 시달림을 당하는 초등 學校 教師가 그래도 生活이 즐겁다고 생각하는 것은, 그 아이들이 모두 말 잘 듣고 착한 아이들이기 때문이 아니다. 짓궂고 미운 점은 사랑으로 감싸 주고, 예쁘고 귀여운 점은 더욱 관심을 쏟기 때문이다. 」

• 每日(매일) • 學校(학교) • 生活(생활).
* 단점: 잘못되고 모자라는 점. * 관대: 너그럽게 대접함. 또는 그런 대접. * 장점: 좋거나 잘하거나 긍정적(바람직한 것)인 점.

敎는 '가르침을 본받음'을 뜻하는 ⅓ … 爻(교)와 '~하게 하다'는 뜻인 攴 … 支(복)=攵을 결합한 것이다. 본받아 따르도록 〈가르침〉을 의미한다.

[새김] ■ 가르치다 ■ 가르침 ■ 본받다

| ノ | メ | ナ | チ | 耂 | 孝 | 孝 | 敎 | 敎 | 敎 | 敎 |

教	教	教	教
教	教	教	教

師는 '쌓다'는 뜻인 ㅂ … 自(퇴)와 '두루(널리)'를 뜻하는 帀 … 帀(잡)을 결합한 것이다. 기예나 학문을 두루 쌓아서 남을 가르치고 인도하는 〈스승〉을 의미한다.

[새김] ■ 스승 ■ 전문인 ■ 모범으로 삼다

| ' | イ | ʼ | ʼ | 白 | 白 | 白 | 帥 | 師 | 師 |

師	師	師	師
師	師	師	師

66

새기고 익히기

■ 한자의 뜻을 새기고 그 한자로 이루어진 한자어를 익히자.
- 한자의 뜻을 연결하여 한자어의 뜻을 생각해 보자.
- 한자어의 뜻을 알고 예문을 통해 그 활용을 익히자.

| 教 | 가르칠
교 | ■ 가르치다
■ 가르침
■ 본받다 | | 師 | 스승
사 | ■ 스승
■ 전문인
■ 모범으로 삼다 |

– 흐리게 나타난 한자어 위에 겹쳐서 쓰고 음을 적어라 –

| 育 | 기를
육 | ■ 기르다
■ 낳다
■ 자라다 |

教育 ▷ 자라나는 학생들의 개성과 창의성이 존중되는 教育 환경을 만들어야 한다.
가르치며 · 길러줌 ▶ 지식과 기술 따위를 가르치며 인격을 길러 줌.

| 養 | 기를
양 | ■ 기르다
■ 봉양하다
■ 수양하다 |

教養 ▷ 독서를 통하여 教養을 쌓고, 삶의 지혜도 얻을 수 있다.
가르침으로 · 닦은 수양 ▶ 학문, 지식, 사회생활을 바탕으로 이루어진 품위.

| 弟 | 아우
제 | ■ 아우
■ 제자
■ 나이 어린 사람 |

師弟 ▷ 그 분과 나는 師弟 관계입니다.
스승과 · 제자 ▶ 스승과 제자를 아울러 이르는 말.

| 表 | 겉
표 | ■ 겉, 거죽
■ 나타내다
■ 표 · 모범 |

師表 ▷ 그 분은 우리의 師表가 되는 인물이다.
스승이 될 · 모범 ▶ 학식과 덕행이 높아 남의 모범이 될 만한 인물.

한 글자 더

| 早 | 이를
조 | ■ 이르다
■ 일찍
■ 서두르다 |

☆ 때가 아직 오지 아니하다. 때가 오기 전에. 기준되는 때보다 앞서 있다.

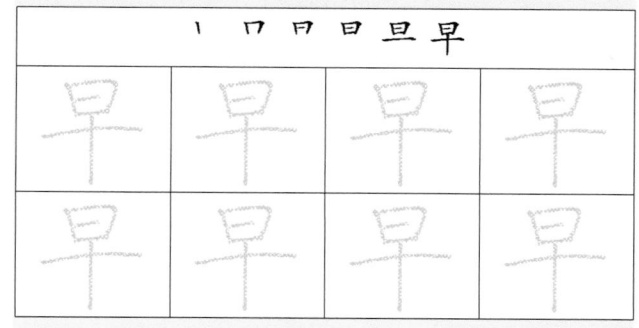

丨 口 日 旦 무

| 早 | 早 | 早 | 早 |
| 早 | 早 | 早 | 早 |

| 朝 | 아침
조 | ■ 아침
■ 처음
■ 조정 |

早朝 ▷ 나는 가끔 早朝 할인으로 영화를 본다.
이른 · 아침 ▶ 이른 아침.

| 期 | 기약할
기 | ■ 기약하다
■ 때, 시기
■ 기간 |

早期 ▷ 어린 아이에게 지나친 早期 교육은 그리 바람직한 것이 아니라 생각한다.
이른 · 시기 ▶ 이른 시기.

알아보기

■ 한자어와 한자어를 이루는 개별 한자의 뜻을 알아보자.
■ 아래 한자어의 음을 적고 그 뜻을 생각하며 글을 읽어 보자.
■ 공부할 한자의 뜻을 알아보고 필순에 따라 바르게 써 보자.

委員 [　　]

▶ 일반 단체에 있어서 임명 또는 선거에 의하여 특정한 사무를 위임 받은 사람.

「 선생님께서 우리 둘에게 도서 **委員**의 일을 맡기셨을 때, 둘만의 空間이 생겼다는 사실에 너와 나는 뛸 듯이 기뻐했었지. 선생님께서도 쌍둥이 같은 우리에게 일을 맡기면 安心이 된다고 말씀하시며 미소를 지으셨지. 책으로 가득찬 작은 空間에서 너와 나는 끝없는 상상의 날개를 펴며, 南太平洋의 작은 섬에서 수영도 즐기고, 이집트 피라미드 속을 탐험도 하고, '안네의 일기'를 읽으며 눈물도 흘렸지. 정말로 소중한 시간들이었어. 」

• 空間(공간) • 安心(안심) • 南太平洋(남태평양)
* 상상: 실제로 경험하지 않은 현상이나 사물에 대하여 마음속으로 그려봄. * 소중하다: 매우 귀중하다.

는 '여자'를 뜻하는 👤 ⋯ 女(여)와 벼이삭이 고개 숙인 모습으로 '온화함'을 뜻하는 👤 ⋯ 禾(화)를 결합한 것이다. 온화한 태도로 자신을 〈맡기고 따름〉을 의미한다.

[새김] ▪ 맡기다 ▪ 맡게하다 ▪ 따르다

ノ 二 千 千 禾 秀 委 委			
委	委	委	委
委	委	委	委

은 청동솥(👤) 테두리의 둥근 모양(○)을 나타낸다. 본래의 뜻은 '둥글다'인데, 나중에 〈인원(사람 수)〉을 의미하게 되었다.

[새김] ▪ 인원 ▪ 사람 ▪ 둥글다

' 口 口 尸 昌 冐 冒 員 員 員									
員	員	員	員
員	員	員	員

68

새기고 익히기

■ 한자의 뜻을 새기고 그 한자로 이루어진 한자어를 익히자.

■ 한자의 뜻을 연결하여 한자어의 뜻을 생각해 보자.
■ 한자어의 뜻을 알고 예문을 통해 그 활용을 익히자.

委 맡길 위 · 맡기다 · 맡게 하다 · 따르다

員 인원 원 · 인원 · 사람 · 둥글다

- 흐리게 나타난 한자어 위에 겹쳐서 쓰고 음을 적어라 -

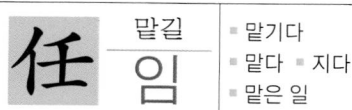

任 맡길 임 · 맡기다 · 맡다 · 지다 · 맡은 일

委任 [　]   맡기다 / 지워 ▷ 회원들은 회장에게 총무 지명을 委任했다.
▶ 어떤 일을 책임 지워 맡김. 또는 그 책임.

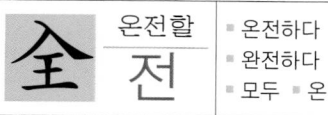

全 온전할 전 · 온전하다 · 완전하다 · 모두 · 온

全員 [　]   모든 / 인원 ▷ 이번 현장 학습에 우리반 全員이 빠짐 없이 참가하였다.
▶ 소속된 인원의 전체.

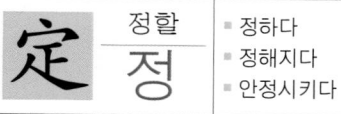

定 정할 정 · 정하다 · 정해지다 · 안정시키다

定員 [　]   정해진 / 인원 ▷ 합창단 가입 지원자가 定員을 넘어섰다.
▶ 일정한 규정에 의하여 정한 인원.

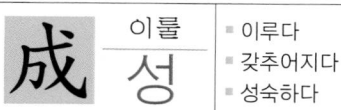

成 이룰 성 · 이루다 · 갖추어지다 · 성숙하다

成員 [　]   갖추어짐 / 인원이 ▷ 이제 成員이 되었으니 회의를 시작합시다.
▶ 모임이나 단체를 구성하는 인원. 회의 성립에 필요한 인원.

한 글자 더

速 빠를 속 · 빠르다 · 빨리하다 · 빨리

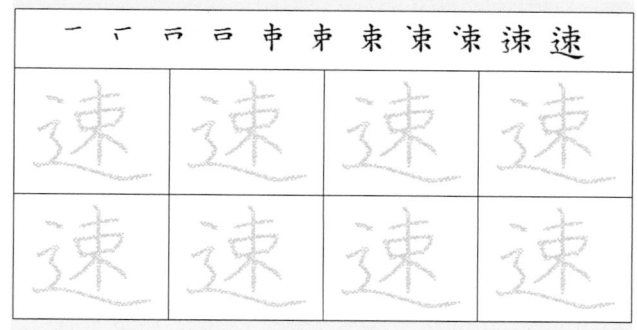

一 丁 亍 束 束 束 束 速 速

速 速 速 速
速 速 速 速

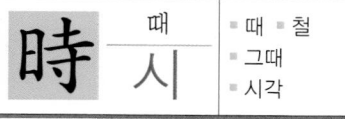

時 때 시 · 때 · 철 · 그때 · 시각

時速 [　]   시간 단위의 / 빠르기 ▷ 고속열차는 평균 時速 300km 이상으로 달린다.
▶ 시간을 단위로 하여 잰 평균 속도.

過 지날 과 · 지나다 · 지나치다 · 잘못하다

過速 [　]   지나치게 / 빠른 속도 ▷ 빗길에서 過速은 매우 위험하다.
▶ 자동차 따위의 주행 속도를 너무 빠르게 함. 또는 그 속도.

알아보기

■ 한자어와 한자어를 이루는 개별 한자의 뜻을 알아보자.
■ 아래 한자어의 음을 적고 그 뜻을 생각하며 글을 읽어 보자.
■ 공부할 한자의 뜻을 알아보고 필순에 따라 바르게 써 보자.

重要 ▶ 귀중하고 요긴함.

「 성냥이 먼저 초에게 뽐내는 말투로 말했습니다.
"내가 없었더라면 너는 이 세상을 환하게
밝힐 수 없으니까 내가 제일이란 말이야."
"체! 모르는 소리. 너는 불을 켤 수는
있지만, 오랫동안 이 세상을 밝혀
줄 수 있는 건 누군데? 그러니까
내가 제일이란 말이야."
성냥과 초는 서로 자기가
重要하다고 우기면서 다투었습니다.
그러다가 서로 뾰로통해졌습니다. 」

* 제일: 여럿 가운데서 첫째가는 것. * 우기다: 억지를 부려 제 의견을 고집스럽게 내세우다.

🕴은 사람(🕴)이 자루에 꾸린 짐(🎒)을 짊어진 모습이
다. 짊어진 짐이 〈무거움〉을 의미한다.

🖐는 두 손(🖐)으로 여인의 허리(🧍)를 잡은 모습이다.
본래의 뜻은 '허리'인데 허리가 사람 몸의 중요한 부분
인 데서, 〈중요하다〉는 의미로 쓰이게 되었다.

[새김] ▪ 무겁다 ▪ 무게 ▪ 중하다 ▪ 겹치다

ノ	一	一	一	一	一	一	重	重	重
重	重	重	重
重	重	重	重

[새김] ▪ 요긴하다 ▪ 요구하다 ▪ 중요하다

一	一	一	一	一	一	要	要	要
要	要	要	要
要	要	要	要

새기고 익히기

- 한자의 뜻을 연결하여 한자어의 뜻을 생각해 보자.
- 한자어의 뜻을 알고 예문을 통해 그 활용을 익히자.

重 무거울 중	■ 무겁다 ■ 무게 ■ 중하다 ■ 겹치다	要 요긴할 요	■ 요긴하다 ■ 요구하다 ■ 중요하다

– 흐리게 나타난 한자어 위에 겹쳐서 쓰고 음을 적어라 –

責 꾸짖을 책	■ 꾸짖다 ■ 책임 ■ 빚(부채)	重 責 중한 책임 ▶ 중대한 책임.	▷ 그는 능력을 인정받아 이번 일에 重責을 맡게 되었다.

過 지날 과	■ 지나다 ■ 지나치다 ■ 잘못하다	過 重 지나치게 무거움 ▶ 지나치게 무거움.	▷ 오늘 작업량이 過重하여 몸이 많이 지친 상태이다.

件 물건 건	■ 물건 ■ 사건, 일 ■ 조건	要 件 요구하는 조건 ▶ 필요한 조건.	▷ 그 일을 맡기 위해서는 자격 要件을 갖추어야 한다.

素 본디 소	■ 본디, 바탕 ■ 희다 ■ 평소 ■ 질박하다	要 素 중요한 바탕 ▶ 사물의 성립이나 효력 발생 따위에 꼭 필요한 성분. 또는 조건.	▷ 주어진 문제를 해결하려면 그에 필요한 핵심적 要素를 파악하고 있어야 한다.

한 글자 더

宣 베풀 선	■ 베풀다 ■ 널리 펴다 ■ 밝히다

☆ 은혜 따위를 끼치어 주다.
널리 알리다. 널리 공표하다.

` ㆍ 亠 宀 宀 宁 官 官 宣`

宣	宣	宣	宣
宣	宣	宣	宣

言 말씀 언	■ 말씀, 말 ■ 의견 ■ 묻다 ■ 헤아리다	宣 言 널리 펴서 말함 ▶ 널리 펴서 말함. 또는 그런 내용.	▷ 그 선수는 이번 올림픽을 끝으로 은퇴를 宣言하였다.

教 가르칠 교	■ 가르치다 ■ 가르침 ■ 본받다	宣 敎 널리 펴 종교의 가르침을 ▶ 종교를 선전하여 널리 폄.	▷ 각 종교 단체에서는 宣敎 활동을 펼치고 있다.

■ 한자어와 한자어를 이루는 개별 한자의 뜻을 알아보자.
■ 아래 한자어의 음을 적고 그 뜻을 생각하며 글을 읽어 보자.
■ 공부할 한자의 뜻을 알아보고 필순에 따라 바르게 써 보자.

判決 [ ] ▶ 시비 선악을 가리어 결정함.

「 입법부인 국회는 나라를 다스리는 데 기준이 되는 법률을 제정하는 권한을 가진다. 행정부인 정부는 나라에서 정한 법률에 따라 나라의 살림을 하고 國家의 독립과 國民의 행복을 위해 힘쓰고 있다. 정부는 대통령을 中心으로 국무총리와 국무 위원들과 함께 國民을 위해 일한다. 사법부인 법원에서는 헌법과 법률에 따라 재판을 통하여 옳고 그름을 公正하게 判決해 준다. 」

• 國家(국가) • 中心(중심) • 國民(국민) • 公正(공정). * 기준: 기본이 되는 표준. * 제정: 제도나 법률 따위를 만들어서 정함.

判은 '반으로 가름'을 뜻하는 半 ⋯ 半(반)과 '칼'을 뜻하는 ⺉ ⋯ 刂(선칼도)를 결합한 것이다.   증표를 반으로 쪼개 서로 하나씩 가지고 있다가 훗날 맞추어 보고 사실 여부를 〈판단함〉을 의미한다.

새김 ■ 판단하다 ■ 판결하다 ■ 구별하다

`	⺀	⺈	⺌	半	半	判	判
判	判	判	判				
判	判	判	判				

決은 '물'을 뜻하는 水(수)= 氵와 '결단하다', '터놓다'는 뜻인 夬(쾌)를 결합한 것이다.   물꼬를 트도록 〈결단함〉을 의미한다.

새김 ■ 결단하다 ■ 결정하다 ■ 터지다

`	`	氵	氵	汀	汩	決	決
決	決	決	決				
決	決	決	決				

새기고 익히기

■ 한자의 뜻을 새기고 그 한자로 이루어진 한자어를 익히자.
　■ 한자의 뜻을 연결하여 한자어의 뜻을 생각해 보자.
　■ 한자어의 뜻을 알고 예문을 통해 그 활용을 익히자.

判	판단할 판	■ 판단하다 ■ 판결하다 ■ 구별하다

決	결단할 결	■ 결단하다 ■ 결정하다 ■ 터지다

- 흐리게 나타난 한자어 위에 겹쳐서 쓰고 음을 적어라 -

明	밝을 명	■ 밝다 ■ 밝히다 ■ 확실하게

判明 　▷ 자동차 고장의 원인은 부품의 결함으로 判明되었다.
판단하여　밝힘　▶ 어떤 사실을 판단하여 명백하게 밝힘.

定	정할 정	■ 정하다 ■ 정해지다 ■ 안정시키다

判定 　▷ 그는 심판의 判定에 불복하였다.
판별하여　결정함　▶ 판별하여 결정함.

未	아닐 미	■ 아니다 ■ 아직 ~하지 못 　하다

未決 　▷ 그 문제는 아직도 未決로 남아 있다.
아니함　결정하지　▶ 아직 결정하거나 해결하지 아니함.

心	마음 심	■ 마음 ■ 심장 ■ 가운데

決心 　▷ 그는 실패를 교훈으로 새로운 決心을 하고 더욱 노력하였다.
결정함　마음을　▶ 할 일에 대하여 어떻게 하기로 마음을 굳게 정함.

한 글자 더

布	베 포	■ 베 ■ 펴다 ■ 벌이다

☆ 식물의 섬유로 짠 베.
　널리 알리다. 널리 실시하다, 나누어 주다.

ノ ナ ナ オ 右 布
布　布　布　布
布　布　布　布

分	나눌 분	■ 나누다 ■ 구분 ■ 몫　■ 1분

分布 　▷ 우리나라의 각 지역의 인구 分布에 대해 알아보자.
나뉘어　퍼져 있음　▶ 일정한 범위에 흩어져 퍼져 있음.

毛	털 모	■ 털, 터럭 ■ 땅 위에

毛布 　▷ 추운 겨울이었지만 침구가 부족해서 겨우 毛布 한 장을 덮고 자야만 했다.
털로 짠　베(피륙)　▶ 털 따위로 짜서 깔거나 덮을 수 있도록 만든 요, 담요.

73

■ 공부한 한자로 이루어진 한자어를 익혀 어휘력을 다지자.
■ 글 속 한자어의 음을 적고, 그 뜻과 줄로 잇고, 쓰임을 익히자.

■ 그분은 30여 년간 教壇 □ 에 섰다. • • '스승'을 높여 이르는 말.

■ 이제 겨우 教員 □ 경력 2년차이다. • • 교실에서 교사가 강의할 때 올라서는 단, 교육기관.

■ 불량 청소년의 教化 □ 를 위한 훈련. • • 각급 학교에서 학생을 가르치는 사람을 이르는 말.

■ 오로지 師父 □ 의 가르침을 따르겠다. • • 가르치고 이끌어서 좋은 방향으로 나아가게 함.

■ 오늘 학급 任員 □ 을 선출하였다. • • 어떤 기관에서 또는 어떤 일을 하는 데 꼭 필요한 인원.

■ 수영장에 인명 구조 要員 □ 을 배치. • • 어떤 단체에 소속하여 중요한 일을 맡아보는 사람.

■ 철새 탐조단의 一員 □ 으로 참가했다. • • 어린 나이에 일찍 결혼함. 또는 그렇게 한 결혼.

■ 심한 두통으로 早退 □ 를 하였어. • • 속도의 크기. 또는 속도를 이루는 힘.

■ 옛날에 早婚 □ 의 풍습이 있었다 한다. • • 단체에 소속된 한 구성원.

■ 시속 80km의 速力 □ 으로 달렸다. • • 정하여진 시간 이전에 물러남.

■ 순간 최대 風速 □ 이 초당 25미터야. • • 빨리 이루어짐. 또는 빨리 깨우침.

■ 목공 기술을 速成 □ 으로 배웠다. • • 가볍게 여길 수 없을 만큼 매우 중요함.

■ 생사가 걸린 重大 □ 한 문제가 생겼어. • • 바람의 속도.

■ 그는 몸의 重心 □ 을 잃고 쓰러졌다. • • 말이나 행동, 몸가짐 따위를 신중하게 함.

■ 제발 설치지 말고 自重 □ 하기 바란다. • • 무게 중심.

■ 우리 지역 主要 □ 농산물은 딸기야. • • 사물의 성립이나 효력 발생 따위에 꼭 필요한 성분.

■ 생명체에게 꼭 필요한 要素 □ 는 물. • • 주되고 중요함.

■ 그의 성공 要因 □ 은 성실한 생활태도. • • 옳고 그름이나 이기고 짐에 대한 최후의 판정을 내림.

■ 하여튼간에 오늘 決判 □ 을 내겠다. • • 다른 문제보다 먼저 해결하거나 결정함.

■ 서로 의논하여 決定 □ 하기로 하자. • • 사물이나 사건이 성립되는 까닭. 또는 조건이 되는 요소.

■ 건강을 회복하는 것이 先決 □ 문제야. • • 행동이나 태도를 분명하게 정함.

· 교단 · 교원 · 교화 · 사부 · 임원 · 요원 · 일원 · 조퇴 · 조혼 · 속력 · 풍속 · 속성 · 중대 · 중심 · 자중 · 주요 · 요소 · 요인 · 결판 · 결정 · 선결

■ 한자어가 되도록 □ 안에 공통으로 넣을 한자를 보기에서 찾아 □ 안에 쓰고, 그 한자어들의 뜻을 생각하며 음을 적어라.

□ ⇨	時□	過□	□力
□ ⇨	定□	全□	要□
□ ⇨	□育	□師	□養
□ ⇨	□大	所□	□要
□ ⇨	□定	□心	未□
□ ⇨	□言	□布	□告

보기

早 · 要 · 教 · 速 · 委 · 宣 · 斗 · 員 · 師 · 判 · 布 · 重 · 決

■ 아래의 뜻을 지닌 한자어가 되도록 위의 보기에서 알맞은 한자를 찾아 □ 안에 써 넣어라.

▸ 스승과 제자를 아울러 이르는 말.
▹ 그분과 나는 중학교 □弟 간이야.

▸ 어떤 일을 책임지워 맡김. 또는 그 책임.
▹ 동아리의 회비 관리를 □任 받았다.

▸ 이른 시기.
▹ 목표를 □期 에 달성하려 노력했다.

▸ 필요한 조건.
▹ 자격 □件 을 갖추어서 신청해라.

▸ 어떤 사실을 판단하여 명백하게 밝힘.
▹ 그의 말이 사실로 □明 되었어.

▸ 태산북두(태산과 북두칠성을 아울러 이르는 말).
▸ 어떤 분야에서 가장 권위가 있는 사람을 비유적으로 이르는 말.
▹ 그는 우리 역사학계의 泰□ 이다.

▸ 일정한 범위에 흩어져 퍼져 있음.
▹ 전국의 인구 分□ 를 나타내는 도표.

· 시속. 과속. 속력 · 정원. 전원. 요원 · 교육. 교사. 교양 · 중대. 소중. 중요 · 결정. 결심. 미결 · 선언. 선포. 선고 / · 사제 · 위임 · 조기 · 요건 · 판명 · 태두 · 분포

75

한자의 음과 훈을 되새기며 필순에 따라 바르게 써 보자.

教	가르칠 교	攵(등글월문)/총 11획

ノ メ ⺇ 耂 耂 耂 孝 叏 教 教 教

師	스승 사	巾(수건건)/총 10획

ノ 亻 亻 亣 亠 自 自 師 師 師

委	맡길 위	女(계집녀)/총 8획

ノ 二 千 禾 禾 秂 委 委

員	인원 원	口(입구)/총 10획

ノ 口 口 尸 号 昌 昌 冒 員 員

早	이를 조	日(날일)/총 6획

ノ 口 口 日 旦 早

速	빠를 속	辶(책받침)/총 11획

一 一 ⼀ 曰 申 束 束 涑 涑 涑 速

重	무거울 중	里(마을리)/총 9획

ノ 二 千 台 台 台 重 重 重

要	요긴할 요	襾(덮을아)/총 9획

一 ⼀ 戸 戸 襾 襾 覀 要 要

判	판단할 판	リ(선칼도방)/총 7획

ノ 八 ⼆ 半 半 判 判

決	결단할 결	氵(삼수변)/총 7획

丶 丶 氵 江 江 決 決

宣	베풀 선	宀(갓머리)/총 9획

丶 丶 宀 宀 宁 宁 官 官 宣

布	베 포	巾(수건건)/총 5획

ノ ナ 才 布 布

佳	아름다울 가	亻(사람인변)/총 8획

ノ 亻 亻 仁 仹 住 佳 佳

斗	말 두	斗(말두)/총 4획

丶 丶 ⼆ 斗

76

■ 공부할 한자의 모양을 살펴보며 음과 훈을 알아보자,

묶음 2-6

음 ■ 한자를 읽는 소리
아래 한자의 음을 찾아 적고 소리내어 읽어 보자.

훈 ■ 한자의 뜻 새김
한자의 음을 적고 훈과 함께 외어 보자.

運	돌	動	움직일	鬪	싸울	犬	개
圓	둥글	形	모양	友	벗	好	좋을
協	화합할	助	도울	欲	하고자 할	求	구할

알아보기

■ 한자어와 한자어를 이루는 개별 한자의 뜻을 알아보자.
■ 아래 한자어의 음을 적고 그 뜻을 생각하며 글을 읽어 보자.
■ 공부할 한자의 뜻을 알아보고 필순에 따라 바르게 써 보자.

運動 [ ]

▶ 물체가 이곳저곳으로 돌며 움직임.
보건의 목적으로 몸을 움직임.

「 장애인을 위한 運動 경기는 古代 그리스의 히포크라테스 시대부터 의료의 목적으로 실시되었다. 그러다가 장애인 올림픽의 창설을 부르짖은 것은, 運動 경기가 장애인들의 치료와 재활에 탁월한 임상 효과가 있음을 밝혀낸 영국 스토크 맨더빌 병원의 구트먼 박사에 의해서였다. 」

• 古代(고대).　＊창설: 기관이나 단체 따위를 처음으로 베품.　＊재활: 신체장애자가 장애를 극복하고 생활함.
＊탁월하다: 남보다 두드러지게 뛰어나다.　＊임상: 환자의 치료를 목적으로 하는 의학.

運은 '가다'는 뜻인 辵(착)=⻌과 '군대'를 뜻하는 軍(군)으로 이루어졌다.　군대를 부리어(움직여) 〈옮겨 감〉을 의미한다.

[새김] ▪ 옮기다 ▪ 부리다 ▪ 움직이다 ▪ 운(운수)

㇐ ㇒ 冖 ㇗ 宀 宁 盲 軍 軍 軍 運 運			
運	運	運	運
運	運	運	運

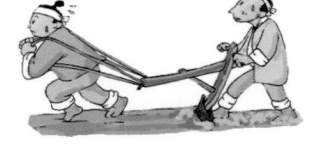

䏲은 노비(종)(䏲)가 무거운 짐(㡀)을 지고 농토(土)에서 일함을 뜻한다. 나중에 䏲이 重(중)으로 바뀌고 力(력)이 결합되었다.　힘을 써서 〈움직임〉을 의미한다.

[새김] ▪ 움직이다 ▪ 옮기다 ▪ 일어나다

㇐ 二 三 丟 盲 盲 重 重 重 動 動			
動	動	動	動
動	動	動	動

78

새기고 익히기

■ 한자의 뜻을 새기고 그 한자로 이루어진 한자어를 익히자.
  ■ 한자의 뜻을 연결하여 한자어의 뜻을 생각해 보자.
  ■ 한자어의 뜻을 알고 예문을 통해 그 활용을 익히자.

| 運 옮길 운 | ■옮기다 ■부리다
■움직이다
■운(운수) | 動 움직일 동 | ■움직이다
■옮기다
■일어나다 |

– 흐리게 나타난 한자어 위에 겹쳐서 쓰고 음을 적어라 –

| 身 몸 신 | ■몸
■나, 자신
■출신 | 運身 | ▷ 그는 허리를 다쳐 運身이 어려운 상태다. |
| | | 움직임 몸을 ▶ 몸을 움직임, 어떤 일이나 행동을 편한 마음으로 자유롭게 함. | |

| 命 목숨 명 | ■목숨
■명 ■운명
■표적 | 運命 | ▷ 사람이 나이들어 죽는 것은 피할 수 없는 運命이다. |
| | | 운과 명 ▶ 인간을 포함한 모든 것을 지배하는 초인간적인 힘. | |

| 物 만물 물 | ■만물
■물건
■사물 | 動物 | ▷ 밀림이 파괴되면서 그 속에서 살고 있던 動物들이 점점 사라지고 있다. |
| | | 움직이는 생물(사물) ▶ 생물계를 식물과 함께 둘로 구분한 생물의 한 부문. | |

| 作 지을 작 | ■짓다, 만들다
■행하다
■일으키다 | 動作 | ▷ 우리 선수가 재빠른 動作으로 상대편 공을 가로챘다. |
| | | 움직임 행하는 ▶ 몸이나 손발 따위를 움직임, 또는 그런 모양. | |

한 글자 더

| 形 모양 형 | ■모양
■형상
■형세 |

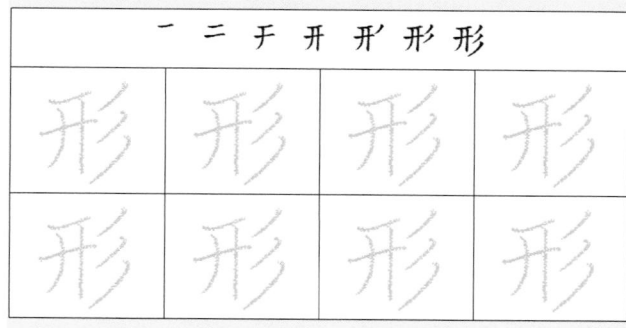

一 二 チ 开 开 形 形

| 外 바깥 외 | ■바깥 ■외국
■벗어나다
■추가로 | 外形 | ▷ 이 물건은 外形은 그럴듯하지만 실속이 없다. |
| | | 겉(바깥의) 모양 ▶ 사물의 겉모양, 겉으로 드러난 형세. | |

| 人 사람 인 | ■사람
■백성 | 人形 | ▷ 장난감 가게에 예쁜 人形들이 올망졸망 진열되어 있었다. |
| | | 사람 모양 ▶ 사람 모양으로 만든 장난감. | |

알아보기

■ 한자어와 한자어를 이루는 개별 한자의 뜻을 알아보자.
■ 아래 한자어의 음을 적고 그 뜻을 생각하며 글을 읽어 보자.
■ 공부할 한자의 뜻을 알아보고 필순에 따라 바르게 써 보자.

鬪犬 [　　] ▶ 개끼리 싸움을 붙임.

「 개싸움을 붙여 승패를 가리는 놀이를 鬪犬이라 한다.
우리나라에서는 1958년 공식적인 鬪犬대회가 처음 열렸다.
우리나라에서는 싸움개로 세퍼드 또는 복서종을 으뜸으로
보았으나, 1955년 日本의 도사견이
들어오면서 이것이 최고의 싸움개로
꼽히게 되었다. 鬪犬은 동물끼리
싸우는 과정을 즐기는 놀이인데
동물 애호 정신에 위배되므로
엄격히 금지해야 한다. 」

• 日本(일본).　　* 승패: 승리(겨루어서 이김)와 패배(겨루어서 짐)를 아울러 이르는 말.　* 애호: 사랑하고 좋아함.
* 위배: 법률, 명령, 약속 따위를 지키지 않고 어김.　　* 엄격하다: 말, 태도, 규칙 따위가 엄하고 철저하다.

는 머리에 깃털 장식을 한 무사( ) 둘이 손에 병기를 들고 겨루는 모습이다.　서로 힘을 겨루며 〈싸움〉을 의미한다.

은 한 마리 개의 모습이다.　〈개〉와 〈개와 같은 짐승〉을 의미한다.

새김 ▪ 싸우다 ▪ 싸움 ▪ 다투다 ▪ 승패를 가르다

丨	丨	丨	丨	丨	門	門	鬥	鬪	鬪	鬪	鬪
鬪		鬪		鬪		鬪					
鬪		鬪		鬪		鬪					

새김 ▪ 개 ▪ 자신을 낮춤

一 ナ 大 犬			
犬	犬	犬	犬
犬	犬	犬	犬

새기고 익히기

■ 한자의 뜻을 새기고 그 한자로 이루어진 한자어를 익히자.

■ 한자의 뜻을 연결하여 한자어의 뜻을 생각해 보자.

■ 한자어의 뜻을 알고 예문을 통해 그 활용을 익히자.

| 鬪 싸움
투 | ■ 싸움, 싸우다
■ 다투다
■ 승패를 겨루다 | | 犬 개
견 | ■ 개
■ 자신을 낮춤 |

– 흐리게 나타난 한자어 위에 겹쳐서 쓰고 음을 적어라 –

牛 소 우	■ 소 ■ 고집스럽다

| 鬪 牛 | | ▷ 오락으로 鬪牛를 즐기는 것이 잔인하게 느껴진다. |
| 싸움 소와 | | ▶ 투우사와 소가 싸움, 또는 그런 경기, |

決 결단할 결	■ 결단하다 ■ 결정하다 ■ 터지다

| 決 鬪 | | ▷ 그 영화에서 주인공이 악당들과 決鬪를 벌이는 장면은 정말 스릴이 있었다. |
| 결정함 승패를 겨뤄 | | ▶ 승패를 결정하기 위하여 벌이는 싸움, |

愛 사랑 애	■ 사랑하다 ■ 아끼다 ■ 좋아하다

| 愛 犬 | | ▷ 요즘에는 愛犬 용품이 다양하게 나오고 있다. |
| 좋아함 개를 | | ▶ 개를 귀여워함, 또는 그 개, |

軍 군사 군	■ 군사 ■ 군대 ■ 진치다

| 軍 犬 | | ▷ 이번 수색 작전에는 軍犬이 여러 마리 동원되었다. |
| 군사용 개 | | ▶ 군용견, |

한 글자 더

圓 둥글 원	■ 둥글다 ■ 동그라미 ■ 둘레

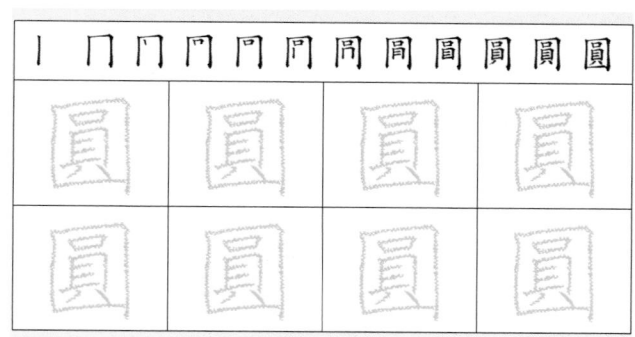

| 一 冂 冂 冃 冃 冃 圁 圓 圓 圓 圓 圓 |

形 모양 형	■ 모양 ■ 형상 ■ 형세

| 圓 形 | | ▷ 나는 사각보다는 圓形 식탁이 더 마음에 들었다. |
| 둥근 모양 | | ▶ 둥근 모양, |

半 반 반	■ 반, 절반 ■ 가운데 ■ 반쪽을 내다

| 半 圓 | | ▷ 무지개가 半圓을 그리며 떠 있네. |
| 절반 원의 | | ▶ 원을 지름으로 이등분하였을 때의 한쪽, |

81

알아보기

■ 한자어와 한자어를 이루는 개별 한자의 뜻을 알아보자.
■ 아래 한자어의 음을 적고 그 뜻을 생각하며 글을 읽어 보자.
■ 공부할 한자의 뜻을 알아보고 필순에 따라 바르게 써 보자.

友好 [ ] ▶ 개인끼리나 나라끼리 서로 사이가 좋음.

「 나라와 나라가 교제하는 것을 '外交'라고 한다. 각 나라에서는
外交를 전문으로 하는 관리를 따로 두고 있는데, 이런 사람을
'외교관'이라고 한다. 외교관은 세계 여러 나라에 파견되어
자기 나라를 그 나라에 알리고, 그 나라 전통이나 풍습 등
여러 가지를 자기 나라에 소개하는
일을 한다. 이런 活動을 통해
다른 나라와 서로를 이해하고
友好 관계가 유지되면 여러
면에서 自己 나라에 이익이 된다.

• 外交(외교) • 活動(활동) • 自己(자기).
* 교제: 서로 사귀어 가까이 지냄. * 관리: 관직에 있는 사람. * 파견: 일정한 임무를 주어 사람을 보냄.

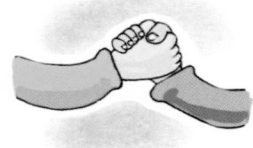

友는 오른손을 함께 내밀고 있는 모습이다. 뜻이 같
아 서로 도우며 〈우애 있음〉을 의미한다.

好는 여인(→ 女)이 아이(→ 子)를 품에 안고
있는 모습이다. 여인이 아이를 〈사랑하고 좋아함〉을
의미한다.

[새김] ■ 벗 ■ 벗하다 ■ 우애있다

一 ナ 方 友			
友	友	友	友
友	友	友	友

[새김] ■ 좋다 ■ 좋아하다 ■ 사랑하다

乀 女 女 奵 好 好			
好	好	好	好
好	好	好	好

■ 한자의 뜻을 새기고 그 한자로 이루어진 한자어를 익히자.
■ 한자의 뜻을 연결하여 한자어의 뜻을 생각해 보자.
■ 한자어의 뜻을 알고 예문을 통해 그 활용을 익히자.

友 벗 우	■ 벗 ■ 벗하다 ■ 우애 있다

好 좋을 호	■ 좋다 ■ 좋아하다 ■ 사랑하다

– 흐리게 나타난 한자어 위에 겹쳐서 쓰고 음을 적어라 –

情 뜻 정	■ 뜻　■ 정 ■ 마음의 작용 ■ 정취

友情 [　] ▷ 그들은 어릴 때부터 지금까지 변함없는 友情을 쌓아 오고 있다.
친구 사이의　정　▶ 친구 사이의 정.

交 사귈 교	■ 사귀다, 교제 ■ 섞이다 ■ 바꾸다

交友 [　] ▷ 수동이는 친절하고 양보심이 많아 交友 관계가 좋다.
사귐　벗을　▶ 벗을 사귐, 또는 그 벗.

良 어질 량	■ 어질다 ■ 좋다 ■ 착하다

良好 [　] ▷ 이 물건은 값에 비해 품질이 良好하다.
좋고　좋다　▶ 대단히 괜찮음, 매우 좋음.

期 기약할 기	■ 기약하다 ■ 때, 시기 ■ 기간

好期 [　] ▷ 지금의 이 好期를 놓쳐버린다면 너는 두고 두고 후회할 것이다.
좋은　시기　▶ 좋은 시기.

한 글자 더

欲 하고자 할 욕	■ 하고자 하다 ■ 바라다 ■ 욕심, 욕망

☆ 탐내고 아끼는 마음.

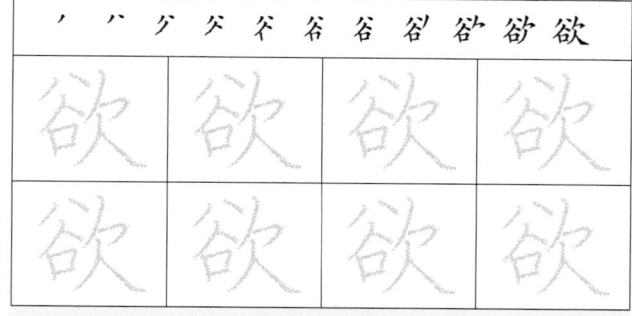

食 먹을 식	■ 먹다 ■ 음식 ■ 먹이, 밥

食欲 [　] ▷ 먹음직스런 음식을 보니 食欲이 돋는다.
먹고 싶은　욕망　▶ 음식을 먹고 싶어 하는 욕망.

過 지날 과	■ 지나다 ■ 지나치다 ■ 잘못하다

過欲 [　] ▷ 그의 過欲이 결국 일을 망치고 말았다.
지나침　욕심이　▶ 욕심이 지나침, 또는 그 욕심.

알아보기

■ 한자어와 한자어를 이루는 개별 한자의 뜻을 알아보자.
■ 아래 한자어의 음을 적고 그 뜻을 생각하며 글을 읽어 보자.
■ 공부할 한자의 뜻을 알아보고 필순에 따라 바르게 써 보자.

協助 [　　] ▶ 힘을 보태어 서로 도움.

「 회사를 경영하는 사람과 근로자가 서로 協助 하여 열심히 일하면 좋은 제품을 많이 만들어 팔 수 있게 되어 이윤도 더욱 많아지고, 회사의 규모도 커지게 된다. 이윤이 많을수록 회사를 경영하는 사람은 근로자의 임금을 더 올려줄 수 있으며, 새로운 기술을 개발하고, 더 나은 시설을 마련할 수 있다. 또, 회사가 커지면 새로운 일자리가 생겨나 더 많은 근로자가 일을 하여 소득을 얻게 된다. 」

* 경영: 기업이나 사업 따위를 관리하고 운영함. * 이윤: 장사 따위를 하여 남은 돈.
* 임금: 근로자가 노동의 대가로 사용자에게 받는 보수(일한 대가로 주는 돈이나 물품). * 소득: 일한 결과로 얻은 정신적 · 물질적 이익.

는 셋이 힘(⺅ ⋯ 力)을 합한 모습이다. 나중에 '여럿'을 뜻하는 十(십)을 결합하였다. 여럿이 〈힘을 합함〉을 의미한다.

새김 ▪ 화합하다 ▪ 돕다 ▪ 협력하다

一	十	圤	圤	协	協	協	協
協	協	協	協				
協	協	協	協				

는 '다시 더'의 뜻인 目 ⋯ 且(또 차)와 힘을 보태는 '손'인 ⺕ 을 결합한 것이다. 나중에 ⺕이 力(력)으로 바뀌었다. 하는 일을 거들어 〈도움〉을 의미한다.

새김 ▪ 돕다 ▪ 도움 ▪ 거들다

丨	冂	月	目	且	助	助
助	助	助	助			
助	助	助	助			

새기고 익히기

■ 한자의 뜻을 새기고 그 한자로 이루어진 한자어를 익히자.
  ■ 한자의 뜻을 연결하여 한자어의 뜻을 생각해 보자.
  ■ 한자어의 뜻을 알고 예문을 통해 그 활용을 익히자.

| 協 | 화합할
협 | ■ 화합하다
■ 돕다
■ 힘을 합하다 | 助 | 도울
조 | ■ 돕다
■ 도움
■ 거들다 |

– 흐리게 나타난 한자어 위에 겹쳐서 쓰고 음을 적어라 –

同	한가지 동	■ 한가지 ■ 무리, 함께 ■ 서로 같다

協同 [　]
힘을 합함　함께　▷ 서로 마음과 힘을 하나로 합함.

▷ 주민들의 協同 작업으로 마을길이 깨끗하게 정비되었다.

定	정할 정	■ 정하다 ■ 정해지다 ■ 안정시키다

協定 [　]
협의하여　정함　▷ 서로 의논하여 결정함.

▷ 우리나라는 일본과 어업 協定을 체결했다.

言	말씀 언	■ 말씀, 말 ■ 의견 · 묻다 ■ 헤아리다

助言 [　]
거들어 도움　말로　▷ 말로 거들거나 깨우쳐 주어서 도움.

▷ 그 문제의 해결 방안을 찾기 위해 전문가의 助言을 듣기로 하였다.

共	한가지 공	■ 한가지 ■ 함께하다 ■ 함께, 같이

共助 [　]
함께하여　도움　▷ 여러 사람이 함께 도와주거나 서로 도와줌.

▷ 수사 기관 간의 긴밀한 共助로 범인을 신속하게 체포할 수 있었다.

한 글자 더

求	구할 구	■ 구하다 ■ 찾다 ■ 청하다

☆ 필요한 것을 찾다.
　얻기를 바라다.

一 十 寸 才 求 求 求

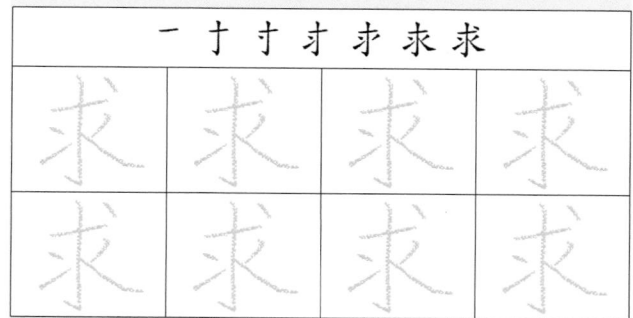

欲	하고자 할 욕	■ 하고자 하다 ■ 바래다 ■ 욕심, 욕망

欲求 [　]
하고자 함　얻거나　▷ 무엇을 얻거나 무슨 일을 하고자 바라는 일.

▷ 복지 정책에 대한 국민의 欲求가 점점 더 커지고 있다.

婚	혼인할 혼	■ 혼인하다 ■ 결혼하다

求婚 [　]
청함　결혼을　▷ 결혼 상대자를 구함. 결혼을 청함.

▷ 이모는 교제하던 사람의 求婚을 받아들였다.

한자성어

■ 한자 성어에 담긴 함축된 의미를 파악하고 그 쓰임을 익히자.

■ 한자 성어의 음을 적고 그에 담긴 의미와 적절한 쓰임을 알아보자.

好衣好食

▶ 좋은 옷을 입고 좋은 음식을 먹음.

▷ 그는 어릴 때부터 가난을 모르고 好衣好食하며 살았다.

助長

▶ 바람직하지 않은 일을 더 심해지도록 부추김.

▷ 친구를 업신여기고 따돌리는 사람과 그것을 助長하거나 동조하는 사람이 있다면 누가 더 나쁘냐?

前代未聞

▶ 이제까지 들어 본 적이 없음.

▷ 세월호 사건은 前代未聞의 참으로 어처구니 없는 사건이다.

大明天地

▶ 아주 환하게 밝은 세상.

▷ 大明天地에 이런 어처구니 없는 일이 벌어지다니.

伏地不動

▶ 땅에 엎드려 움직이지 아니한다는 뜻으로, 주어진 일이나 업무를 처리하는 데 몸을 사리는 사람을 비유적으로 이르는 말.

▷ 다같이 힘을 합쳐 학교 폭력에 맞서기로 했지만 막상 일이 벌어지니 모두들 伏地不動이었다.

私利私慾

▶ 사사로운 이익과 욕심.

▷ 높은 지위에 있는 사람일수록 私利私慾을 버려야 한다.

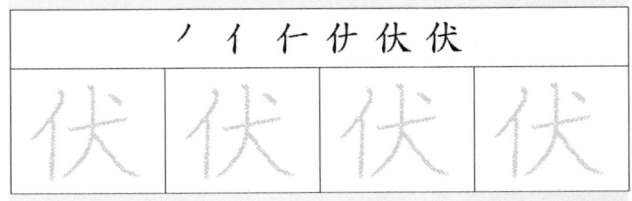

伏 엎드릴 복

- 엎드리다
- 굴복하다
- 숨다

ノ 亻 仁 仕 伏 伏

伏	伏	伏	伏

慾 욕심 욕

- 욕심
- 탐내다

ハ グ ダ ㄨ 谷 谷 谷' 谷⺈ 欲 欲 慾 慾

慾	慾	慾	慾

· 호의호식 · 조장 · 전대미문 · 대명천지 · 복지부동 · 사리사욕

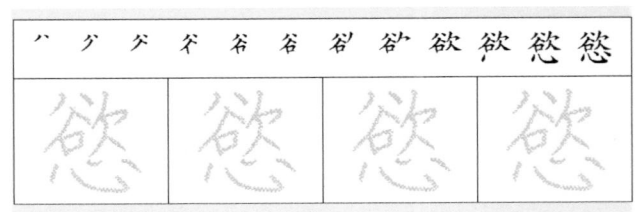

더 살펴 익히기

■ 한자가 지닌 여러가지 뜻과 한자어를 한 번 더 살펴 익히자.

■ 아래 한자가 지닌 뜻과 그 뜻을 지니는 한자어를 줄로 잇고 음을 적어라.

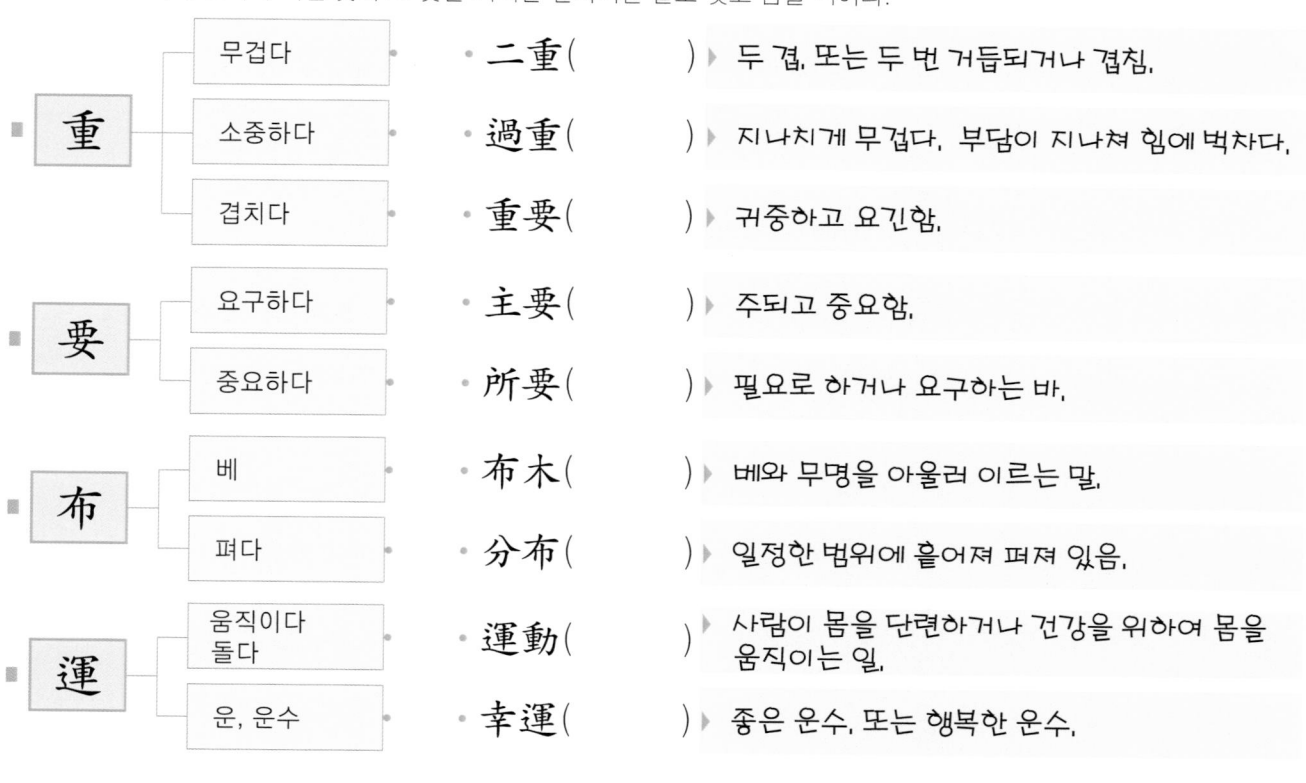

重	무겁다	· 二重( )	▶ 두 겹, 또는 두 번 거듭되거나 겹침.
	소중하다	· 過重( )	▶ 지나치게 무겁다. 부담이 지나쳐 힘에 벅차다.
	겹치다	· 重要( )	▶ 귀중하고 요긴함.
要	요구하다	· 主要( )	▶ 주되고 중요함.
	중요하다	· 所要( )	▶ 필요로 하거나 요구하는 바.
布	베	· 布木( )	▶ 베와 무명을 아울러 이르는 말.
	펴다	· 分布( )	▶ 일정한 범위에 흩어져 퍼져 있음.
運	움직이다 돌다	· 運動( )	▶ 사람이 몸을 단련하거나 건강을 위하여 몸을 움직이는 일.
	운, 운수	· 幸運( )	▶ 좋은 운수. 또는 행복한 운수.

■ [教]와 음이 같은 한자에 모두 ○표 하여라.   ⇨ [古 · 交 · 校 · 去]

■ [宣]과 음이 같은 한자에 모두 ○표 하여라.   ⇨ [先 · 成 · 信 · 善]

■ 아래의 뜻을 지닌 한자성어가 되도록 ( ) 안에 한자를 써 넣고 완성된 성어의 독을 적어라.

▶ 나날이 다달이 계속하여 <u>진보</u> · 발전함.	⇨ 一( )月步	
▶ 젊은 남녀가 부부가 되어 평생을 같이 지낼 것을 굳게 다짐하는 <u>아름다운</u> 언약.	⇨ 百年( )約	
▶ 태산(泰山)과 북두칠성을 아울러 이르는 말. 세상 사람들로부터 존경받는 사람을 비유적으로 이르는 말.	⇨ 泰山( )斗	
▶ 공적인 일을 <u>먼저</u>하고 사사로운 일은 뒤로 미룸.	⇨ ( )公後私	
▶ 찾아오는 사람이 많아 집 문 앞이 <u>시장</u>을 이루다시피 함을 이르는 말.	⇨ 門前成( )	
▶ 한 번 앞으로 나아갔다 한 번 뒤로 <u>물러났다</u> 함.	⇨ 一進一( )	

· 이중. 과중. 중요 · 주요. 소요 · 포목. 분포 · 운동. 행운 / · 進 · 佳 · 北 · 先 · 市 · 退

어휘력 다지기

■ 시내버스 運行 □ 간격을 줄였으면.　·　　·좋은 운수, 또는 행복한 운수.

■ 생각하지도 않은 幸運 □ 을 잡았다.　·　　·정해진 길을 따라 차량 따위를 운전하여 다님.

■ 수출입 화물은 대부분 海運 □ 으로 해.　·　　·몸을 움직여 동작을 하거나 어떤 일을 함.

■ 活動 □ 에 편리한 복장으로 와라.　·　　·기계 따위가 작용을 받아 움직임.

■ 언제나 말과 行動 □ 을 조심해야 한다.　·　　·해상 운송(배로 실어 나르는 일).

■ 컴퓨터가 갑지기 作動 □ 을 멈췄다.　·　　·몸을 움직여 행동함.

■ 두 팀 간의 死鬪 □ 가 볼만했다.　·　　·동그라미의 안.

■ 진돗개는 우리나라의 名犬 □ 이다.　·　　·죽기를 각오하고 싸우거나 죽을 힘을 다해 싸움.

■ 圓內 □ 에 깃발을 꽂고 돌아오는 경기.　·　　·혈통이 좋은 개.

■ 이곳 地形 □ 은 매우 가파르고 험하다.　·　　·형상이나 형체가 있음.

■ 有形 □ 문화재와 무형문화재.　·　　·형상과 빛깔을 아울러 이르는 말. 얼굴빛이나 표정.

■ 그는 形色 □ 이 초라해져서 왔다.　·　　·땅의 생긴 모양이나 형세.

■ 그들 형제는 友愛 □ 가 매우 돈독해.　·　　·사랑하고 좋아함.

■ 그는 다른 學友 □ 들에게 모범이 된다.　·　　·좋은 음식, 또는 좋은 음식을 먹음.

■ 우리말 愛好 □ 의 정신이 필요하다.　·　　·형제간 또는 친구 간의 사랑이나 정분.

■ 그는 호의 好食 □ 하며 지내고 있어.　·　　·같이 공부하는 벗, 같은 학문을 하는 벗.

■ 그가 하는 일에 協力 □ 하기로 했다.　·　　·힘을 합하여 서로 도움.

■ 집안 일은 協心 □ 하여 해나가야 해.　·　　·일할 사람을 구함.

■ 그는 피해 보상을 要求 □ 하였다.　·　　·여럿이 마음을 하나로 모음.

■ 求人 □ 광고를 보고 찾아왔습니다.　·　　·받아야 할 것을 필요에 의하여 달라고 청함.

■ 그는 남의 것까지 慾心 □ 을 낸다.　·　　·분수에 넘치게 무엇을 탐내거나 누리고자 하는 마음.

· 운행 · 행운 · 해운 · 활동 · 행동 · 작동 · 사투 · 명견 · 원내 · 지형 · 유형 · 형색 · 우애 · 학우 · 애호 · 호식 · 협력 · 협심 · 요구 · 구인 · 욕심

■ 한자어가 되도록 □ 안에 공통으로 넣을 한자를 보기에서 찾아 □ 안에 쓰고, 그 한자어들의 뜻을 생각하며 음을 적어라.

□ ⇒	活□	□作	運□

□ ⇒	鬪□	愛□	名□

□ ⇒	人□	外□	地□

□ ⇒	□情	交□	□好

□ ⇒	□同	□力	□助

□ ⇒	□婚	要□	□人

보기

友 · 助 · 欲 · 好 · 鬪 · 運 · 犬 · 圓 · 動 · 形 · 求 · 伏 · 協

■ 아래의 뜻을 지닌 한자어가 되도록 위의 보기에서 알맞은 한자를 찾아 □ 안에 써 넣어라.

▶ 무엇을 얻거나 무슨 일을 하고자 바라는 일.	▷ 나는 먹는 것에 대한 □求 가 강해.
▶ 말로 거들거나 깨우쳐 주어서 도움, 또는 그 말.	▷ 전문가의 □言 을 따르도록 해라.
▶ 대단히 괜찮음.	▷ 나의 건강은 보기보다 良□ 하다.
▶ 원을 지름으로 이등분하였을 때의 한쪽.	▷ 컴파스와 자를 써서 半□ 을 그려라.
▶ 승패를 결정하기 위하여 벌이는 싸움.	▷ 주인공과 악당의 긴박한 決□ 장면.
▶ 적을 기습하기 위하여 적이 지날 만한 길목에 군사를 숨김, 또는 그 군사. 예상하지 못한 뜻밖의 경쟁 상대.	▷ 뜻밖의 □兵 을 만나 고전하였지.
▶ 인간을 포함한 모든 것을 지배하는 초인간적인 힘, 또는 그것에 의하여 이미 정하여져 있는 목숨이나 처지.	▷ 이는 정말 피할 수 없는 □命 인가?

· 활동 · 동작 · 운동 · 투견 · 애견 · 명견 · 인형 · 외형 · 지형 · 우정 · 교우 · 우호 · 협동 · 협력 · 협조 · 구혼 · 요구 · 구인 / · 욕구 · 조언 · 양호 · 반원 · 결투 · 복병 · 운명

■ 한자의 음과 훈을 되새기며 필순에 따라 바르게 써 보자.

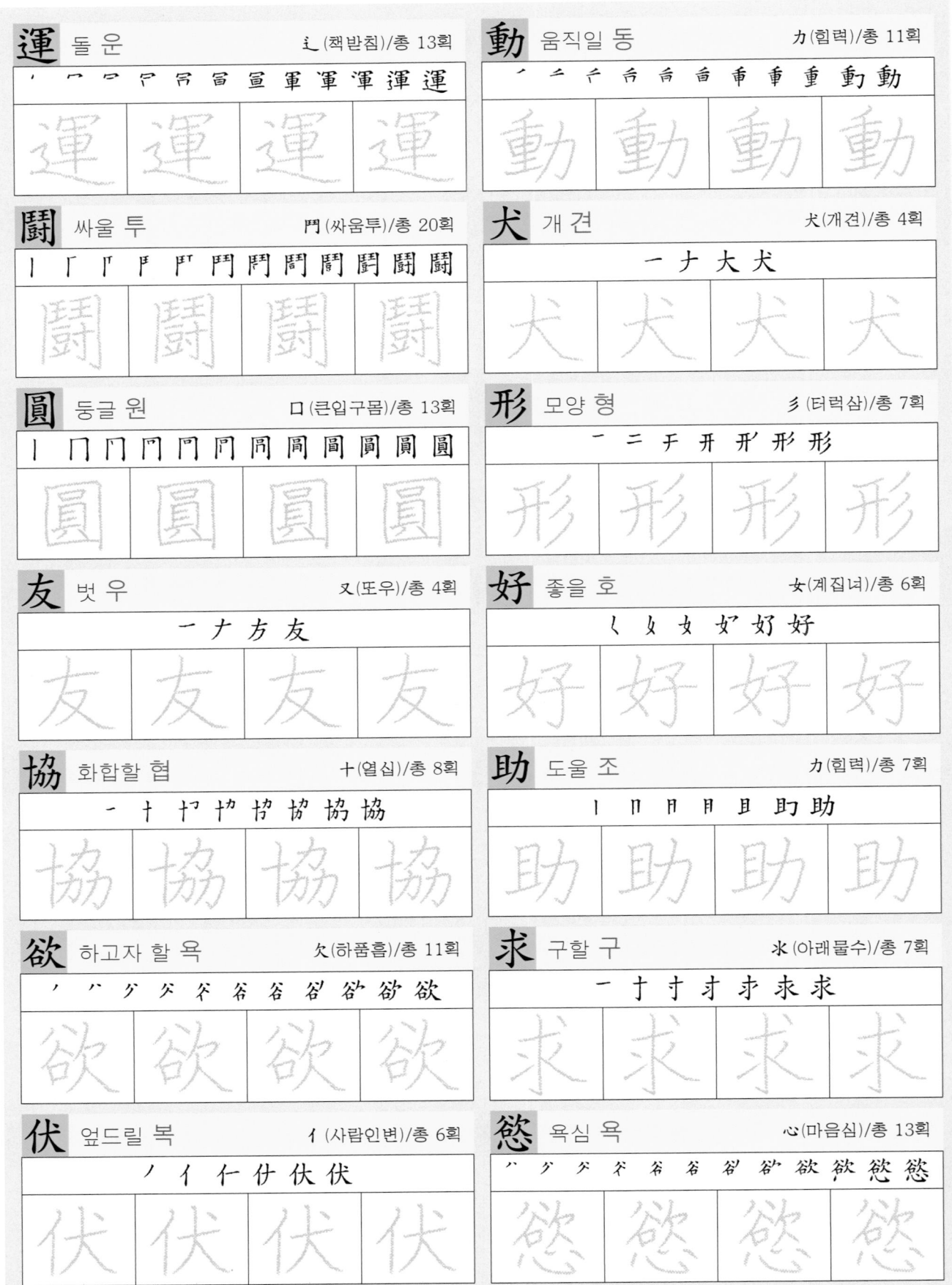

運	돌 운	辶(책받침)/총 13획

丶 一 冖 冃 冃 冒 宣 軍 軍 運 運 運

運 運 運 運

鬪	싸울 투	鬥(싸움투)/총 20획

丨 丨 丨 丨 丨 鬥 鬥 鬥 鬪 鬪 鬪 鬪 鬪 鬪

鬪 鬪 鬪 鬪

圓	둥글 원	□(큰입구몸)/총 13획

丨 冂 冂 冂 冂 冂 同 同 圓 圓 圓 圓

圓 圓 圓 圓

友	벗 우	又(또우)/총 4획

一 ナ 方 友

友 友 友 友

協	화합할 협	十(열십)/총 8획

一 十 忄 忄 协 協 協 協

協 協 協 協

欲	하고자 할 욕	欠(하품흠)/총 11획

丿 八 夕 夕 � 谷 谷 谷 谷 欲 欲

欲 欲 欲 欲

伏	엎드릴 복	亻(사람인변)/총 6획

丿 亻 仁 仕 伏 伏

伏 伏 伏 伏

動	움직일 동	力(힘력)/총 11획

丿 二 千 舌 旨 盲 盲 重 重 動 動

動 動 動 動

犬	개 견	犬(개견)/총 4획

一 ナ 大 犬

犬 犬 犬 犬

形	모양 형	彡(터럭삼)/총 7획

一 二 千 开 开 形 形

形 形 形 形

好	좋을 호	女(계집녀)/총 6획

く 夕 女 妒 好 好

好 好 好 好

助	도울 조	力(힘력)/총 7획

丨 冂 月 月 且 助 助

助 助 助 助

求	구할 구	水(아래물수)/총 7획

一 十 寸 才 求 求 求

求 求 求 求

慾	욕심 욕	心(마음심)/총 13획

丷 夕 夕 夊 谷 谷 谷 欲 欲 欲 慾 慾

慾 慾 慾 慾

■ 공부할 한자의 모양을 살펴보며 음과 훈을 알아보자.

묶음 2-7

음 ■ 한자를 읽는 소리
아래 한자의 음을 찾아 적고 소리내어 읽어 보자.

- 바탕색과 글자색이 같은 것을 찾아 보자 -

훈 ■ 한자의 뜻 새김
한자의 음을 적고 훈과 함께 외어 보자.

器	그릇	具	갖출	材	재목	料	헤아릴
富	부유할	者	놈	音	소리	樂	노래
餘	남을	波	물결	藥	약	局	판

알아보기

■ 한자어와 한자어를 이루는 개별 한자의 뜻을 알아보자.
- 아래 한자어의 음을 적고 그 뜻을 생각하며 글을 읽어 보자.
- 공부할 한자의 뜻을 알아보고 필순에 따라 바르게 써 보자.

器具 [　　　]

▶ 세간, 도구, 기계 따위를 통틀어 이르는 말.

「 배우는 어린이, 가르치는 先生님, 모두가 함께 이 學校의 主人입니다. 그러므로 책상, 걸상, 운동장의 나무 한 그루까지 모두 우리의 것입니다. 그렇기 때문에 우리는 책상과 걸상을 소중히 사용합니다. 도서실의 책도 내 것처럼 보고, 실험 **器具** 하나라도 조심스럽게 다룹니다. 모두가 나 개인의 것은 아니지만, 나도 그것의 主人이라는 생각, 이것이 主人 의식입니다. 」

• 先生(선생) • 學校(학교) • 主人(주인). ＊의식: 깨어 있는 상태에서 자기 자신이나 사물에 대하여 인식하는 작용.
인식: 사물을 분별하고(구별하여 가르고) 판단하여 앎.

는 개(⋯ 犬)가 입으로 짖어댐( )을 나타낸다. 짖는 것이 개의 쓸모 있는 〈그릇(쓰임)임〉을 의미한다.

새김 ▪ 그릇 ▪ 기구 ▪ 도구 ▪ 기관

丶 口 口 吅 吅 吅 哭 哭 哭 哭 器 器			
器	器	器	器
器	器	器	器

는 두 손( )으로 청동솥( )을 받쳐든 모습이다. 청동솥은 왕조의 상징이며 황제들은 12가지 청동그릇을 갖추어 하늘에 제를 올렸다. 제례에 쓰이는 기구를 모두 〈갖추었음〉을 의미한다.

새김 ▪ 갖추다 ▪ 기구 ▪ 도구

丨 冂 冃 月 目 且 具 具			
具	具	具	具
具	具	具	具

■ 한자의 뜻을 새기고 그 한자로 이루어진 한자어를 익히자.

■ 한자의 뜻을 연결하여 한자어의 뜻을 생각해 보자.

■ 한자어의 뜻을 알고 예문을 통해 그 활용을 익히자.

器	그릇 기	■ 그릇 ■ 기구, 도구 ■ 기관		具	갖출 구	■ 갖추다 ■ 기구 ■ 도구

- 흐리게 나타난 한자어 위에 겹쳐서 쓰고 음을 적어라 -

利	이로울 리	■ 이롭다 ■ 이익 ■ 편리하다 ■ 날카롭다

利器 [ ]
편리한 / 기구 ▶ 실용에 편리한 기계나 기구.

▷ 현재 우리가 사용하는 문명의 利器들이 없어지면 우리의 생활은 어떻게 될까?

凶	흉할 흉	■ 흉하다 ■ 해치다 ■ 언짢다

凶器 [ ]
해치는 / 도구 ▶ 사람을 죽이거나 해치는 데 쓰는 도구.

▷ 그 도둑은 칼이나 총 같은 凶器는 가지고 있지 않았다.

家	집 가	■ 집 ■ 집안 ■ 일가(가족) ■ 전문가

家具 [ ]
집안 살림의 / 기구 ▶ 집안 살림에 쓰는 기구, 주로 장롱 책상, 탁자 따위 같은 것.

▷ 우리는 이사하면서 家具 몇 가지를 새로 샀다.

道	길 도	■ 길 ■ 도리 ■ 기예 ■ 행하다

道具 [ ]
일을 행하는 / 기구 ▶ 일을 할 때 쓰는 연장, 어떤 목적을 이루기 위한 수단.

▷ 침팬지는 나무 막대기를 道具로 사용해 딱딱한 물건을 깰 줄 안다.

한 글자 더

富	부유할 부	■ 부유하다 ■ 가멸다 ■ 부자

丶 丷 宀 宀 宀 官 官 宫 宫 富 富 富

富	富	富	富
富	富	富	富

巨	클 거	■ 크다 ■ 많다 ■ 거칠다

巨富 [ ]
큰 / 부자 ▶ 부자 가운데에서도 특히 큰 부자.

▷ 빌 게이츠는 컴퓨터 프로그램 산업으로 巨富가 되었다.

國	나라 국	■ 나라, 국가 ■ 세상, 세계

富國 [ ]
부유한 / 나라 ▶ 나라를 부유하게 만듦, 또는 그 나라.

▷ 사우디 아라비아, 쿠웨이트와 같은 중동의 산유 富國들.

알아보기

材料 [   ] ▶ 물건을 만드는 감.

「 우리의 음식은 산과 들, 그리고 바다에서 나는 많은 것들을
材料로 利用한다. 다양한 食品을 요리하기 위하여 간장, 고추장,
된장 등이 발달하였고, 또 材料의
맛과 영양을 보완하기 위하여
고추, 마늘, 파 같은 양념도
사용하게 되었다. 우리 음식은
자연 그대로의 맛과 영양의
조화를 살리면서도 여러 가지
아름다운 빛깔을 낸다. 」

• 利用(이용) • 食品(식품). * 보완: 모자라거나 부족한 것을 보충하여 완전하게 함. * 조화: 서로 잘 어울림.

材는 '나무'를 뜻하는 木(목)과 '바탕'을 뜻하는 才
(재)를 결합한 것이다. 나무가 지닌 바탕(재질이나 성질)
으로 건축이나 가구 따위에 쓰임이 되는 〈재목〉을 의미
한다.

[새김] ■ 재목 ■ 재료 ■ 자질

一 十 才 木 木 村 材			
材	材	材	材
材	材	材	材

料는 '쌀'을 뜻하는 ⺶ ⟶ 米(미)와 분량을 되는 데 쓰
는 그릇인 '말' ⟶ 斗(두)을 결합한 것이다. 말로
되어 곡식의 양을 〈헤아림〉을 의미한다.

[새김] ■ 헤아리다 ■ 삯 ■ 값 ■ 거리(재료)

` ´ ⺍ ⺥ 米 米 米 料 料			
料	料	料	料
料	料	料	料

 새기고 익히기

■ 한자의 뜻을 새기고 그 한자로 이루어진 한자어를 익히자.

■ 한자의 뜻을 연결하여 한자어의 뜻을 생각해 보자.
■ 한자어의 뜻을 알고 예문을 통해 그 활용을 익히자.

材	재목 재	■ 재목 ■ 재료 ■ 자질	料	헤아릴 료	■ 헤아리다 ■ 삯 ■ 값 ■ 거리(재료)

– 흐리게 나타난 한자어 위에 겹쳐서 쓰고 음을 적어라 –

木	나무 목	■ 나무 ■ 목재 ■ 나무로 만든 ■ 다닥치다

木材 ▷ 木材로 만든 식탁과 의자를 구입하였다.
나무로 된   재료   ▶ 건축이나 가구 따위에 쓰는, 나무로 된 재료.

教	가르칠 교	■ 가르치다 ■ 가르침 ■ 본받다

教材 ▷ 요즘 유아를 위한 학습 教材가 다양하게 나온다.
가르치는   재료   ▶ 학문이나 기예 따위를 가르치거나 배우는 데 필요한 재료.

食	먹을 식	■ 먹다 ■ 음식 ■ 먹이, 밥

食料 ▷ 우리는 우유와 고기같은 食料를 얻기 위해 가축을 기른다.
음식의   재료   ▶ 음식의 재료.

金	쇠 금	■ 쇠, 쇠붙이 ■ 금 ■ 돈 ■ 귀하다

料金 ▷ 택시 料金이 많이 올랐다.
삯으로 주는   돈   ▶ 남의 힘을 빌리거나 사물을 사용,관람한 대가로 치르는 돈.

한 글자 더

者	놈 자	■ 놈 ■ 사람 ■ 것

☆ 사람, 일, 물건을 가리켜 이른다.

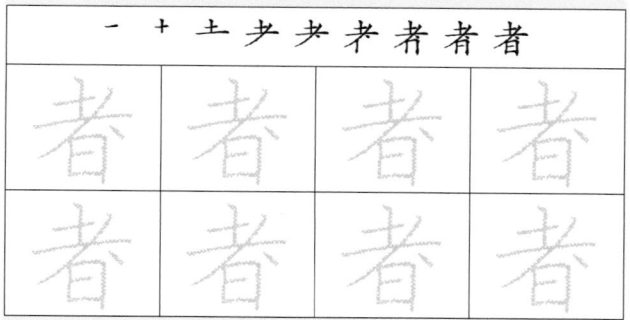

作	지을 작	■ 짓다, 만들다 ■ 행하다 ■ 일으키다

作者 ▷ 나는 그 소설의 作者를 알고 있다.
▷ 이 집을 살 作者가 나타내야 할텐데.
지은   사람   ▶ 지은이, 물건을 살 사람.

學	배울 학	■ 배우다 ■ 학문 ■ 가르침

學者 ▷ 그는 경제학 분야에서 이름난 學者이다.
학문하는   사람   ▶ 학문에 능통한 사람, 또는 학문을 연구하는 사람.

알아보기

■ 한자어와 한자어를 이루는 개별 한자의 뜻을 알아보자.
■ 아래 한자어의 음을 적고 그 뜻을 생각하며 글을 읽어 보자.
■ 공부할 한자의 뜻을 알아보고 필순에 따라 바르게 써 보자.

音樂 [　　　]

▶ 목소리나 악기를 통하여 사상 또는 감정을 나타내는 예술.

「 사물놀이는 꽹과리, 북, 장구, 징 등 네 개의 타악기만으로 구성된다. 이는 예부터 널리 행해진 풍물놀이에 뿌리를 둔 音樂 이다. 풍물놀이는 마당에서 춤을 추고 몸짓을 해 가며 악기를 연주하지만, 사물놀이는 무대 위에 앉아서 연주하되 춤은 추지 않는다. 또, 풍물놀이가 대체로 한 지역의 독특한 가락만을 연주하는 데 반해, 사물놀이는 거의 전 지역의 가락을 모아 재구성하여 연주한다. 가락이 같은 경우라고 해도 풀어 가는 모양새가 다르다. 」

* 독특하다: 특별하게 다르다. * 재구성: 한 번 구성하였던 것을 다시 새롭게 구성함.

 音

🎵 은 입안의 '혀'를 나타내는 🙟와 그 '혀의 움직임'을 가리키는 ─를 결합한 것이다. 처음에는 🙟으로 '말'(言)과 '소리'(音)를 함께 나타내었다.   혀를 움직여 내는 〈소리〉를 의미한다.

[새김] ▪ 소리 ▪ 음악 ▪ 소식 ▪ 그늘

`	二	宁	立	音	音	音	音	音

音	音	音	音
音	音	音	音

 樂

🎵 은 나무틀(木) 위에 실(幺)을 걸어놓고 그 실을 퉁겨서 소리를 내는 악기이다. 나중에 '술잔', ' 술잔치가 한창이다'는 뜻인 白(백)을 결합하였다.   악기로 음악을 연주하며 〈즐겁게 즐김〉을 의미한다.

[새김] ▪ 노래, 음악 ▪ 즐기다(락) ▪ 좋아하다(요)

'	'	竹	白	细	細	細	樂	樂	樂	樂	樂

樂	樂	樂	樂
樂	樂	樂	樂

96

■ 한자의 뜻을 새기고 그 한자로 이루어진 한자어를 익히자.

■ 한자의 뜻을 연결하여 한자어의 뜻을 생각해 보자.
■ 한자어의 뜻을 알고 예문을 통해 그 활용을 익히자.

音 음 | 소리 ■ 소리 ■ 음악 ■ 소식 ■ 그늘

樂 악 | 노래 ■ 노래, 음악 ■ 즐겁다(락) ■ 좋아하다(요)

– 흐리게 나타난 한자어 위에 겹쳐서 쓰고 음을 적어라 –

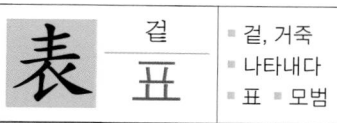
表 표 | 겉 ■ 겉, 거죽 ■ 나타내다 ■ 표 ■ 모범

表音 ▷ 한글은 말소리를 적는 表音 문자이다.

나타냄 소리를 ▶ 문자나 부호로 소리를 나타내는 일.

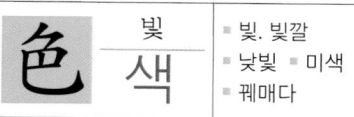
色 색 | 빛 ■ 빛, 빛깔 ■ 낯빛 ■ 미색 ■ 꿰매다

音色 ▷ 그 가수는 부드러운 音色을 지니고 있다.

소리의 빛깔 ▶ 음을 만드는 구성 요소의 차이로 생기는, 소리의 감각적 특색.

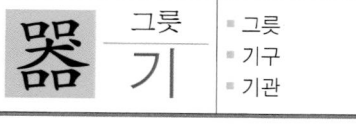
器 기 | 그릇 ■ 그릇 ■ 기구 ■ 기관

樂器 ▷ 어느 것이든 樂器 하나를 잘 다룰 수 있기를 권한다.

음악 연주 기구 ▶ 음악을 연주하는 데 쓰이는 기구를 통틀어 이르는 말.

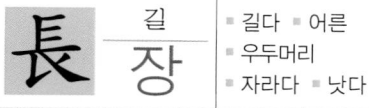
長 장 | 길 ■ 길다 ■ 어른 ■ 우두머리 ■ 자라다 ■ 낫다

樂長 ▷ 그 바이올리니스트는 이름난 교향악단의 樂章이다.

악단의 우두머리 ▶ 음악 연주 단체의 우두머리.

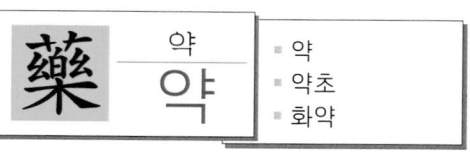
한 글자 더

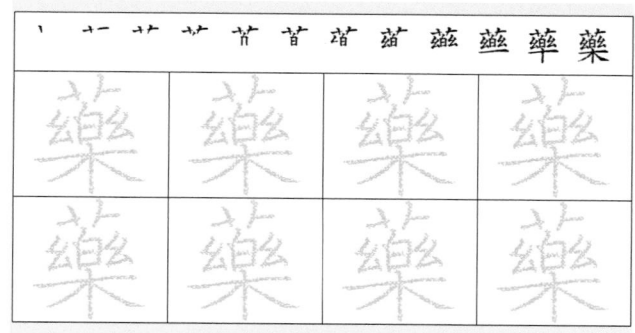

藥 약 | 약 ■ 약 ■ 약초 ■ 화약

☆ 질병을 고치는데 효과가 있는 것의 총칭. 심신을 유익하게 하는 것.

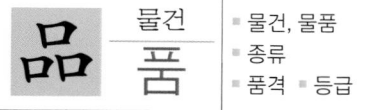
品 품 | 물건 ■ 물건, 물품 ■ 종류 ■ 품격 ■ 등급

藥品 ▷ 병을 치료하는 藥品도 잘못 사용하면 독이 될 수 있다.

약이 되는 물품 ▶ 약.

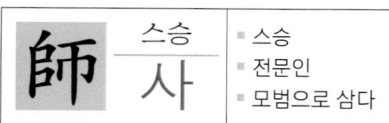
師 사 | 스승 ■ 스승 ■ 전문인 ■ 모범으로 삼다

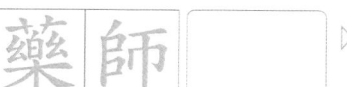
藥師 ▷ 나는 藥師가 되기 위해 약학과에 진학하려 한다.

약에 관한 전문인 ▶ 국가의 면허를 받아 약사(藥事)에 관한 일을 맡아보는 사람.

알아보기

■ 한자어와 한자어를 이루는 개별 한자의 뜻을 알아보자.
■ 아래 한자어의 음을 적고 그 뜻을 생각하며 글을 읽어 보자.
■ 공부할 한자의 뜻을 알아보고 필순에 따라 바르게 써 보자.

餘波 ☐

▶ 뒤에 미치는 영향, 주위에 미치는 영향.

「 자원이 많은 나라들은 그 자원을 보존하며 아껴 쓰려 하고, 가능한 비싸게 팔려고 한다. 따라서, 앞으로는 지금까지 자원을 수입해 오던 방법으로는 자원을 구하기가 어려워질 것이다. 산유국들이 석유 생산량을 줄이면, 석유를 모두 수입에 의존해야 하는 우리는 석유를 비싼 값에 사와야 하고, 그 餘波로 우리의 모든 물가가 올라가고 수출에도 많은 어려움이 따르게 된다. 」

* 자원: 인간 생활 및 경제 생산에 이용되는 원료로서의 광물, 산림, 수산물 따위를 통틀어 이르는 말.
* 보존: 잘 보호하고 간수하여(보살피고 지키어) 남김. * 의존: 다른 것에 의지하여(기대어) 존재함.

 餘

餘는 '음식'을 뜻하는 食(식)과 '남다'는 뜻인 余(여)를 결합한 것이다. 옛날에 윗사람이 먹고난 밥상을 아랫사람에게 물렸는데, 윗사람은 아랫사람을 생각하여 음식을 남겼다. 〈남은 것〉을 의미한다.

[새김] ▪ 남다 ▪ 남기다 ▪ 나머지

㇒ ㇒ 今 今 余 余 食 飠 飠 飠 餘 餘
餘 餘 餘 餘
餘 餘 餘 餘

 波

波는 '물'을 뜻하는 氵(수)와 '표면'을 뜻하는 皮(피)를 결합한 것이다. 강이나 호수의 표면에는 항상 물결이 일고 있는 데서, 물의 표면에 이는 〈물결〉을 의미한다.

[새김] ▪ 물결 ▪ 파동 ▪ 흐름

㇔ ㇔ 氵 氵 沪 沙 波 波
波 波 波 波
波 波 波 波

새기고 익히기

- 한자의 뜻을 새기고 그 한자로 이루어진 한자어를 익히자.
  - 한자의 뜻을 연결하여 한자어의 뜻을 생각해 보자.
  - 한자어의 뜻을 알고 예문을 통해 그 활용을 익히자.

餘 남을 여	▪ 남다 ▪ 남기다 ▪ 나머지	波 물결 파	▪ 물결 ▪ 파동 ▪ 흐름

- 흐리게 나타난 한자어 위에 겹쳐서 쓰고 음을 적어라 -

白 흰 백	▪ 희다 ▪ 밝다 ▪ 깨끗하다 ▪ 비다 ▪ 술잔	餘白 [ ]	▷ 수묵화에서는 餘白의 아름다움을 느낄 수 있다.
		남은 빈곳 ▶ 종이 따위에, 글씨를 쓰거나 그림을 그리고 남은 빈 자리.	

分 나눌 분	▪ 나누다 ▪ 구분 ▪ 몫 ▪ 1분	餘分 [ ]	▷ 餘分이 없어서 너에게 더 줄 수가 없구나.
		남은 몫 ▶ 나머지.	

人 사람 인	▪ 사람 ▪ 백성	人波 [ ]	▷ 월드컵 경기장에 가득찬 수많은 人波.
		사람의 물결 ▶ 사람의 물결이란 뜻으로, 수많은 사람을 이름.	

動 움직일 동	▪ 움직이다 ▪ 옮기다 ▪ 일어나다	波動 [ ]	▷ 석유 波動으로 에너지 자원의 중요성을 다시 한 번 깨닫게 되었다.
		물결의 움직임 ▶ 물결의 움직임. 사회적으로 어떤 현상이 퍼져 영향을 미침.	

한 글자 더

局 판 국	▪ 판(판국) ▪ 국(관청)

☆ 일이 벌어진 형편이나 장면.
어떤 사무를 맡아 보는 부서.

ㄱ ㄱ ㄹ ㄹ 月 局 局 局

形 모양 형	▪ 모양 ▪ 형상 ▪ 형세	形局 [ ]	▷ 바둑판의 포석이 흑에게 유리한 形局으로 진행되고 있었다.
		형세 판국의 ▶ 어떤 일이 벌어진 형편이나 국면.	

時 때 시	▪ 때 ▪ 철 ▪ 그때 ▪ 시각	時局 [ ]	▷ 時局이 불안하여 원유값이 오르고 있다.
		그때(당시)의 판국 ▶ 현재 당면한 국내 및 국제 정세나 대세.	

99

어휘력 다지기

■ 박물관에서 빗살무늬 土器 [　　] 를 봤다. ・　・ 실용에 편리한 기계나 기구,

■ 문명의 利器 [　　] 를 최대한으로 활용. ・　・ 원시 시대에 쓰던, 흙으로 만든 그릇,

■ 청소 用具 [　　] 를 잘 정돈해 놓아라. ・　・ 어떤 것을 만드는 데 바탕이 되는 재료,

■ 사고로 왼손이 不具 [　　] 가 되었다네. ・　・ 재료가 가지는 성질,

■ 환경 보호를 素材 [　　] 로 한 작품전. ・　・ 무엇을 하거나 만드는 데 쓰는 여러 가지 도구,

■ 특수 材質 [　　] 로 만든 첨단 드론. ・　・ 몸의 어느 부분이 온전하지 못함, 또는 그런 상태,

■ 오늘의 특별 料理 [　　] 는 무엇이냐? ・　・ 첫째가는 큰 부자,

■ 有料 [　　] 주차장에 주차를 하여라. ・　・ 요금을 내게 되어 있음,

■ 그는 손꼽히는 甲富 [　　] 가 되었다. ・　・ 조리 과정을 거쳐 만든 음식,

■ 투 아웃에 走者 [　　] 는 만루 상황이다. ・　・ 경주하는 사람, 야구 경기에서 누에 나가 있는 사람,

■ 기독교 信者 [　　] 와 불교 신자들의 모임. ・　・ 악기를 사용하여 연주하는 음악,

■ 이는 音質 [　　] 이 뛰어난 오디오 기기야. ・　・ 종교를 믿는 사람,

■ 독창에 이어 器樂 [　　] 합주가 이어졌다. ・　・ 발음 되거나 녹음된 음이 잘되고 못된 정도,

■ 내가 너를 도울 餘力 [　　] 이 없구나. ・　・ 세상과 인생을 즐겁고 좋은 것으로 여김,

■ 그는 樂天 [　　] 적인 성격을 지녔어. ・　・ 앞으로 남은 인생,

■ 조용한 시골에서 餘生 [　　] 을 보내려고. ・　・ 어떤 일에 주력하고 아직 남아 있는 힘,

■ 숱한 風波 [　　] 를 겪으며 살아왔단다. ・　・ 먹거나 몸을 담그거나 하면 약효가 있는 샘물,

■ 우리에게는 선택의 餘地 [　　] 가 없었다. ・　・ 세찬 바람과 험한 물결을 아울러 이르는 말,

■ 바위틈에서 솟는 藥水 [　　] 가 시원하네. ・　・ 어떤 일을 하거나 어떤 일이 일어날 가능성이나 희망,

■ 이 나무의 열매는 藥用 [　　] 으로 쓴단다. ・　・ 음식을 담는 그릇,

■ 야영에서 사용할 食器 [　　] 들을 챙겨라. ・　・ 약으로 씀,

・토기・이기・용구・불구・소재・재질・요리・유료・갑부・주자・신자・음질・기악・여력・낙천・여생・풍파・여지・약수・약용・식기

■ 한자어가 되도록 □ 안에 공통으로 넣을 한자를 보기에서 찾아 □ 안에 쓰고 , 그 한자어들의 뜻을 생각하며 음을 적어라.

□ ⇨	土□	食□	□具	□ ⇨	作□	學□	富□

□ ⇨	木□	□料	教□	□ ⇨	音□	□器	軍□

□ ⇨	□白	□分	□生	□ ⇨	□品	□師	良□

보기

富 · 樂 · 具 · 慾 · 料 · 材 · 餘 · 音 · 器 · 局 · 藥 · 波 · 者

■ 아래의 뜻을 지닌 한자어가 되도록 위의 보기에서 알맞은 한자를 찾아 □ 안에 써 넣어라.

▶ 학용품과 사무용품 따위를 통틀어 이르는 말. ▷ 필요한 文□ 를 미리 미리 준비해라.

▶ 남의 힘을 빌리거나 사물을 사용 · 소비 · 관람한 대가로 치르는 돈. ▷ 이달 전화 □金 이 얼마나 나왔니?

▶ 재물이 많아 살림이 넉넉한 사람. ▷ 그는 큰 □者 이지만 매우 검소하다.

▶ 분수에 넘치게 무엇을 탐내거나 누리고자 하는 마음. ▷ 그렇게 □心 부릴 일이 아니란다.

▶ 문자나 부호로 소리를 나타내는 말. ▷ 우리의 한글은 表□ 문자이다.

▶ 사람의 물결이란 뜻으로, 수많은 사람을 이르는 말. ▷ 해수욕장은 많은 人□ 로 붐볐다.

▶ 현재 당면한 국내 및 국제 정세나 대세. ▷ 요즈음 時□ 이 매우 어수선하다.

· 토기. 식기. 기구 · 작자. 학자. 부자 · 목재. 재료. 교재 · 음악. 악기. 군악 · 여백. 여분. 여생 · 약품. 약사. 양약 / · 문구 · 요금 · 부자 · 욕심 · 표음 · 인파 · 시국

■ 한자의 음과 훈을 되새기며 필순에 따라 바르게 써 보자.

器	그릇 기	口(입구)/총 16획

丶 ㅁ ㅁ ㅁㅁ ㅁㅁ ㅁㅁ 哭 哭 哭 哭 器 器

具	갖출 구	八(여덟팔)/총 8획

丨 冂 冂 目 目 且 具 具

材	재목 재	木(나무목)/총 7획

一 十 才 木 朴 村 材

料	헤아릴 료. 요	斗(말두)/총 10획

丶 丶 ㅡ 二 半 米 米 米 料 料

富	부유할 부	宀(갓머리)/총 12획

丶 丷 宀 宀 宁 官 宫 富 富 富 富

者	놈 자	耂(늙을로엄)/총 9획

一 十 土 少 耂 者 者 者 者

音	소리 음	音(소리음)/총 9획

丶 ㅡ 二 立 立 音 音 音 音

樂	노래 악. 락. 요	木(나무목)/총 15획

丿 冂 白 白 伯 绰 绰 綝 樂 樂 樂 樂

餘	남을 여	食(밥식변)/총 16획

亻 亼 今 今 倉 侴 飠 飠 餄 餄 餘 餘

波	물결 파	氵(삼수변)/총 8획

丶 丶 氵 氵 汇 沪 波 波

藥	약 약	艹(초두머리)/총 15획

丶 ㅛ 艹 艹 苩 苩 首 蓸 蕐 蕐 藥 藥

局	판 국	尸(주검시엄)/총 7획

コ コ 尸 尺 局 局 局

伏	엎드릴 복	亻(사람인변)/총 획

丿 亻 仁 仕 伏 伏

慾	욕심 욕	心(마음심)/총 13획

ハ 夕 ㅅ 谷 谷 谷 谷 欲 欲 慾 慾

102

공부할 한자

묶음 2-8

음 ■ 한자를 읽는 소리
아래 한자의 음을 찾아 적고 소리내어 읽어 보자.

- 바탕색과 글자색이 같은 것을 찾아 보자 -

훈 ■ 한자의 뜻 새김
한자의 음을 적고 훈과 함께 외어 보자.

供 이바지할	給 줄	補 기울	充 채울
普 넓을	及 미칠	等 무리	級 등급
意 뜻	志 뜻	占 점령할	領 거느릴

알아보기

■ 한자어와 한자어를 이루는 개별 한자의 뜻을 알아보자.
■ 아래 한자어의 음을 적고 그 뜻을 생각하며 글을 읽어 보자.
■ 공부할 한자의 뜻을 알아보고 필순에 따라 바르게 써 보자.

供給 [ ]

▶ 요구나 필요에 따라 물품 따위를 제공함, 물건을 댐,

「 나무는 우리에게 여러 가지 이로움을 준다.
나무는 사과, 배. 포도, 대추, 밤과 같은 여러가지
맛있는 열매를 우리에게 준다.
나무는 태풍, 홍수와 같은
자연 재해로 부터 우리를
安全하게 해 주고, 신선한
공기를 우리에게 供給하여,
우리가 건강하게 살아가는
데 도움을 준다. 」

• 安全(안전).　　* 재해: 지진, 태풍, 홍수, 가뭄, 해일, 화재 전염병 따위의 재앙에 의해 받게 되는 피해를 이른다.
* 신선하다: 새롭고 산뜻하다. 채소나 과일, 생선 따위가 싱싱하다.

 供

供은 '사람'을 뜻하는 人(인)과 '함께하다', '바치다'
는 뜻인 共(공)을 결합한 것이다.　사람들이 함께하여
〈이바지함〉을 의미한다.

[새김] ■이바지하다 ■베풀다 ■바치다

ノ	イ	仁	什	供	供	供	供
供		供		供		供	
供		供		供		供	

 給

給은 '실'을 뜻하는 糸(사)와 '합하다'는 뜻인 合(합)
을 결합한 것이다.　이어서 〈대줌〉을 의미한다.

[새김] ■주다 ■공급하다 ■급여

ム	٤	٤	幺	爭	糸	糹	給	給	給	給
給			給			給			給	
給			給			給			給	

새기고 익히기

■ 한자의 뜻을 새기고 그 한자로 이루어진 한자어를 익히자.
  ■ 한자의 뜻을 연결하여 한자어의 뜻을 생각해 보자.
  ■ 한자어의 뜻을 알고 예문을 통해 그 활용을 익히자.

| 供 | 이바지할 공 | ■ 이바지하다 ■ 베풀다 ■ 바치다 | 給 | 줄 급 | ■ 주다 ■ 공급하다 ■ 급여 |

– 흐리게 나타난 한자어 위에 겹쳐서 쓰고 음을 적어라 –

養	기를 양	■ 기르다 ■ 봉양하다 ■ 수양하다

供養 이바지하여 봉양함 ▷ 나이드신 부모님을 정성껏 供養하였다.
▶ 웃어른을 모시어 음식 이바지를 함.

水	물 수	■ 물 ■ 강물, 냇물 ■ 평평하다

給水 대어 줌 / 물을 ▷ 지대가 높은 곳일수록 給水 사정이 좋지 않았다.
▶ 음료수 따위의 물을 대어 줌, 또는 그 물.

料	헤아릴 료	■ 헤아리다 ■ 삯 값 ■ 거리(재료)

給料 급여 / 삯으로 주는 ▷ 그는 매월 말일에 종업원 給料를 지급한다.
▶ 일에 대한 대가로 고용주가 지급하는 돈, 일급이나 월급 따위.

食	먹을 식	■ 먹다 ■ 음식 ■ 먹이, 밥

給食 공급함 / 식사(밥)를 ▷ 대부분의 학교에서 무상 給食을 하고 있다.
▶ 식사를 공급함, 또는 그 식사.

한 글자 더

及	미칠 급	■ 미치다 ■ 미치게하다 ■ 이르다

☆ 시기, 상태, 생각, 힘, 적용 등이 어떤 사실에 이르게 하다.

ノ ア 乃 及

言	말씀 언	■ 말씀, 말 ■ 의견 · 묻다 ■ 헤아리다

言及 말함 / ~에 미치는 것을 ▷ 그는 자기가 저지른 일에 대하여 言及을 회피하고 있다.
▶ 어떤 문제에 대하여 말함.

波	물결 파	■ 물결 ■ 파동 ■ 흐름

波及 파동이 / 미치다 ▷ 외국에서 유입되는 저급 문화가 청소년에게 무분별하게 波及될까 걱정된다.
▶ 어떤 일의 여파나 영향이 차차 다른 데로 미침.

알아보기

■ 한자어와 한자어를 이루는 개별 한자의 뜻을 알아보자.
- 아래 한자어의 음을 적고 그 뜻을 생각하며 글을 읽어 보자.
- 공부할 한자의 뜻을 알아보고 필순에 따라 바르게 써 보자.

補充 [ ]

▸ 부족한 것을 보태어 채움.

「 우리가 먹는 음식도 날씨와 관계가 깊습니다. 남쪽 地方을 여행할 때, 음식이 짜다고 불평하는 일이 종종 있습니다. 이것은 날씨가 따뜻하면 음식이 쉽게 상하므로 소금을 많이 넣기 때문입니다. 또, 우리가 여름에 수박이나 음료수를 많이 먹는 것도 날씨와 관계가 있습니다. 여름에는 날씨가 더워서 우리 몸속에 있는 물이 땀이 되어 몸 밖으로 나가 버립니다. 그래서 수박처럼 물이 많은 음식을 먹어서 水分을 補充해 주는 것입니다. 」

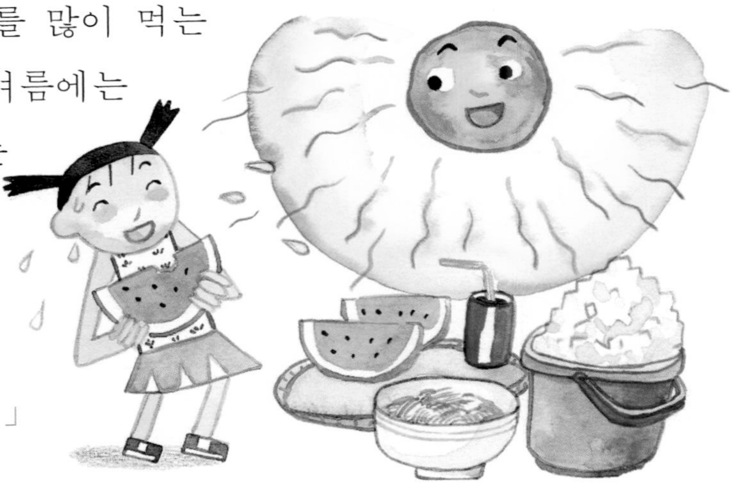

• 地方(지방) • 水分(수분). ＊불평: 마음에 들지 아니하여 못마땅하게 여기는 것을 말이나 행동으로 나타냄.

補

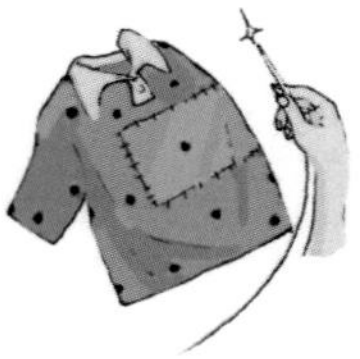

補는 '옷'을 뜻하는 衣(의)와 밭에서 새싹이 돋는 모습을 나타낸 것으로 '비롯하다(처음 시작하다)'는 뜻인 甫(보)를 결합한 것이다. 싹이 돋는 모습처럼 옷이 헤지기 시작하여 〈덧대어 기움〉을 의미한다.

새김 ▪ 깁다 ▪ 돕다 ▪ 보태다

丶 ㇇ 礻 衤 衤 衦 衦 袹 袹 裲 補 補			
補	補	補	補
補	補	補	補

充

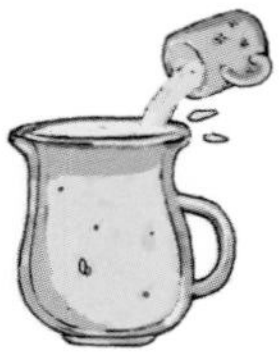

𠫓은 '자라다', '기르다'는 뜻인 育(육)을 줄인 𠫓과 '사람'을 뜻하는 儿(어진사람인)을 결합한 것이다. 태어난 아이가 자라면서 점점 〈갖추어지고 채워짐〉을 의미한다.

새김 ▪ 채우다 ▪ 차다 ▪ 갖추다

丶 亠 𠫓 𠫓 ⺬ 充			
充	充	充	充
充	充	充	充

새기고 익히기

■ 한자의 뜻을 새기고 그 한자로 이루어진 한자어를 익히자.
■ 한자의 뜻을 연결하여 한자어의 뜻을 생각해 보자.
■ 한자어의 뜻을 알고 예문을 통해 그 활용을 익히자.

| 補 기울 보 | ■ 깁다
■ 돕다
■ 보태다 | 充 채울 충 | ■ 채우다
■ 차다
■ 갖추다 |

– 흐리게 나타난 한자어 위에 겹쳐서 쓰고 음을 적어라 –

| 完 완전할 완 | ■ 완전하다
■ 튼튼하다
■ 끝내다 | 補完 [　　] | ▷ 대책을 세워 단점을 補完하겠습니다. |
| | | 보태어 완전하게 함 ▶ 모자라거나 부족한 것을 보충하여 완전하게 함. |

| 助 도울 조 | ■ 돕다
■ 도움
■ 거들다 | 補助 [　　] | ▷ 그는 학비 補助가 없으면 대학 진학이 어려운 형편이다. |
| | | 보태어 도움 ▶ 보태어 도움. 주되는 것에 상대하여 거들거나 도움. |

| 足 발 족 | ■ 발
■ 가다
■ 족하다 | 充足 [　　] | ▷ 사람들의 모든 욕구를 充足시킬 수는 없다. |
| | | 채움 족하도록 ▶ 넉넉하여 모자람이 없음. |

| 員 인원 원 | ■ 인원
■ 사람
■ 둥글다 | 充員 [　　] | ▷ 공사에 필요한 인원이 제때 充員되지 못해 완공이 늦어지고 있다. |
| | | 채움 인원을 ▶ 인원수를 채움. |

한 글자 더

| 普 넓을 보 | ■ 넓다
■ 널리
■ 두루미치다 |

☆ 두루, 널리 미치다.

| ` | ` | ` | ` | ` | ` | ` | 並 | 普 | 普 | 普 |

普　普　普　普
普　普　普　普

| 及 미칠 급 | ■ 미치다
■ 미치게 하다
■ 이르다 | 普及 [　　] | ▷ 지방 자치 단체에서 주민들을 위한 체육 시설 普及에 힘쓰고 있다. |
| | | 널리 미치게 함 ▶ 널리 펴서 많은 사람들에게 골고루 미치게 하여 누리게 함. |

| 通 통할 통 | ■ 통하다
■ 오가다
■ 전하다 | 普通 [　　] | ▷ 그의 춤 실력은 普通이 아니다. |
| | | 널리 통하다 ▶ 특별하지 아니하고 흔히 볼 수 있어 평범함. 일반적으로. |

알아보기

■ 한자어와 한자어를 이루는 개별 한자의 뜻을 알아보자.
■ 아래 한자어의 음을 적고 그 뜻을 생각하며 글을 읽어 보자.
■ 공부할 한자의 뜻을 알아보고 필순에 따라 바르게 써 보자.

等級 [   ]

▶ 신분, 값, 품질 등의 높고 낮음의 차례를 여러 층으로 구분한 단계.

「 별의 밝기는 等級으로 나타낸다. 古代 그리스의 히파르코스는 별을 맨눈으로 보고 밝은 순으로 1등성, 2등성, 3등성 등으로 等級을 매겨 가장 어두운 별을 6등성으로 하였다. 우리가 눈으로 볼 수 있는 것은 대체로 6등성 정도이지만 렌즈가 큰 망원경으로는 15~16등성 까지 볼 수 있다. 밤하늘에서 가장 밝은 行星인 시리우스는 -1.5등성으로 모든 하늘에서 가장 밝은 별로 알려져 있다. 」

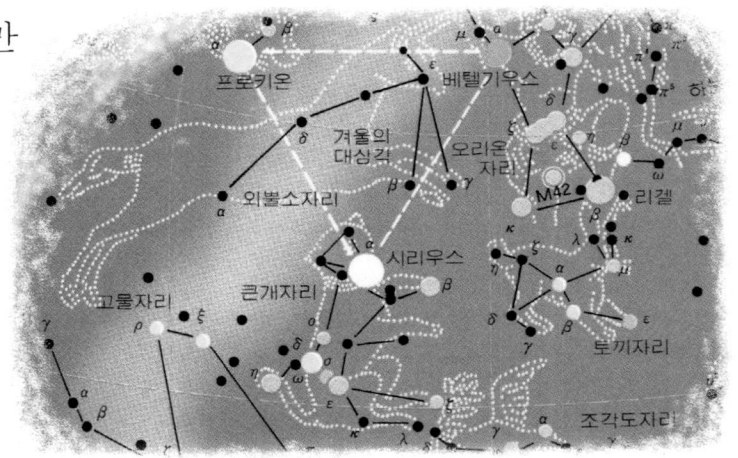

• 古代(고대). • 行星(행성).   * 대체로: 요점만(가장 중요한 점만) 말해서. 전체로 보아서. 또는 일반적으로.

等은 옛날에 글을 적던 대쪽인 '죽간'을 뜻하는 竹(죽)과 '관청'을 뜻하는 寺(사)를 결합한 것이다.   문서를 만드는 죽간의 크기를 관청의 등급에 따라 달리하였던 데서, 〈무리〉, 〈등급〉을 의미한다.

[새김] ▪ 무리 ▪ 같다 ▪ 등급 ▪ 순위 ▪ 구별하다

ノ	ト	←	ﾅ	ﾉﾉ	ﾉﾉﾉ	ﾉﾉﾉﾉ	竿	等	等	等

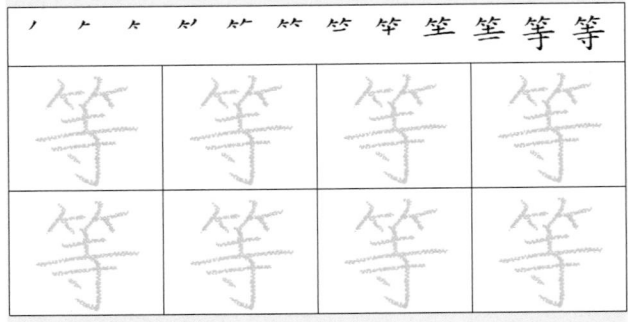

級은 죽 이어지는 '실'을 뜻하는 糸(사)와 '따라붙다'는 뜻의 及(급)을 결합한 것이다.   죽 이어져 따라붙는 〈등급의 차례〉를 의미한다.

[새김] ▪ 등급 ▪ 차례(지위나 계급 따위의)

ｚ	ﾐ	幺	糸	糸	糸	糸	紗	級

새기고 익히기

■ 한자의 뜻을 새기고 그 한자로 이루어진 한자어를 익히자.

■ 한자의 뜻을 연결하여 한자어의 뜻을 생각해 보자.
■ 한자어의 뜻을 알고 예문을 통해 그 활용을 익히자.

等 무리 등	■ 무리 ■ 같다 ■ 등급 ■ 순위 ■ 구별하다	級 등급 급	■ 등급 ■ 자리나 계급 따위의 차례

– 흐리게 나타난 한자어 위에 겹쳐서 쓰고 음을 적어라 –

同 한가지 동	■ 한가지 ■ 무리, 함께 ■ 서로 같다

同等 [ ]
같음   등급이 ▷ 모든 국민은 同等한 권리를 가진다.
등급이나 정도가 같음, 또는 그런 등급이나 정도.

分 나눌 분	■ 나누다 ■ 구분 ■ 몫 ■ 1분

等分 [ ]
똑같이   나눔 ▷ 이 케이크를 다섯으로 等分하여라.
분량을 똑같이 나눔, 또는 그 분량.

初 처음 초	■ 처음, 시초 ■ 시작 ■ 비로소

初級 [ ]
처음   등급 ▷ 나는 현재 初級 수준의 한자 공부를 하고 있다.
맨 처음 또는 최저의 등급이나 단계.

進 나아갈 진	■ 나아가다 ■ 오르다

進級 [ ]
오름   계급이 ▷ 삼촌은 대위에서 소령으로 進級하였다.
계급, 등급, 학년 따위가 올라감.

한 글자 더

占 점령할 점	■ 점령하다 ■ 차지하다 ■ 점치다

丶 卜 𠂤 占 占

☆ 거북 등딱지를 태워서 갈라진 금이 차지하고 있는 자리를 보고 길흉을 묻는 점.

用 쓸 용	■ 쓰다 ■ 부리다 ■ 효용 ■ 작용

占用 [ ]
차지하여   씀 ▷ 우리는 집 앞 냇가 땅을 占用 허가를 얻어 사용하고 있다.
차지하여 씀.

先 먼저 선	■ 먼저, 미리 ■ 앞 ■ 앞서다 ■ 이전

先占 [ ]
앞서서   차지함 ▷ 업체 간에 신제품 시장을 先占하기 위한 경쟁이 치열하다.
남보다 앞서서 차지함.

알아보기

■ 한자어와 한자어를 이루는 개별 한자의 뜻을 알아보자.
■ 아래 한자어의 음을 적고 그 뜻을 생각하며 글을 읽어 보자.
■ 공부할 한자의 뜻을 알아보고 필순에 따라 바르게 써 보자.

意志 [____] ▶ 어떠한 일을 이루고자 하는 마음.

「 무엇이 바람직하고 의로운 것인지를 알면서도 그대로 실천하지 못하는
사람의 경우, 우리는 그 사람의 意志에 문제가 있다고 평가하게 된다.
어떻게 行動하는 것이 도덕적으로 선한 것인지를 알고 또 그렇게
行動해야 한다고 생각하면서도 그대로 실천하지 않는다면, 그것은
그 사람의 意志가 약하기 때문이다.
흔히 어떤 사람을 가리켜 意志가
약하다든지, 意志가 강하다고
하는데, 이 말은 사람들이 알고
있는 바를 실천에 옮기는
자세를 이르는 말이다. 」

• 行動(행동). ＊실천: 생각한 바를 실제로 행함. ＊자세: 사물을 대할 때 가지는 마음가짐. 몸을 움직이거나 가누는 모양.

意는 '소리(말소리)'를 뜻하는 音(음)과 '마음', '생각'
을 뜻하는 心(심)을 결합한 것이다. 말, 글 등에 나타
나는 〈마음먹은 생각〉을 의미한다.

[새김] ▪ 뜻, 뜻하다 ▪ 생각 ▪ 마음

丶 一 亠 立 产 产 音 音 音 音 意 意			
意	意	意	意
意	意	意	意

ㅂ는 '~로 가다'는 뜻인 ㅂ…之(지)와 '마음', '생각'
을 뜻하는 ㅂ…心(심)을 결합한 것이다. 나중에 之가
士로 바뀌었다. 〈마음이 가는 바, 뜻을 둔 바〉를 의미
한다.

[새김] ▪ 뜻 ▪ 마음 ▪ 기록

一 十 士 士 志 志 志			
志	志	志	志
志	志	志	志

새기고 익히기

■ 한자의 뜻을 새기고 그 한자로 이루어진 한자어를 익히자.
■ 한자의 뜻을 연결하여 한자어의 뜻을 생각해 보자.
■ 한자어의 뜻을 알고 예문을 통해 그 활용을 익히자.

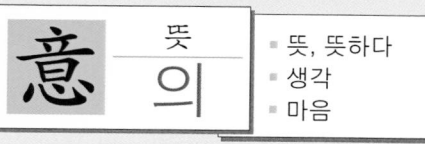

| 意 | 뜻 의 | ■ 뜻, 뜻하다
■ 생각
■ 마음 |

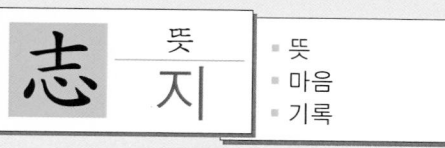

| 志 | 뜻 지 | ■ 뜻
■ 마음
■ 기록 |

– 흐리게 나타난 한자어 위에 겹쳐서 쓰고 음을 적어라 –

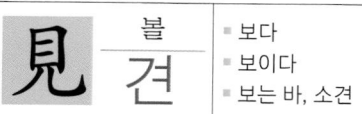

| 見 | 볼 견 | ■ 보다
■ 보이다
■ 보는 바, 소견 |

意見 [ ]
생각 소견과

▷ 모두가 그의 意見을 따르기로 하였다.
▶ 어떤 대상에 대하여 가지는 생각.

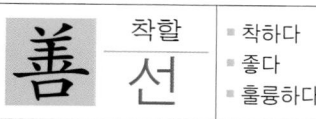

| 善 | 착할 선 | ■ 착하다
■ 좋다
■ 훌륭하다 |

善意 [ ]
좋은 뜻

▷ 내 말이 섭섭하겠지만 善意로 받아들여라.
▶ 착한 마음, 좋은 뜻.

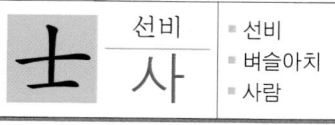

| 士 | 선비 사 | ■ 선비
■ 벼슬아치
■ 사람 |

志士 [ ]
뜻을 가진 사람

▷ 안중근 의사는 누구나 다 알고 있는 애국 志士이다.
▶ 나라와 민족을 위하여 제 몸을 바쳐 일하려는 뜻을 가진 사람.

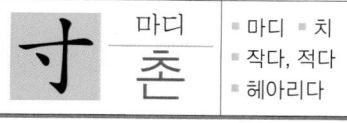

| 寸 | 마디 촌 | ■ 마디 ■ 치
■ 작다, 적다
■ 헤아리다 |

寸志 [ ]
작은 마음

▷ 약소하지만 저의 寸志이니 받아주시기 바랍니다.
▶ 마음이 담긴 작은 선물, 정성을 드러내가 위하여 주는 돈.

한 글자 더

| 領 | 거느릴 령 | ■ 거느리다
■ 받다
■ 목 ■ 요소 |

☆ 가장 중요한 부분으로서의 머리와 목.

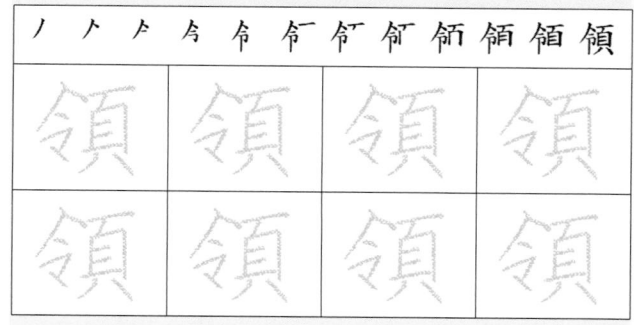

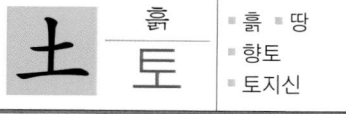

| 土 | 흙 토 | ■ 흙 ■ 땅
■ 향토
■ 토지신 |

領土 [ ]
거느리는 땅

▷ 이웃 나라 간에 종종 領土 분쟁이 발생한다.
▶ 국제법에서, 국가의 통치권이 미치는 구역.

| 空 | 빌 공 | ■ 비다
■ 하늘 ■ 공중
■ 헛되다 |

領空 [ ]
거느리는 하늘

▷ 우리가 탄 비행기는 지금 독일 領空으로 접어들었다.
▶ 영토와 영해 위의 하늘로서, 그 나라의 주권이 미치는 범위.

111

한자성어

■ 한자 성어의 음을 적고 그에 담긴 의미와 적절한 쓰임을 알아보자.

一 波 萬 波

▶ 하나의 물결이 연쇄적으로 많은 물결을 일으킨다는 뜻으로, 한 사건이 그 사건에 그치지 않고 잇따라 많은 사건으로 번짐을 이르는 말.

▷ 그 사건과 관계된 여러 의혹이 一波萬波로 번져 나갔다.

竹 馬 之 友

▶ 대말을 타고 놀던 벗이란 뜻으로, 어릴 때부터 같이 놀며 자란 벗.

▷ 아버지는 오늘 한고향에서 자란 竹馬之友를 만나고 오셨다.

死 後 藥 方 文

▶ 사람이 죽은 뒤에 약을 구한다는 뜻으로, 때가 지나 일이 다 틀어진 후에야 뒤늦게 대책을 세움을 비유적으로 이르는 말.

▷ 수해가 난 다음에 뒤늦게 둑을 쌓아야 무슨 소용이 있습니까. 事後藥方文 격이지.

自 給 自 足

▶ 필요한 물자를 스스로 생산하여 충당함.

▷ 시골로 귀농한 그는 먹을 채소만이라도 自給自足하려 한다.

長 廣 舌

▶ 길고도 세차게 잘하는 말솜씨.
쓸데없이 장황하게 늘어놓는 말.

▷ 교장선생님의 長廣舌에 학생들은 지루해하고 있었다.

江 湖 之 樂

▶ 자연을 벗 삼아 누리는 즐거움.

▷ 많은 사람들은 江湖之樂을 원하며 전원생활을 꿈꾼다.

舌	혀 / 설	■ 혀 ■ 말 ■ 과녁의 부분

一 二 千 千 舌 舌

舌	舌	舌	舌

湖	호수 / 호	■ 호수 ■ 큰 못 ■ 고을 이름

丶 丶 氵 氵 汁 汁 浩 浩 湖 湖 湖 湖

湖	湖	湖	湖

· 일파만파 · 죽마지우 · 사후약방문 · 자급자족 · 장광설 · 강호지락

더 살펴 익히기

■ 한자가 지닌 여러가지 뜻과 한자어를 한 번 더 살펴 익히자.

■ 아래 한자가 지닌 뜻과 그 뜻을 지니는 한자어를 줄로 잇고 음을 적어라.

具	갖추다 ·	· 道具( ) ▶	일을 할 때 쓰는 연장을 통틀어 이르는 말.
	그릇, 연장 ·	· 具現( ) ▶	어떤 내용이 구체적인 사실로 나타나게 함.
料	삯 ·	· 料金( ) ▶	수수료로 내는 돈. 삯.
	감(거리) ·	· 材料( ) ▶	물건을 만드는 데 들어가는 감.
樂	노래(악) ·	· 器樂( ) ▶	악기를 사용하여 연주하는 음악.
	즐겁다(락) ·	· 樂天( ) ▶	세상과 인생을 즐겁고 좋은 것으로 여김.
占	점치다 ·	· 先占( ) ▶	남보다 앞서서 차지함.
	차지하다 ·	· 占星( ) ▶	별의 빛이나 위치 운행 따위를 보고 길흉을 점침.

■ [給]과 상대되는 뜻을 지닌 한자에 ○표 하여라.　　⇨　[占 · 意 · 要 · 欲]

■ [死]와 상대되는 뜻을 지닌 한자에 ○표 하여라.　　⇨　[在 · 存 · 生 · 失]

■ [欲]과같이 통용되는 한자에 ○표 하여라.　　⇨　[意 · 志 · 慾 · 求]

■ 아래의 뜻을 지닌 한자성어가 되도록 ( ) 안에 한자를 써 넣고 완성된 성어의 독음을 적어라.

뜻	성어	독음
▶ 좋은 옷을 입고 좋은 음식을 먹음.	⇨ 好( )好食	
▶ 아주 환하게 밝은 세상.	⇨ 大( )天地	
▶ 사사로운 이익과 욕심.	⇨ 私利私( )	
▶ 바람직하지 않은 일을 더 심해지도록 보추김.	⇨ ( )長	
▶ 이제까지 들어 본 적이 없음.	⇨ 前代未( )	
▶ 땅에 엎드려 움직이지 아니한다는 뜻으로, 주어진 일이나 업무를 처리하는데 몸을 사리는 사람을 비유적으로 이르는 말.	⇨ ( )地不動	

· 도구. 구현 · 요금. 재료 · 기악. 낙천 · 선점. 점성 / 衣 · 明 · 慾 · 助 · 聞 · 伏

113

어휘력 다지기

■ 12월 初旬 [　] 이 지나면 눈이 오려나.　•

■ 기대 以上 [　] 으로 재미있는 영화였어.　•

■ 저녁 9시 以後 [　] 로는 외출 금지야.　•

■ 너도 돼지띠라면 나랑 同甲 [　] 이구나.　•

■ 이번 달부터 月給 [　] 이 올랐다.　•

■ 공중에서 給油 [　] 할 수 있는 전투기.　•

■ 그는 有給 [　] 으로 이틀 휴가를 얻었어.　•

■ 피난민에게 생필품을 補給 [　] 하였다.　•

■ 밥 한 그릇이면 充分 [　] 합니다.　•

■ 자유롭고 平等 [　] 한 사회를 바란다.　•

■ 내 동생은 初等 [　] 학교 5학년이야.　•

■ 내년 3월에 上級 [　] 학교로 진학을 해.　•

■ 내 키는 우리 學級 [　] 에서 중간 정도.　•

■ 어려운 級友 [　] 를 돕기로 하였어요.　•

■ 이익금을 반씩 나누기로 合意 [　] 했다.　•

■ 그 말은 나의 本意 [　] 가 아니였어.　•

■ 그는 지금 失意 [　] 에 빠져있다.　•

■ 너의 그런 행동은 정말 意外 [　] 였어.　•

■ 네가 배풀어준 好意 [　] 에 감사한다.　•

■ 그도 우리의 同志 [　] 가 되었다.　•

■ 남의 땅을 무단으로 占有 [　] 하면 불법.　•

• 이제부터 뒤, 기준이 되는 때를 포함하여 그보다 뒤.

• 같은 나이를 이르는 말, 또는 나이가 같은 사람.

• 상순(한 달 가운데 1일에서 10일까지의 동안).

• 수량이나 정도가 일정한 기준보다 더 많거나 나음.

• 비행기, 배, 자동차 따위에 연료를 보급함.

• 한 달을 단위로 하여 지급하는 급료, 또는 그런 방식.

• 모자람이 없이 넉넉함.

• 물자나 자금 따위를 계속해서 대어 줌.

• 급료가 있음.

• 보다 높은 등급이나 계급.

• 한 교실에서 공부하는 학생의 단위 집단.

• 권리, 의무, 자격 등이 차별 없이 고르고 한결같음.

• 차례가 있는 데서 맨 처음 등급, 또는 맨 아래 등급.

• 같은 학급에서 함께 공부하는 친구.

• 뜻이나 의욕을 잃음.

• 서로 의견이 일치함, 또는 그 의견.

• 본심(본디부터 변함없이 그대로 가지고 있는 마음).

• 친절한 마음씨, 또는 좋게 생각하여 주는 마음.

• 뜻밖(전혀 생각이나 예상을 하지 못함).

• 물건이나 영역, 지위 따위를 차지함.

• 목적이나 뜻이 서로 같음, 또는 그런 사람.

·초순 ·이상 ·이후 ·동갑 ·월급 ·급유 ·유급 ·보급 ·충분 ·평등 ·초등 ·상급 ·학급 ·급우 ·합의 ·본의 ·실의 ·의외 ·호의 ·동지 ·점유

■ 한자어가 되도록 □ 안에 공통으로 넣을 한자를 보기에서 찾아 □ 안에 쓰고 , 그 한자어들의 뜻을 생각하며 음을 적어라.

□ ⇨ 同□ 平□ □分

□ ⇨ □充 □藥 □助

□ ⇨ □水 □食 月□

□ ⇨ 言□ 普□ 波□

□ ⇨ □見 合□ 好□

□ ⇨ □土 □海 占□

보기

意 · 等 · 領 · 及 · 級 · 供 · 補 · 充 · 給 · 湖 · 占 · 志 · 普

■ 아래의 뜻을 지닌 한자어가 되도록 위의 보기에서 알맞은 한자를 찾아 □ 안에 써 넣어라.

▶ 남보다 앞서 차지함.

▷ 좋은 자리는 벌써 先□ 하고 있었다.

▶ 어떤 일을 이루고자 하는 마음.

▷ 너의 意□ 에 일의 성패가 달려있어.

▶ 특별하지 아니하고 흔히 볼 수 있어 평범함.
▶ 일반적으로, 또는 흔히.

▷ 그는 정말 □通 사람이 아니였어.

▶ 맨 처음 또는 최저의 등급이나 단계.

▷ 난 初□ 단계의 한자 공부를 한다.

▶ 땅이 우묵하게 들어가 물이 괴어 있는 곳,
 못이나 늪보다 훨씬 넓고 크다.

▷ 철새들이 □水 로 날아들었다.

▶ 요구나 필요에 따라 물품 따위를 제공함.

▷ 전기 □給 이 끊기면 어떻게될까?

▶ 넉넉하여 모자람이 없음.
▶ 일정한 분량을 채워 모자람이 없게 함.

▷ 모든 욕구를 □足 시킬 수는 없지.

· 동등. 평등. 등분 · 보충. 보약. 보조 · 급수. 급식. 월급 · 언급. 보급. 파급 · 의견. 합의. 호의 · 영토. 영해. 점령 / · 선점 · 의지 · 보통 · 초급 · 호수 · 공급 · 충족

■ 한자의 음과 훈을 되새기며 필순에 따라 바르게 써 보자.

供 이바지할 공	イ(사람인변)/총 8획
ノ イ イ- イ什 供 供 供 供	
供 供 供 供	

給 줄 급	糸(실사)/총 12획
∠ ∠ ∠ 幺 幺 糸 糸 給 紒 紒 給 給	
給 給 給 給	

補 기울 보	ネ(옷의변)/총 12획
丶 ヲ ネ ネ ネ 礻 袻 袻 補 補 補	
補 補 補 補	

充 채울 충	儿(어진사람인발)/총 6획
丶 一 ナ 云 产 充	
充 充 充 充	

普 넓을 보	日(날일)/총 12획
丶 丷 亠 亚 并 并 竝 普 普 普 普	
普 普 普 普	

及 미칠 급	又(또우)/총 4획
ノ ア 乃 及	
及 及 及 及	

等 무리 등	竹(대죽)/총 12획
ノ ト ナ 处 竻 竻 竺 竺 笁 笁 等 等	
等 等 等 等	

級 등급 급	糸(실사)/총 10획
∠ ∠ 幺 幺 幺 糸 糸 紒 級 級	
級 級 級 級	

意 뜻 의	心(마음심)/총 13획
丶 亠 亠 ㅗ 立 产 音 音 音 音 意 意	
意 意 意 意	

志 뜻 지	心(마음심)/총 7획
一 十 士 士 志 志 志	
志 志 志 志	

占 점령할 점	卜(점복)/총 5획
丶 卜 卜 占 占	
占 占 占 占	

領 거느릴 령. 영	頁(머리혈)/총 14획
ノ 人 人 今 今 令 令 얁 領 領 領 領	
領 領 領 領	

舌 혀 설	舌(혀설)/총 6획
丶 二 千 千 舌 舌	
舌 舌 舌 舌	

湖 호수 호	氵(삼수변)/총 12획
丶 丶 氵 冫 汁 汁 沽 沽 湖 湖 湖 湖	
湖 湖 湖 湖	

묶음 2-9

음 ■ 한자를 읽는 소리
아래 한자의 음을 찾아 적고 소리내어 읽어 보자.

- 바탕색과 글자색이 같은 것을 찾아 보자 -

票 □   店 □   支 □   依 □

可 □   漢 □   會 □   投 □

社 □   他 □   字 □   否 □

의 회 투 사 한 지

부 자 점 가 표 타

훈 ■ 한자의 뜻 새김
한자의 음을 적고 훈과 함께 외어 보자.

社	모일	會	모일	支	지탱할	店	가게
漢	한수	字	글자	投	던질	票	표
可	옳을	否	아닐	依	의지할	他	다를

알아보기

■ 한자어와 한자어를 이루는 개별 한자의 뜻을 알아보자.
　■ 아래 한자어의 음을 적고 그 뜻을 생각하며 글을 읽어 보자.
　■ 공부할 한자의 뜻을 알아보고 필순에 따라 바르게 써 보자.

社會 [　　　]　▶ 같은 무리끼리 이루는 집단. 공동생활을 영위하는 모든 형태의 인간 집단.

「 社會 를 물에 비유할 경우, 人間은 물고기에
해당하는데, 물고기가 물을 떠나서 살 수 없듯이,
인간도 社會 를 떠나서는 온전한
人間으로 生活 할 수 없다.
그러므로 '나'라는 개체도
社會 를 떠나서는 存在할
수 없는 것이다. 」

• 人間(인간) • 生活(생활) • 存在(존재).　*개체: 전체나 집단에 상대하여 하나하나의 낱개를 이르는 말.
*비유: 어떤 현상이나 사물을 직접 설명하지 아니하고 다른 비슷한 현상이나 사물에 빗대어서 설명하는 말.

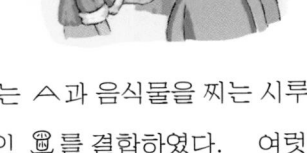

Ω는 '토지신'을 뜻하는 土(토)이다. 나중에 '제단'을
나타내는 示(시)를 결합하였다.　토지신에 대한 제사
가 마을 공동체가 모여 함께 지내는 제사인 데서, 〈모이
다〉를 의미한다.

[새김] ▪ 모이다 ▪ 단체 ▪ 회사 ▪ 토지신

𝕬는 '한데 모음'을 뜻하는 스과 음식물을 찌는 시루
와 물솥을 포개 놓은 모습인 𝕭를 결합하였다.　여럿
을 한데 모은 〈모임〉을 의미한다.

[새김] ▪ 모이다 ▪ 모임 ▪ 집회 ▪ 만나다

一 二 于 亓 示 示 社 社
社　社　社　社
社　社　社　社

丿 人 스 스 슷 今 命 侖 侖 會 會 會 會
會　會　會　會
會　會　會　會

118

 **새기고 익히기**

■ 한자의 뜻을 새기고 그 한자로 이루어진 한자어를 익히자.
 ■ 한자의 뜻을 연결하여 한자어의 뜻을 생각해 보자.
 ■ 한자어의 뜻을 알고 예문을 통해 그 활용을 익히자.

社 모일 사	■ 모이다 ■ 단체 · 회사 ■ 토지신	會 모일 회	■ 모이다 ■ 모임 · 집회 ■ 만나다

– 흐리게 나타난 한자어 위에 겹쳐서 쓰고 음을 적어라 –

交 사귈 교	■ 사귀다, 교제 ■ 섞이다 ■ 바꾸다	社交 [ ]	▷ 그는 시간 나는 대로 社交 모임에 나가서 사람들과 어울린다.
		모여서 서로 사귐 ▶ 여러 사람이 모여 서로 사귐.	

本 근본 본	■ 근본, 본디 ■ 책 ■ 주가 되는 것	本社 [ ]	▷ 그 회사는 서울에 本社가 있다.
		주가 되는 회사 ▶ 주가 되는 회사를 지사를 상대하여 이르는 말.	

員 인원 원	■ 인원 ■ 사람 ■ 둥글다	會員 [ ]	▷ 우리 모임은 다른 會員의 추천이 있어야 가입할 수 있다.
		모임에 속한 사람 ▶ 어떤 회를 구성하는 사람들.	

朝 아침 조	■ 아침 ■ 처음 ■ 조정	朝會 [ ]	▷ 朝會 시간에 새로 오신 선생님의 소개가 있었다.
		아침 모임 ▶ 학교, 관청 등에서 아침에 모든 구성원이 한자리에 모이는 일.	

한 글자 더

漢 한수 한	■ 한수(물이름) ■ 한나라(중국) ■ 사나이

☆ 중국에 있는 큰 강. 중국 왕조의 이름. 남자를 낮추어 이르는 말.

`丶 氵 氵 氵 汁 汁 沣 洼 渄 潼 漢 漢`

漢	漢	漢	漢
漢	漢	漢	漢

文 글월 문	■ 글월, 문장 ■ 글자 ■ 학문 · 문학	漢文 [ ]	▷ 우리 민족은 옛날에 漢文을 우리글처럼 사용했다.
		한자로 쓰여진 글 ▶ 중국 고전의 문장, 한자만으로 쓰여진 문장이나 문학.	

學 배울 학	■ 배우다 ■ 학문 ■ 가르침	漢學 [ ]	▷ 할아버지는 어렸을 때 서당에서 漢學을 공부하셨다고 한다.
		한문에 관한 학문 ▶ 한문 및 중국어에 관한 학문.	

119

알아보기

支店 [　　] ▶ 본점에서 갈라져 나온 가게.

「 "할아버지께 지금 돈을 부치면 할아버지께서 즉시 찾으실 수 있단다."

"어떻게 해서 그렇게 빨리 가게 되지요?"

"지금은 모든 은행 支店 들의 업무가 본점에 있는 컴퓨터에 온라인으로 연결돼 있어서 은행의 업무는 온라인을 통하여 처리되고 있지.

지금 내가 돈을 부치는 방법도 온라인 무통장 入金이야.

여기서 할아버지 통장으로 돈을 넣으면, 할아버지께서는 동네 은행에서 바로 이 돈을 찾으실 수 있는 거야." 」

• 入金(입금).   * 업무: 직장 같은 곳에서 맡아서 하는 일. * 본점: 영업의 본거지가 되는 점포.

는 손에 대나무 가지를 잡고 있는 모습이다. 〈가지〉를 뜻하며, 한 뿌리에서 따로따로 죽순이 솟아 한 번에 뻗어 올라간 대나무가 줄기의 키와 굵기를 처음 그대로 유지하는 데서, 〈지탱하다〉를 의미한다.

[새김] ■ 지탱하다 ■ 갈리다 ■ 치르다 ■ 가지

一 十 岁 支			
支	支	支	支
支	支	支	支

垆은 '땅(자리)'을 뜻하는 土 ⋯ 土(토)와 '자리를 차지하다'는 뜻인 占 ⋯ 占(점)을 결합한 것이다. 나중에 土가 广(집 엄)으로 바뀌었다.   자리를 잡아 차려놓은 〈가게〉를 의미한다.

[새김] ■ 가게 ■ 상점 ■ 여관

丶 亠 广 广 店 店 店 店			
店	店	店	店
店	店	店	店

120

■ 한자의 뜻을 새기고 그 한자로 이루어진 한자어를 익히자.

■ 한자의 뜻을 연결하여 한자어의 뜻을 생각해 보자.
■ 한자어의 뜻을 알고 예문을 통해 그 활용을 익히자.

| 支 | 지탱할 지 | ▪ 지탱하다
▪ 가르다
▪ 치르다 ▪ 가지 | 店 | 가게 점 | ▪ 가게
▪ 상점
▪ 여관 |

– 흐리게 나타난 한자어 위에 겹쳐서 쓰고 음을 적어라 –

| 給 | 줄 급 | ▪ 주다
▪ 공급하다
▪ 급여 |

支給 [　] ▷ 은행에 돈을 맡기면 이자를 支給한다.
치르어　줌 ▶ 돈이나 물품 따위를 정하여진 몫만큼 내줌.

| 出 | 날 출 | ▪ 나다 ▪ 내다
▪ 떠나다 |

支出 [　] ▷ 지난달에는 支出이 수입을 초과해 적자가 났다.
치르어　내줌 ▶ 어떤 목적을 위하여 돈을 지급하는 일.

| 分 | 나눌 분 | ▪ 나누다
▪ 구분
▪ 몫 ▪ 1분 |

分店 [　] ▷ 그 식당은 옆 동네에 分店을 냈다.
나누어 낸　가게 ▶ 본점이나 지점에서 나누어 따로 낸 점포.

| 員 | 인원 원 | ▪ 인원
▪ 사람
▪ 둥글다 |

店員 [　] ▷ 그 상점의 店員은 매우 친절하다.
상점에서 일하는　사람 ▶ 상점에 고용되어 물건을 팔거나 그 밖의 일을 맡아 하는 사람.

한 글자 더

| 字 | 글자 자 | ▪ 글자, 문자
▪ 자('날짜'를
　나타내는 말) |

☆ 글자와 글자가 합해져 새롭게
　만들어지는 글자.

| 丶 丷 宀 宁 宇 字 |
| 字 | 字 | 字 | 字 |
| 字 | 字 | 字 | 字 |

| 漢 | 한수 한 | ▪ 한수(물이름)
▪ 한나라(중국)
▪ 사나이 |

漢字 [　] ▷ 우리말의 뜻을 바르게 이해하고 어휘력을 기르기 위해서는 漢字 공부가 필요하다.
한나라(중국)　글자 ▶ 중국에서 만들어 오늘날에도 쓰이고 있는 문자.

| 間 | 사이 간 | ▪ 사이
▪ 때
▪ 동안 |

字間 [　] ▷ 글을 읽기 편하도록 字間을 적당히 조절하여라.
글자와 글자 사이(간격) ▶ 쓰거나 인쇄한 글자와 글자의 사이.

■ 한자어와 한자어를 이루는 개별 한자의 뜻을 알아보자.
■ 아래 한자어의 음을 적고 그 뜻을 생각하며 글을 읽어 보자.
■ 공부할 한자의 뜻을 알아보고 필순에 따라 바르게 써 보자.

投票 [　　] ▶ 선거 또는 어떤 결정의 가부를 표시하여 일정한 곳에 내는 일.

「 학급에서 학급 대표 즉, 반장을 선출할 때도 다수결로 정한다. 먼저 반장이 되도 좋을 사람을 추천한다. 다음에 추천한 사람과 추천받은 사람의 의견을 듣는다. 그리고 自己가 가장 좋다고 생각하는 사람에게 投票 한다. 투표가 끝나면 개표를 하여 가장 많은 지지를 얻은 사람을 반장으로 선출한다. 이것도 다수결로 정하는 민주주의 방법이다. 」

• 自己(자기). ＊추천: 어떤 조건에 적합한 대상을 책임지고 소개함.
＊선출: 여럿 가운데서 골라냄. ＊다수결: 회의에서 많은 사람의 의견에 따라 안건의 가부(찬성과 반대)를 결정하는 일.

投 投

投는 '손'을 뜻하는 手(수)=扌와 '날 없는 창', '몽둥이'를 뜻하는 殳(수)를 결합한 것이다. 창이나 몸둥이 따위를 〈던짐〉을 의미한다.

[새김] ▪ 던지다 ▪ 넣다 ▪ 가담하다

一 十 扌 扌 扩 投 投
投 投 投 投
投 投 投 投

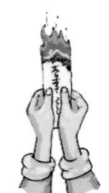

票 票

票는 두 손으로 받쳐 올리는 모습인 ㅂ와 '불사름'을 뜻하는 火를 결합한 것이다. 제를 지내고 난 뒤에 신령에게 불살라 올리는, 축문(신령께 고하는 글)을 적은 〈쪽지〉를 의미한다.

[새김] ▪ 표 ▪ 쪽지 ▪ 가볍게 오르다

一 一 一 兩 两 西 西 覀 票 票 票
票 票 票 票
票 票 票 票

새기고 익히기

■ 한자의 뜻을 새기고 그 한자로 이루어진 한자어를 익히자.
　■ 한자의 뜻을 연결하여 한자어의 뜻을 생각해 보자.
　■ 한자어의 뜻을 알고 예문을 통해 그 활용을 익히자.

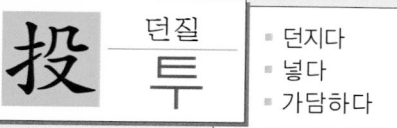　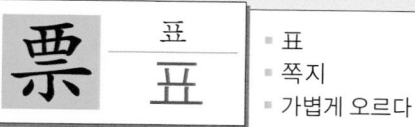

投 | 던질 투 | ■ 던지다 ■ 넣다 ■ 가담하다

票 | 표 표 | ■ 표 ■ 쪽지 ■ 가볍게 오르다

– 흐리게 나타난 한자어 위에 겹쳐서 쓰고 음을 적어라 –

	예문
入 | 들 입 | ■ 들다 ■ 들어가다 ■ 들이다	投入　던져 넣음　▷ 그 회사는 신제품 개발을 위해 많은 자금을 投入하였다.　▶ 던져 넣음. 사람이나 물자, 자본 따위를 필요한 곳에 넣음.
失 | 잃을 실 | ■ 잃다 ■ 놓지다 ■ 잘못하다	失投　잘못 던짐　▷ 투수의 失投로 홈런을 맞았다.　▶ 야구 따위에서, 투수나 수비가 공을 원하는 대로 던지지 못함.
決 | 결단할 결 | ■ 결단하다 ■ 결정하다 ■ 터지다	票決　표로 결정함　▷ 그 안건에 대한 서로 다른 의견을 票決에 부치기로 하였다.　▶ 투표를 하여 결정함.
開 | 열 개 | ■ 열다 ■ 트이다 ■ 피다 ■ 시작하다	開票　엶 투표함을　▷ 투표함이 모두 도착하자 開票를 시작했다.　▶ 투표함을 열고 투표의 결과를 검사함.

한 글자 더

依 | 의지할 의 | ■ 의지하다 ■ 기대다 ■ 좇다

☆ 사람이 입은 옷에 몸을 실어 의지함.

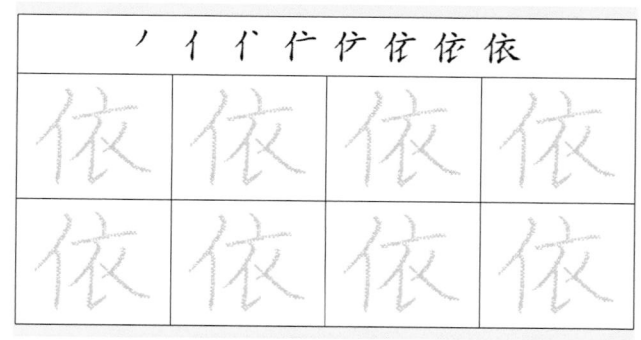

ノ　イ　イ　ゲ　ゲ　依　依　依

	예문
存 | 있을 존 | ■ 있다 ■ 살아있다 ■ 존재하다	依存　의지하여 존재함　▷ 성년이 되어서도 부모에게 지나친 依存은 좋지 않다.　▶ 다른 것에 의지하여 존재함.
支 | 지탱할 지 | ■ 지탱하다 ■ 가르다 ■ 치르다 ■ 가지	依支　기댐 지탱하려고　▷ 몸을 가눌 수 없어 벽에 依支하여 간신히 서 있었다.　▶ 다른 것에 몸을 기댐. 또는 그렇게 하는 대상.

■ 한자어와 한자어를 이루는 개별 한자의 뜻을 알아보자.
　■ 아래 한자어의 음을 적고 그 뜻을 생각하며 글을 읽어 보자.
　■ 공부할 한자의 뜻을 알아보고 필순에 따라 바르게 써 보자.

可否 ▷ 옳고 그름, 찬성과 반대.

「 그동안 우리 學校와 학급에서 있었던 일 중에서 꼭 기억하고싶은 일을 학급 신문에 담아 보기 위해서 '학급 신문 만들기'를 의제로 토의 하기로 하였습니다. 그런데 유미는 학급 신문보다는 학급 문집이 우리들의 생각과 주장, 그리고 作品을 고루 실을 수 있으므로 이왕이면 '학급 신문 만들자' 보다는 '학급 문집 만들자'로 바꿀 것을 수정안으로 제안 하였습니다. 그래서 먼저, 유미가 제안한 수정안부터 可否를 묻는 표결을 하였습니다. 」

• 學校(학교) • 作品(작품). 　＊수정안: 원안(회의에 올려진 본디의 안)의 잘못된 점을 바로잡아 고친 안.
＊의제: 회의에서 의논할 문제. 　＊토의: 어떤 문제에 대하여 검토하고 협의함(서로 협력하여 의논함).

可는 '잘 하다', '예쁘다'는 뜻인 巧(공교할 교)의 옛 글자 丂와 '말하다'는 뜻인 ㅂ…口(구)를 결합한 것이다. 　부탁이나 요구 따위를 받아들이거나 〈옳다고 인정함〉을 의미한다.

새김 ▪옳다 ▪허락하다 ▪가히 (마땅히)

一 丁 П 可 可			
可	可	可	可
可	可	可	可

否는 '아니다'는 뜻인 不…不(부)와 '말하다'는 뜻인 ㅂ…口(구)를 결합한 것이다. 　〈그렇지 아니하다고 함〉을 의미한다.

새김 ▪아니다 ▪그렇지 않다 ▪막히다

一 丆 不 不 否 否			
否	否	否	否
否	否	否	否

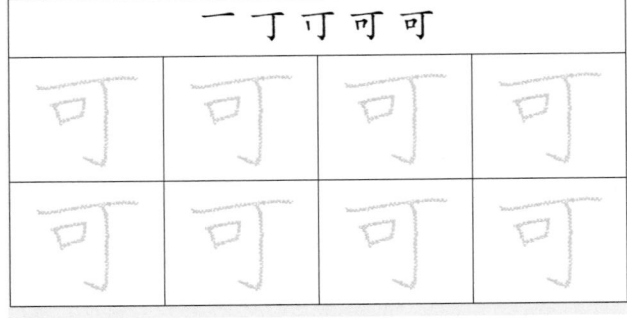

새기고 익히기

■ 한자의 뜻을 새기고 그 한자로 이루어진 한자어를 익히자.
- 한자의 뜻을 연결하여 한자어의 뜻을 생각해 보자.
- 한자어의 뜻을 알고 예문을 통해 그 활용을 익히자.

可	옳을 가	■ 옳다 ■ 허락하다 ■ 가히(마땅히)	否	아닐 부	■ 아니다 ■ 그렇지 않다 ■ 막히다

- 흐리게 나타난 한자어 위에 겹쳐서 쓰고 음을 적어라 -

能	능할 능	■ 능하다 ■ ~할 수 있다 ■ 재능 ■ 능력

可能 □
가히 / 할 수 있음 ▶ 할 수 있거나 될 수 있음.

▷ 이 곳은 깊은 산속이지만 휴대폰의 통화가 可能한 지역이다.

決	결단할 결	■ 결단하다 ■ 결정하다 ■ 터지다

可決 □
마땅하다고 / 결정함 ▶ 의회에서, 제출된 의안을 합당하다고 결정함.

▷ 오늘 회의에 제출된 의안이 可決 되었다.

安	편안 안	■ 편안 ■ 편안하다 ■ 안존하다

安否 □
편안한지 / 그렇지 않은지 ▶ 편안하게 잘 지내는지 그렇지 아니한지에 대한 소식.

▷ 먼 곳으로 전학 간 친구의 安否가 궁금하다.

定	정할 정	■ 정하다 ■ 정해지다 ■ 안정시키다

否定 □
그렇지 않다고 / 정함 ▶ 그렇지 아니하다고 단정하거나 옳지 아니하다고 반대함.

▷ 그는 나의 물음에 긍정도 否定도 하지 않고 빙그레 미소만 지었다.

한 글자 더

他	다를 타	■ 다르다 ■ 딴, 다른 ■ 남

☆ 그밖의. 관계가 없는.

ノ 亻 亻 仲 他
他 他 他 他
他 他 他 他

依	의지할 의	■ 의지하다 ■ 기대다 ■ 좇다

依他 □
의지함 / 남에게 ▶ 남에게 의지하거나 의뢰함.

▷ 의지가 약한 사람을 계속 도와주기만 하면 依他心만 커질 것이다?

自	스스로 자	■ 스스로 ■ 자기, 자신 ■ ~부터

自他 □
자기와 / 남 ▶ 자기와 남을 아울러 이르는 말.

▷ 그는 인공지능 분야에서 自他가 인정하는 전문가이다.

어휘력 다지기

■ 갓 입사한 햇병아리 社員 [　　] 입니다. • • 회사원(회사에서 근무하는 사람),

■ 그 회사에 入社 [　　] 지원서를 냈다. • • 모임을 대표하고 모임의 일을 총괄하는 사람,

■ 투표로 학급 會長 [　　] 을 선출하였다. • • 큰 모임이나 회의, 기술이나 재주를 겨루는 큰 모임,

■ 오늘 會食 [　　] 장소는 어디로 정했니? • • 회사 따위에 취직하여 들어감,

■ 체육 大會 [　　] 준비에 모두들 바쁘네. • • 여러 사람이 모여 함께 음식을 먹음, 또는 그런 모임,

■ 회의 도중에 잠시 休會 [　　] 를 하였다. • • 돌을 던짐, 또는 그 돌,

■ 그의 投石 [　　] 으로 유리창이 깨졌다. • • 하던 회의를 멈추고 잠깐 쉼,

■ 이곳이 本店 [　　], 그곳은 지점이야. • • 땅이 우묵하게 들어가 물이 괴어 있는 곳,

■ 그 백화점 開店 [　　] 시간은 오전 10시. • • 영업의 본거지가 되는 점포,

■ 잔잔한 湖水 [　　] 위에 백조 두 마리. • • 가게의 문을 열고 하루의 영업을 시작함,

■ 남들의 口舌 [　　] 에 오르는 것이 싫어. • • 시비하거나 헐뜯는 말,

■ 기차는 漢江 [　　] 철교를 지나고 있었다. • • 인간의 의사소통을 위한 시각적인 기호 체계,

■ 그가 文字 [　　] 메시지를 보내왔어. • • 야구에서 상대편 타자가 칠 공을 던지는 선수,

■ 기말 시험 日字 [　　] 가 정해지지 않았다. • • 우리나라 중부를 흐르는 강,

■ 그 投手 [　　] 는 강속구가 주무기란다. • • 날짜(어느 날이라고 정한 날),

■ 우리 일행은 그 호텔에 投宿 [　　] 하였어. • • 차 따위를 타기 위하여 돈을 주고 사는 표,

■ 두 가지 의견을 票決 [　　] 에 부치기로. • • 여관, 호텔 따위의 숙박 시설에 들어서 묵음,

■ 목포 가는 車票 [　　] 를 바로 예매하여라. • • 투표를 하여 결정함,

■ 노약자, 임산부는 입장 不可 [　　] 이다. • • 의논한 안건을 받아들이지 아니하기로 결정함,

■ 과반의 찬성을 얻지 못해 否決 [　　] 됨. • • 다른 생각, 다른 사람의 생각이나 의견,

■ 그것은 자의 반 他意 [　　] 반 이었지. • • 옳지 않음, 가능하지 않음,

· 사원 · 입사 · 회장 · 회식 · 대회 · 휴회 · 투석 · 본점 · 개점 · 호수 · 구설 · 한강 · 문자 · 일자 · 투수 · 투숙 · 표결 · 차표 · 불가 · 부결 · 타의

■ 한자어가 되도록 □ 안에 공통으로 넣을 한자를 보기에서 찾아 □ 안에 쓰고 , 그 한자어들의 뜻을 생각하며 음을 적어라.

[　] ⇒	會□	□長	□員	
[　] ⇒	文□	活□	漢□	
[　] ⇒	□員	本□	支□	
[　] ⇒	□入	□手	□石	
[　] ⇒	□能	不□	□決	
[　] ⇒	□人	□意	自□	

보기

支 · 會 · 字 · 他 · 漢 · 舌 · 店 · 票 · 可 · 社 · 否 · 投 · 依

■ 아래의 뜻을 지닌 한자어가 되도록 위의 보기에서 알맞은 한자를 찾아 □ 안에 써 넣어라.

▶ 다른 것에 의지하여 존재함.
▷ 부모에게 지나친 [　]存 은 좋지 않다.

▶ 옳고 그름, 찬성과 반대.
▷ 투표로 可[　] 를 묻기로 하였다.

▶ 투표함을 열고 투표의 결과를 검사함.
▷ 開[　] 상황을 계속 지켜보고 있다.

▶ 중국 고전의 문장.
▶ 한자만으로 쓰인 문장이나 문학.
▷ 나는 [　]文 공부를 하려고 한다.

▶ 돈이나 물품 따위를 정하여진 몫만큼 내줌.
▷ 신고자에게 포상금을 [　]給 한다.

▶ 시비하거나 헐뜯는 말.
▷ 여러 사람의 口[　] 이 두렵다.

▶ 여러 사람이 모여 함께 음식을 먹음. 또는 그런 모임.
▷ 가까운 친척들과 [　]食 이 있었다.

· 회사. 사장. 사원 · 문자. 활자. 한자 · 점원. 본점. 지점 · 투입. 투수. 투석 · 가능. 불가. 가결 · 타인. 타의. 자타 / · 의존 · 가부 · 개표 · 한문 · 지급 · 구설 · 회식

되새기기

社 모일 사	示(보일시)/총 8획
支 지탱할 지	支(지탱할지)/총 4획
漢 한수 한	氵(삼수변)/총 14획
投 던질 투	扌(재방변)/총 7획
可 옳을 가	口(입구)/총 5획
依 의지할 의	亻(사람인변)/총 8획
舌 혀 설	舌(혀설)/총 6획
會 모일 회	日(가로왈)/총 13획
店 가게 점	广(엄호)/총 8획
字 글자 자	子(아들자)/총 6획
票 표 표	示(보일시)/총 11획
否 아닐 부	口(입구)/총 7획
他 다를 타	亻(사람인변)/총 5획
湖 호수 호	氵(삼수변)/총 12획

128

공부할 한자

■ 공부할 한자의 모양을 살펴보며 음과 훈을 알아보자,

묶음 2-10

음 ■ 한자를 읽는 소리
아래 한자의 음을 찾아 적고 소리내어 읽어 보자.

훈 ■ 한자의 뜻 새김
한자의 음을 적고 훈과 함께 외어 보자.

強	강할	弱	약할	鳥	새	類	무리

被	입을	害	해할	防	막을	止	그칠

魚	물고기	貝	조개	必	반드시	需	쓰일

알아보기

■ 한자어와 한자어를 이루는 개별 한자의 뜻을 알아보자.
■ 아래 한자어의 음을 적고 그 뜻을 생각하며 글을 읽어 보자.
■ 공부할 한자의 뜻을 알아보고 필순에 따라 바르게 써 보자.

強弱 [　　] ▶ 강함과 약함, 강자와 약자.

「 지구 위에는 많은 나라들이 있다. 이들
가운데는 문화가 발달하고 國力이 強하여
國民이 고루 잘사는 나라가 있는가 하면,
문화가 뒤지고 國力이 弱하여 어렵게 살고
있는 나라들도 있다. 이렇게 나라마다
國力과 生活 수준이 다른 것은 그 원인이
어디에 있을까?
그것은 자연 환경과 자원의 차이에 있다.
그러나, 그보다 더 큰 원인은 그 나라
國民들이 지닌 정신에 있다. 」

• 國力(국력) • 國民(국민) • 生活(생활). * 수준: 사물의 가치나 질 따위의 기준이 되는 일정한 표준이나 정도.

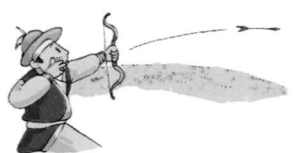 強

弜은 '활'을 뜻하는 ⼸ … 弓 (궁)과 '구획된 밭 두 개
(사방 2리의 밭)'를 뜻하는 畕를 결합한 것이다. 나중에
畕은 厶로 바뀌었다. 화살을 밭 두 개의 거리를 넘길
만큼 활의 〈힘이 굳셈〉을 의미한다.

[새김] ■ 강하다 ■ 굳세다 ■ 억지로

ㄱ	ㄱ	弓	弓'	弓⁷	弜'	弜'	弝'	弼	強	強

強	強	強	強
強	強	強	強

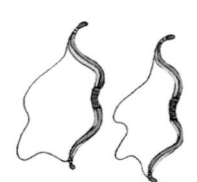 弱

弱은 활시위의 탄력성이 풀어진 활(弓) 두 개의 모습이
다. 활시위의 탄력성이 풀어져 활의 〈힘이 약함〉을 의
미한다.

[새김] ■ 약하다 ■ 어리다 ■ 수가 모자라다

ㄱ	ㄱ	弓	弓	弜	弜'	弜'	弱	弱	弱

弱	弱	弱	弱
弱	弱	弱	弱

■ 한자의 뜻을 새기고 그 한자로 이루어진 한자어를 익히자.
■ 한자의 뜻을 연결하여 한자어의 뜻을 생각해 보자.
■ 한자어의 뜻을 알고 예문을 통해 그 활용을 익히자.

强	강할 강	▪ 강하다 ▪ 굳세다 ▪ 억지로		弱	약할 약	▪ 약하다 ▪ 어리다 ▪ 수가 모자라다

– 흐리게 나타난 한자어 위에 겹쳐서 쓰고 음을 적어라 –

補	기울 보	▪ 깁다 ▪ 돕다 ▪ 보태다

補强 [ ] ▷ 그는 요즘 체력 補强에 힘쓰고 있다.

보태어　굳세게 함 ▶ 보태거나 채워서 본디보다 더 튼튼하게 함.

者	놈 자	▪ 놈 ▪ 사람 ▪ 것 ▪ 적다(기재하다)

强者 [ ] ▷ 동물의 세계에서는 强者만이 살아남는다.

강한　놈 ▶ 힘이나 세력이 강한 사람이나 생물 및 집단.

骨	뼈 골	▪ 뼈 ▪ 골격 ▪ 기골

弱骨 [ ] ▷ 그는 겉보기로는 弱骨 같지만 실제로는 그렇지 않다.

약한　골격 ▶ 몸이 약한 사람, 약한 골격.

化	될 화	▪ 되다 ▪ 바뀌다 ▪ 변화하다

弱化 [ ] ▷ 태풍이 북상하면서 세력이 점차 弱化되고 있다.

약하게　됨 ▶ 세력이나 힘이 약해짐, 또는 그렇게 되게 함.

한 글자 더

害	해할 해	▪ 해하다 ▪ 해롭다 ▪ 손해 ▪ 해

☆ 거푸집을 부수어 해함.

`	`	宀	宀	宀	害	害	害	害	害
害	害	害	害
害	害	害	害

水	물 수	▪ 물 ▪ 강물, 냇물 ▪ 평평하다

水害 [ ] ▷ 자원봉사자들이 水害 복구 현장으로 급히 달려갔다.

물로 인한　피해 ▶ 장마나 홍수로 인한 피해.

利	이로울 리	▪ 이롭다 ▪ 이익 ▪ 편리하다 ▪ 날카롭다

利害 [ ] ▷ 그 문제는 서로의 利害 관계가 얽혀 있어서 해결점을 찾기가 쉽지 않다.

이익과　손해 ▶ 이익과 손해를 아울러 이르는 말.

알아보기

鳥類 [   ] ▶ 새로 분류되는 무리.

「 계절이 바뀜에 따라 주기적으로 이동하는 鳥類를 철새라 하는데,
우리나라에도 여러 종류의 철새가 날아온다. 제비는 南쪽에서 살다
봄에 우리나라로 온다. 여름에는 새끼를 기르고, 가을이 깊어지면
南쪽 나라로 이동한다. 이러한 철새를 여름 철새라 하는데, 꾀꼬리,
뻐꾸기 등이 여름 철새에 속한다.
청둥오리는 가을에 우리 나라에
와서 겨울을 지내고, 이듬해 봄에
다시 北쪽으로 날아간다. 이러한
새를 겨울 철새라 하며, 기러기,
개똥지바귀 등이 이에 속한다. 」

• 南(남) • 北(북).   *주기적: 일정한 간격을 두고 되풀이하여 진행하거나 나타나는 것.

𓅿는 한 마리 새의 모습이다. 〈새〉를 의미한다.

類는 '닮다'는 뜻인 頪(뢰)와 '개', '짐승'을 뜻하는
犬(견)을 결합한 것이다. 모습이 닮은 짐승의 〈무리〉
를 의미한다.

[새김] ▪ 새

´	′	⼧	⼧	⽩	⾃	鳥	鳥	鳥	鳥	鳥

鳥	鳥	鳥	鳥
鳥	鳥	鳥	鳥

[새김] ▪ 무리 ▪ 닮다 ▪ 나누다

ˋ	˙	⼀	⼩	⽶	⽶	米	类	类	类	類	類

類	類	類	類
類	類	類	類

새기고 익히기

■ 한자의 뜻을 새기고 그 한자로 이루어진 한자어를 익히자.
■ 한자의 뜻을 연결하여 한자어의 뜻을 생각해 보자.
■ 한자어의 뜻을 알고 예문을 통해 그 활용을 익히자.

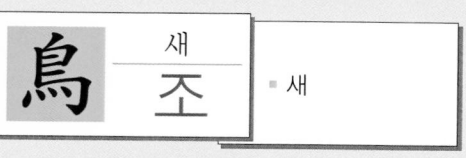
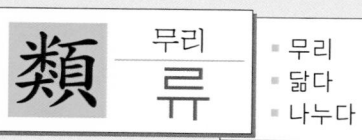

鳥 │ 새 조 │ ■ 새

類 │ 무리 류 │ ■ 무리 ■ 닮다 ■ 나누다

– 흐리게 나타난 한자어 위에 겹쳐서 쓰고 음을 적어라 –

白 │ 흰 백 │ ■ 희다 ■ 밝다 ■ 깨끗하다 ■ 비다 ■ 술잔

白鳥 ☐
흰   새 ▷ 고니,

▷ 겨울이면 이 호수에 白鳥가 날아온다.

黃 │ 누를 황 │ ■ 누렇다 ■ 땅(오행으로) ■ 중앙

黃鳥 ☐
누런 새 ▷ 꾀꼬리,

▷ 꾀꼬리는 몸이 온통 노란색이라서 黃鳥라 부른다.

分 │ 나눌 분 │ ■ 나누다 ■ 구분 ■ 몫 ■ 1분

分類 ☐
나눔 무리를 ▷ 종류에 따라서 가름, 나눔,

▷ 이것들을 색깔별로 分類하여라.

人 │ 사람 인 │ ■ 사람 ■ 백성

人類 ☐
사람의 무리 ▷ 세계의 모든 사람,

▷ 세계 평화와 人類 공영에 이바지하라.

한 글자 더

被 │ 입을 피 │ ■ 입다 ■ 당하다 ■ 받다

☆ 옷을 입거나 이불을 덮음.

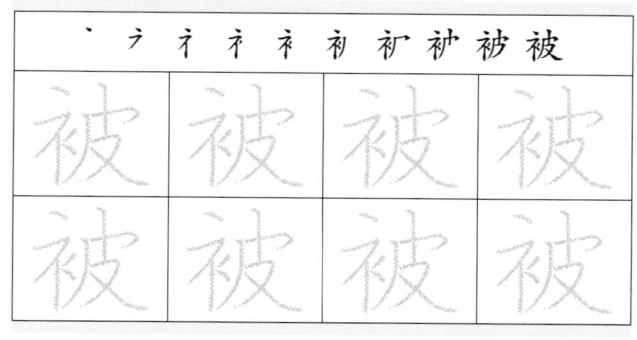

被害 ☐
입다 손해를 ▷ 재산이나 신체, 재산, 명예 따위에 손해를 입음,

害 │ 해할 해 │ ■ 해하다 ■ 해롭다 ■ 손해 ■ 해

▷ 태풍으로 농작물이 많은 被害를 입었다.

被告 ☐
당한 측 고발을 ▷ 민사 소송에서, 소송을 당한 측의 당사자,

告 │ 고할 고 │ ■ 고하다 ■ 알리다 ■ 고발하다

▷ 被告는 원고에게 손해를 배상하라.

알아보기

防止 [　　]　　▶ 막아서 그치게 함.

「 우리 마을은 범죄가 없는 마을로 有名하다. 우리 마을에서 범죄가 없어진 것은 마을 사람들 모두가 노력한 결과이다. 우리 마을에서는 마을 방범 위원회를 조직하여 주택가, 주요 시설, 혼잡한 곳, 구석진 곳을 수시로 순찰한다. 곳곳에 초소를 설치하고, 차례를 정하여 지키고 있는 것이다. 경찰서에서도 우리 마을에 경찰을 파견하여 범죄를 防止하고, 住民들을 보호하는 데 신경을 쓰고 있다. 」

• 有名(유명)　• 住民(주민).　　*초소: 보초를 서는 장소.　*파견: 일정한 임무(맡은 일. 맡겨진 일)를 주어 사람을 보냄.

防은 '언덕'을 뜻하는 阝(부)와 '쪽(방위)', '나란히 하다'는 뜻인 方(방)을 결합한 것이다.　물길을 따라 언덕지게 쌓아올려 물이 넘치는 것을 막기 위한 〈둑〉을 의미한다.

[새김] ■ 막다 ■ 방어하다 ■ 둑

ㄱ ㄱ 阝 阝 阡 防 防
防　防　防　防
防　防　防　防

는 사람의 발(　)을 단순하게 나타낸 모습이다. 발가락을 세 개로 단순화시켰다.　발이 〈거동을 멈춤〉을 의미한다.

[새김] ■ 그치다 ■ 멈추다 ■ 억제하다

ㅣ ㅏ ㅏ 止
止　止　止　止
止　止　止　止

새기고 익히기

■ 한자의 뜻을 새기고 그 한자로 이루어진 한자어를 익히자.
　■ 한자의 뜻을 연결하여 한자어의 뜻을 생각해 보자.
　■ 한자어의 뜻을 알고 예문을 통해 그 활용을 익히자.

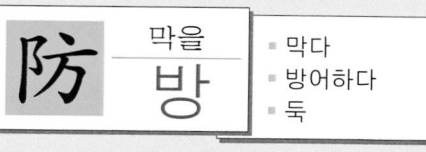　　

防 막을 방
- 막다
- 방어하다
- 둑

止 그칠 지
- 그치다
- 맘추다
- 억제하다

― 흐리게 나타난 한자어 위에 겹쳐서 쓰고 음을 적어라 ―

音 소리 음
- 소리
- 음악
- 소식

막음　　소리를
▷ 防音이 잘 되지 않아 바깥에서 나는 작은 소리까지 다 들린다.
▶ 소리가 밖으로 새어 나가거나 안으로 들어오지 못하도록 막음.

消 사라질 소
- 사라지다
- 삭이다
- 소멸시키다

소멸시킴과　　방어함
▷ 화재 발생을 대비해 消防 훈련을 하였다.
▶ 화재를 진압하거나 예방함.

中 가운데 중
- 가운데
- 안, 속
- 사이

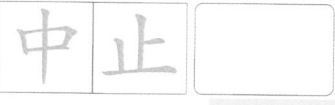
도중에　　그침
▷ 가다가 中止 곧 하면 아니 감만 못하리라.
▶ 하던 일을 중도에서 그만둠.

血 피 혈
- 피
- 근친
- 빨간색

멈춤　　피가
▷ 止血을 하고 상처 부위를 붕대로 감았다.
▶ 나오던 피가 멈춤, 또는 그렇게 되게 함.

한 글자 더

必 반드시 필
- 반드시
- 꼭
- 기필코

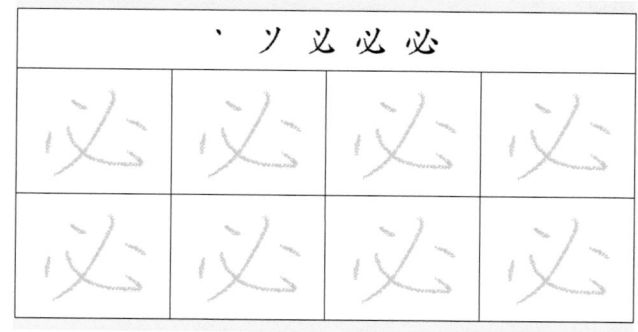

` ソ 必 必 必

死 죽을 사
- 죽다
- 목숨걸다
- 활동력 없다

기필코　　목숨걸고
▷ 나는 必死의 노력으로 최선을 다했다.
▶ 죽을 힘을 다함.

要 요긴할 요
- 요긴하다
- 요구하다
- 중요하다

必要
반드시　　요구됨
▷ 내일 산행에 必要한 물품을 미리 챙겨 놓아라.
▶ 반드시 요구되는 바가 있음.

135

알아보기

■ 한자어와 한자어를 이루는 개별 한자의 뜻을 알아보자.
■ 아래 한자어의 음을 적고 그 뜻을 생각하며 글을 읽어 보자.
■ 공부할 한자의 뜻을 알아보고 필순에 따라 바르게 써 보자.

魚貝 [　　　]
▶ 물고기와 조개.

「 우리 나라에서 생산되는 魚貝류는 그 종류가 많은데,
그 중에서 대표적인 민물 어류로는 붕어, 잉어,
뱀장어, 메기 등이 있고, 바다 어류로는
고등어, 멸치, 정어리, 갈치, 명태
조기 등이 있다. 그리고
패류는 그 종류가 많은데
굴, 바지락, 대합, 전복,
소라, 피조개, 모시조개,
꼬막 등이 많이 利用되고 있다. 」

• 利用(이용).　*민물: 강이나 호수 따위와 같이 염분(바닷물 따위에 함유되어 있는 소금기)이 없는 물.

는 물고기의 모습이다.　머리, 지느러미, 꼬리, 몸에
붙은 비늘이 나타나 있다.　〈물고기〉를 의미한다.

[새김] ▪ 물고기

ノ	⺈	⺈	쇼	叀	甶	甶	魚	魚	魚	魚
魚		魚		魚		魚				
魚		魚		魚		魚				

는 마노조개 이다.　〈조개〉를 의미한다. 옛날에 마
노조개를 화폐로 사용한 데서, 〈돈〉, 〈재화〉를 의미하게
되었다.

[새김] ▪ 조개 ▪ 돈 ▪ 재화 ▪ 장신구

丨	冂	冃	月	目	貝	貝
貝		貝		貝		貝
貝		貝		貝		貝

새기고 익히기

■ 한자의 뜻을 새기고 그 한자로 이루어진 한자어를 익히자.
- 한자의 뜻을 연결하여 한자어의 뜻을 생각해 보자.
- 한자어의 뜻을 알고 예문을 통해 그 활용을 익히자.

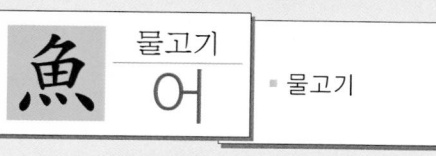
魚 물고기 어 ■ 물고기

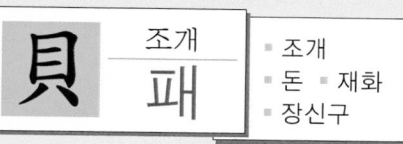
貝 조개 패 ■ 조개 ■ 돈 ■ 재화 ■ 장신구

– 흐리게 나타난 한자어 위에 겹쳐서 쓰고 음을 적어라 –

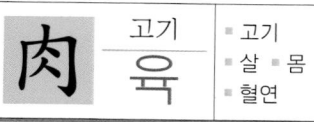
肉 고기 육 ■ 고기 ■ 살 ■ 몸 ■ 혈연

魚肉
물고기의　살

▷ 우리가 즐겨 먹는 어묵은 魚肉으로 만든다.

▶ 생선의 고기, 생선과 짐승의 고기를 아울러 이르는 말.

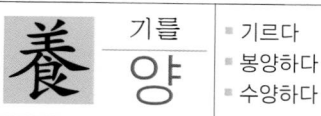
養 기를 양 ■ 기르다 ■ 봉양하다 ■ 수양하다

養魚
기름　물고기를

▷ 연못을 이용해 養魚를 하려고 한다.

▶ 물고기를 인공적으로 길러 번식하게 함. 또는 그 물고기.

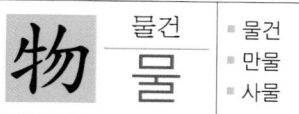
物 물건 물 ■ 물건 ■ 만물 ■ 사물

魚物
물고기와　그런 물건

▷ 명절을 앞두고 과일과 魚物 값이 오르고 있다.

▶ 생선 또는 생선을 가공하여 말린 것.

類 무리 류 ■ 무리 ■ 닮다 ■ 나누다

貝類
조개　무리

▷ 바다나 강에서 나는 貝類는 대부분 식용이 가능하다.

▶ 조가비를 가진 연체동물을 통틀어 이르는 말.

한 글자 더

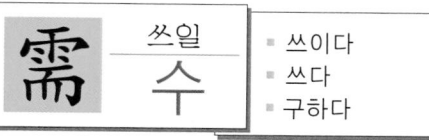
需 쓰일 수 ■ 쓰이다 ■ 쓰다 ■ 구하다

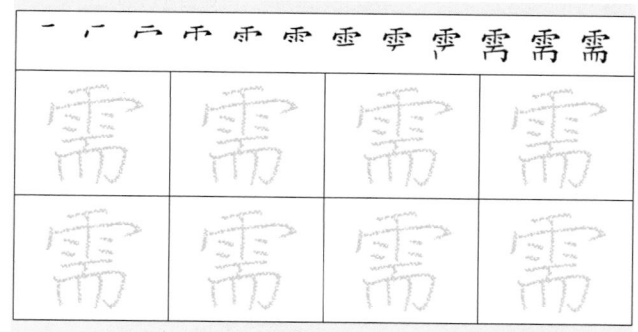

| 一 | 一 | 一 | 雨 | 雨 | 雨 | 雫 | 雫 | 雫 | 需 | 需 | 需 |

需　需　需　需
需　需　需　需

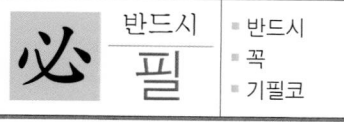
必 반드시 필 ■ 반드시 ■ 꼭 ■ 기필코

必需
반드시　쓰임

▷ 살아가는 데 없어서는 안될 必需 물품을 열가지만 적어 보아라.

▶ 반드시 있어야 함. 또는 반드시 쓰임.

婚 혼인할 혼 ■ 혼인하다 ■ 결혼하다

婚需
혼인에　쓰임

▷ 고모는 자신이 저축한 돈으로 모든 婚需를 장만하였다.

▶ 혼인에 드는 물품.

한자성어

■ 한자 성어에 담긴 함축된 의미를 파악하고 그 쓰임을 익히자.

■ 한자 성어의 음을 적고 그에 담긴 의미와 적절한 쓰임을 알아보자.

鳥	足	之	血

▶ 새 발의 피라는 뜻으로, 매우 적은 분량을 비유적으로 이르는 말.

▷ 내가 모은 돈은 누나가 모은 돈에 비하면 鳥足之血이다.

他	山	之	石

▶ 다른 산의 나쁜 돌이라도 자신의 산의 옥돌을 가는 데에 쓸 수 있다는 뜻으로, 본이 되지 않는 남의 말이나 행동도 자신의 지식과 인격을 수양하는 데에 도움이 될 수 있음을 비유적으로 이르는 말.

▷ 그의 잘못된 행동을 他山之石으로 삼아 몸가짐을 바르게 해라.

漢	江	投	石

▶ 한강에 돌 던지기라는 뜻으로, 지나치게 미미하여 아무런 효과도 미치지 못함을 비유적으로 이르는 말.

▷ 네 덩치에 그까짓 땅콩 몇 알은 漢江投石이나 다름 없겠다.

一	石	二	鳥

▶ 돌 한개 던져 새 두마리를 잡는 다는 뜻으로, 동시에 두 가지 이득을 봄을 이르는 말.

▷ 청소와 설거지 등으로 집안일을 돕고 , 용돈도 더 받고 이런 것이 一石二鳥 아닌가?

烏	合	之	卒

▶ 까마귀가 모인 것처럼 질서가 없이 모인 병졸이라는 뜻으로, 임시로 모여들어서 규율이 없고 무질서한 병졸 또는 군중을 이르는 말.

▷ 그들을 인원수만 많았지 그야말로 烏合之卒이었다.

初	志	一	貫

▶ 처음에 세운 뜻을 끝까지 밀고 나감.

▷ 그는 어려움이 많았지만 初志一貫으로 끝내 성공하였다.

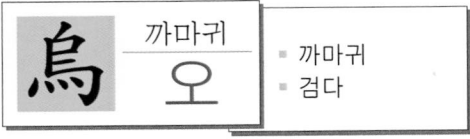

오 烏
■ 까마귀
■ 검다

까마귀

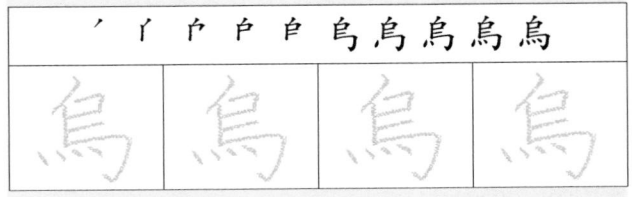

` ´ ⺈ ⺈ 甪 烏 烏 烏 烏 烏

관 貫
■ 꿰다
■ 뚫다
■ 통과하다

꿸

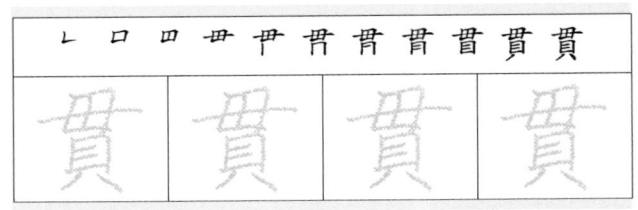

ㄴ ㅁ 口 毌 毋 毌 貫 貫 貫 貫 貫

· 조족지혈 · 타산지석 · 한강투석 · 일석이조 · 오합지졸 · 초지일관

더 살펴 익히기

■ 한자가 지닌 여러가지 뜻과 한자어를 한 번 더 살펴 익히자.

■ 아래 한자가 지닌 뜻과 그 뜻을 지니는 한자어를 줄로 잇고 음을 적어라.

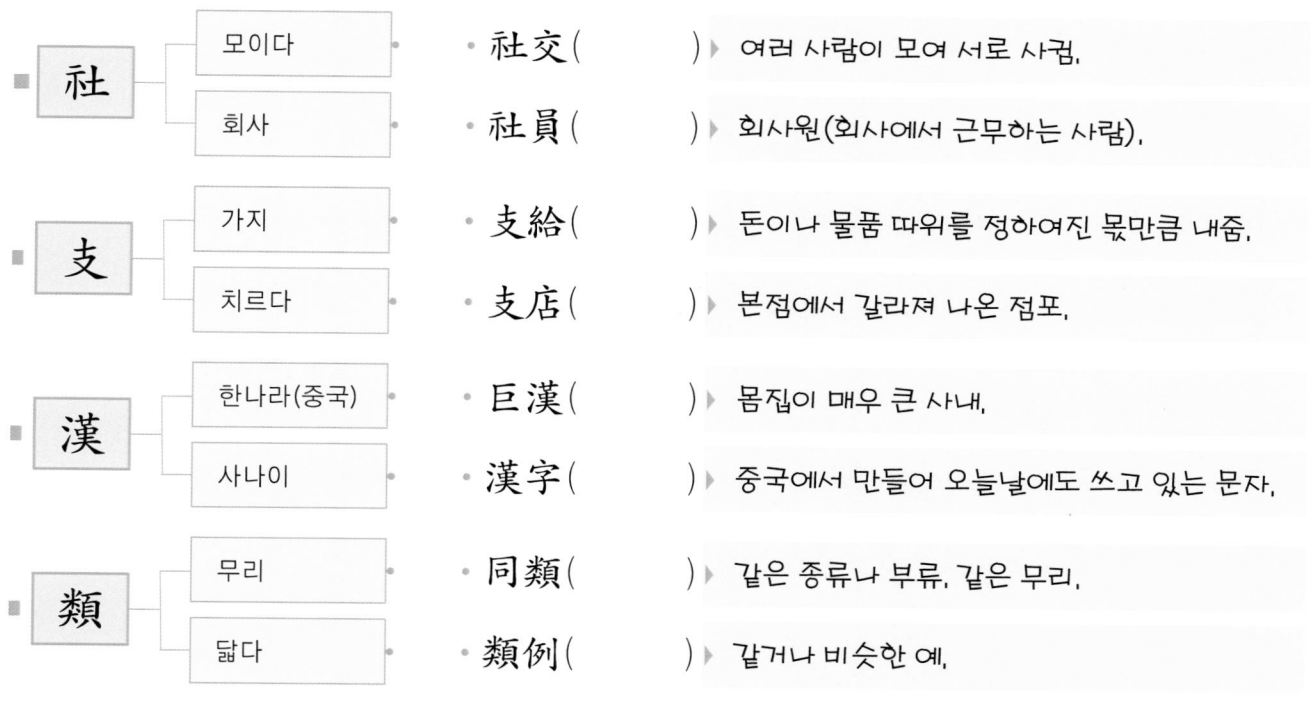

社 ┬ 모이다 •　　• 社交(　　) ▶ 여러 사람이 모여 서로 사귐.
　 └ 회사 •　　• 社員(　　) ▶ 회사원(회사에서 근무하는 사람).

支 ┬ 가지 •　　• 支給(　　) ▶ 돈이나 물품 따위를 정하여진 몫만큼 내줌.
　 └ 치르다 •　　• 支店(　　) ▶ 본점에서 갈라져 나온 점포.

漢 ┬ 한나라(중국) •　　• 巨漢(　　) ▶ 몸집이 매우 큰 사내.
　 └ 사나이 •　　• 漢字(　　) ▶ 중국에서 만들어 오늘날에도 쓰고 있는 문자.

類 ┬ 무리 •　　• 同類(　　) ▶ 같은 종류나 부류. 같은 무리.
　 └ 닮다 •　　• 類例(　　) ▶ 같거나 비슷한 예.

■ [強]과 상대되는 뜻을 지닌 한자에 ○표 하여라.　⇨　[鬪 · 弱 · 被 · 害]

■ [可]와 상대되는 뜻을 지닌 한자에 ○표 하여라.　⇨　[他 · 言 · 口 · 否]

■ [他]와 상대되는 뜻을 지닌 한자에 ○표 하여라.　⇨　[自 · 本 · 任 · 者]

■ 아래의 뜻을 지닌 한자성어가 되도록 ( ) 안에 한자를 써 넣고 완성된 성어의 독음을 적어라.

▶ 길고도 세차게 잘하는 말솜씨, 쓸데없이 장황하게 늘어놓는 말.	⇨	長廣(　　)	
▶ 대말을 타고 놀던 벗이란 뜻으로, 어릴 때부터 같이 놀며 자란 벗.	⇨	竹馬之(　　)	
▶ 하나의 물결이 연쇄적으로 많은 물결을 일으킨 다는 뜻으로, 한 사건이 그 사건에 그치지 않고 잇따라 많은 사건으로 번짐을 이르는 말.	⇨	一(　　)萬波	
▶ 필요한 물자를 스스로 생산하여 충당함.	⇨	自給自(　　)	
▶ 자연을 벗 삼아 누리는 즐거움.	⇨	江湖之(　　)	
▶ 사람이 죽은 뒤에 약을 구한다는 뜻으로, 때가 지나 일이 다 틀어진 후에야 뒤늦게 대책을 세움을 비유적으로 이르는 말.	⇨	(　　)後藥方文	

· 사교. 사원 · 지급.지점 · 거한. 한자 · 동류.유례 / 舌 · 友 · 波 · 足 · 樂 · 死

139

어휘력 다지기

■ 나에게 네 편이 되라고 **强要** [　　] 하지 마.　　　　• 더 강하고 튼튼하게 함, 수준이나 정도를 높임,

■ **强風** [　　] 으로 가로수가 부러졌다.　　　　• 세게 부는 바람,

■ 음주 운전 단속을 **强化** [　　] 해야 한다.　　　　• 억지로 또는 강제로 요구함,

■ 평화롭고 **富强** [　　] 한 민주 국가를 원해.　　　　• 힘이나 세력이 약한 사람이나 생물, 또는 그런 집단,

■ 그는 언제나 **弱者** [　　] 의 편에 섰다.　　　　• 어약한 체질, 또는 그런 체질을 가진 사람,

■ 그는 원래 **弱質** [　　] 로 태어난 것 같아.　　　　• 부유하고 강함,

■ 까치나 황새를 **吉鳥** [　　] 로 여긴다고?　　　　• 옷 등속을 통틀어 이르는 말,

■ 학생을 위한 **衣類** [　　] 매장이 생겼다.　　　　• 먹을 수 있는 고기의 종류,

■ 나는 **肉類** [　　] 보다는 과일과 채소다.　　　　• 좋은 일이 생길 것을 미리 알려주는 새,

■ 자신감 없는 **被動** [　　] 적인 행동이 문제.　　　　• 해로움이 있음,

■ 담배는 건강에 매우 **有害** [　　] 한 물질.　　　　• 남의 힘에 의하여 움직이는 일,

■ 각종 **公害** [　　] 로 환경 오염이 심각해.　　　　• 스며들거나, 새거나, 넘쳐흐르는 물을 막음,

■ 골키퍼의 **善防** [　　] 으로 승리하였지.　　　　• 잘 막아 냄,

■ **防水** [　　] 처리가 되어있는 등산복.　　　　• 사람이나 생물이 입게 되는 여러 가지 피해,

■ 창문에 **防風** [　　] 장치를 해두어라.　　　　• 바람막이,

■ 그는 오랜만에 **大魚** [　　] 를 낚았다.　　　　• 살아있는 물고기,

■ 수산 시장에서는 각종 **活魚** [　　] 를 판다.　　　　• 큰 물고기,

■ 오늘 회식은 **長魚** [　　] 구이로 할까?　　　　• 뱀장어,

■ 가격은 **需要** [　　] 와 공급에 따라 변동.　　　　• 어떤 재화나 용역을 일정한 가격으로 사려고 하는 욕구,

■ 생필품의 **需給** [　　] 이 원활해야 한다.　　　　• 힘이나 영향이 강함,

■ 자신의 결백을 **强力** [　　] 하게 주장했어.　　　　• 수요와 공급을 아울러 이르는 말,

· 강요 · 강풍 · 강화 · 부강 · 약자 · 약질 · 길조 · 의류 · 육류 · 피동 · 유해 · 공해 · 선방 · 방수 · 방풍 · 대어 · 활어 · 장어 · 수요 · 수급 · 강력

■ 한자어가 되도록 □ 안에 공통으로 넣을 한자를 보기에서 찾아 □ 안에 쓰고 , 그 한자어들의 뜻을 생각하며 음을 적어라.

□ ⇨	公□	被□	有□
□ ⇨	□者	□要	富□
□ ⇨	分□	魚□	肉□
□ ⇨	中□	防□	□血
□ ⇨	□貝	活□	養□
□ ⇨	必□	□要	婚□

■ 아래의 뜻을 지닌 한자어가 되도록 위의 보기에서 알맞은 한자를 찾아 □ 안에 써 넣어라.

▶ 반드시 요구되는 바가 있음.
▷ □要 한 물품을 모두 적어보아라.

▶ 조가비를 가진 연체동물을 일상적으로 통틀어 이르는 말.
▷ 나는 홍합, 꼬막 등 □類 를 좋아해.

▶ 안의 소리가 밖으로 새어 나가거나 밖의 소리가 안으로 들어오지 못하도록 막음.
▷ 이 방은 □音 시설이 잘 되어 있어.

▶ 생명이나 신체, 재산, 명예 따위에 손해를 입음.
▷ 태풍의 □害 가 예상보다 심했다.

▶ 고니 (오릿과의 물새).
▷ 이 호수에 白□ 가 매년 날아 온다.

▶ 대나무의 한가지, 작고 검은 색을 띰.
▷ 마당 한편에 □竹 을 심기로 했다.

▶ 세력이나 힘이 약해짐, 또는 그렇게 되게 함.
▷ 태풍의 세력이 점차 □化 되었다.

· 공해. 피해. 유해 · 강자. 강요. 부강 · 분류. 어류. 육류 · 중지. 방지. 지혈 · 어패. 활어. 양어 · 필수. 수요. 혼수 / · 필요 · 패류 · 방음 · 피해 · 백조 · 오죽 · 약화

되새기기

■ 한자의 음과 훈을 되새기며 필순에 따라 바르게 써 보자.

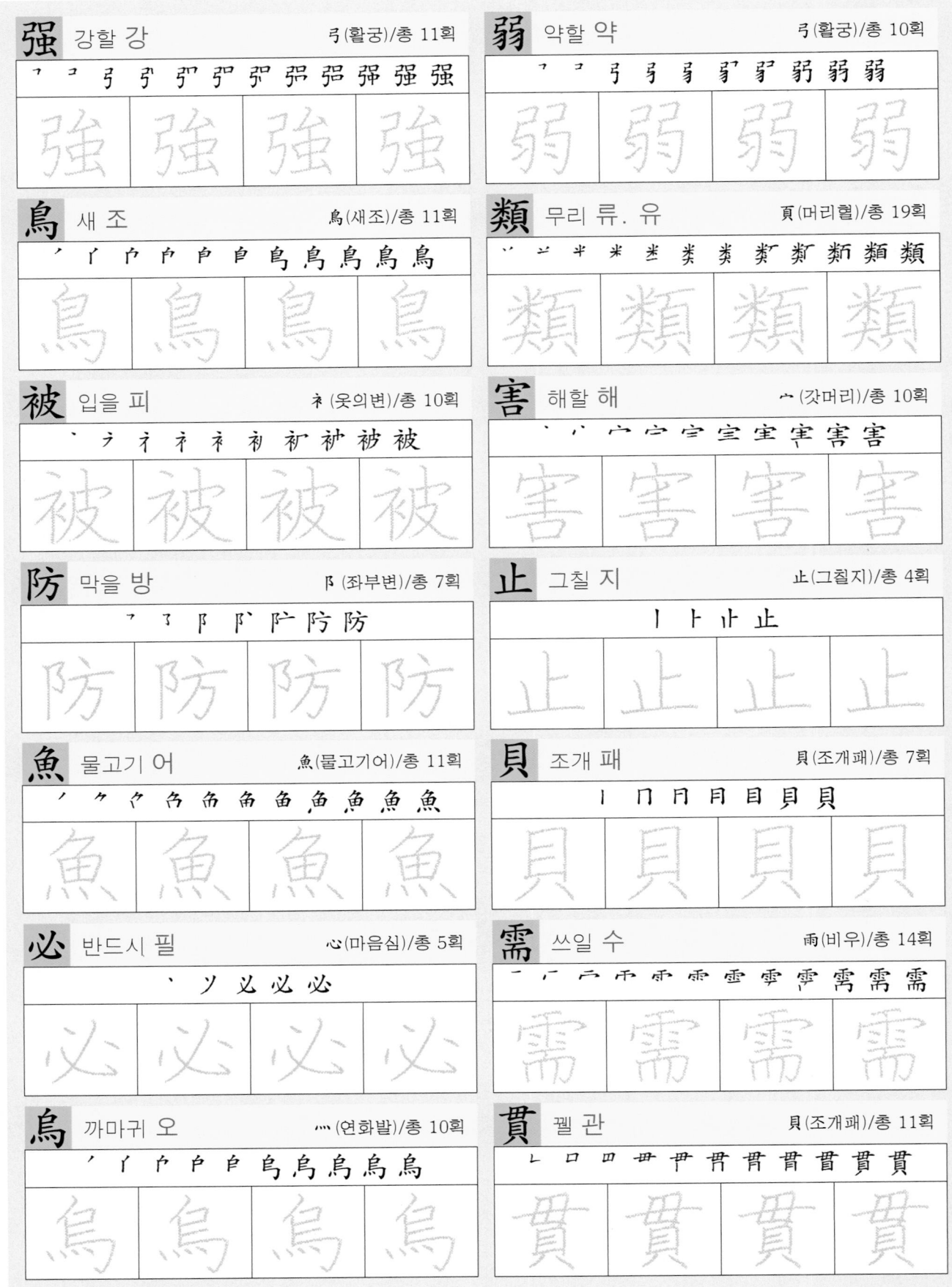

強 강할 강   弓(활궁)/총 11획

弱 약할 약   弓(활궁)/총 10획

鳥 새 조   鳥(새조)/총 11획

類 무리 류. 유   頁(머리혈)/총 19획

被 입을 피   衤(옷의변)/총 10획

害 해할 해   宀(갓머리)/총 10획

防 막을 방   阝(좌부변)/총 7획

止 그칠 지   止(그칠지)/총 4획

魚 물고기 어   魚(물고기어)/총 11획

貝 조개 패   貝(조개패)/총 7획

必 반드시 필   心(마음심)/총 5획

需 쓰일 수   雨(비우)/총 14획

烏 까마귀 오   灬(연화발)/총 10획

貫 꿸 관   貝(조개패)/총 11획

142

공부할 한자

묶음 2-11

음 ■ 한자를 읽는 소리
아래 한자의 음을 찾아 적고 소리내어 읽어 보자.

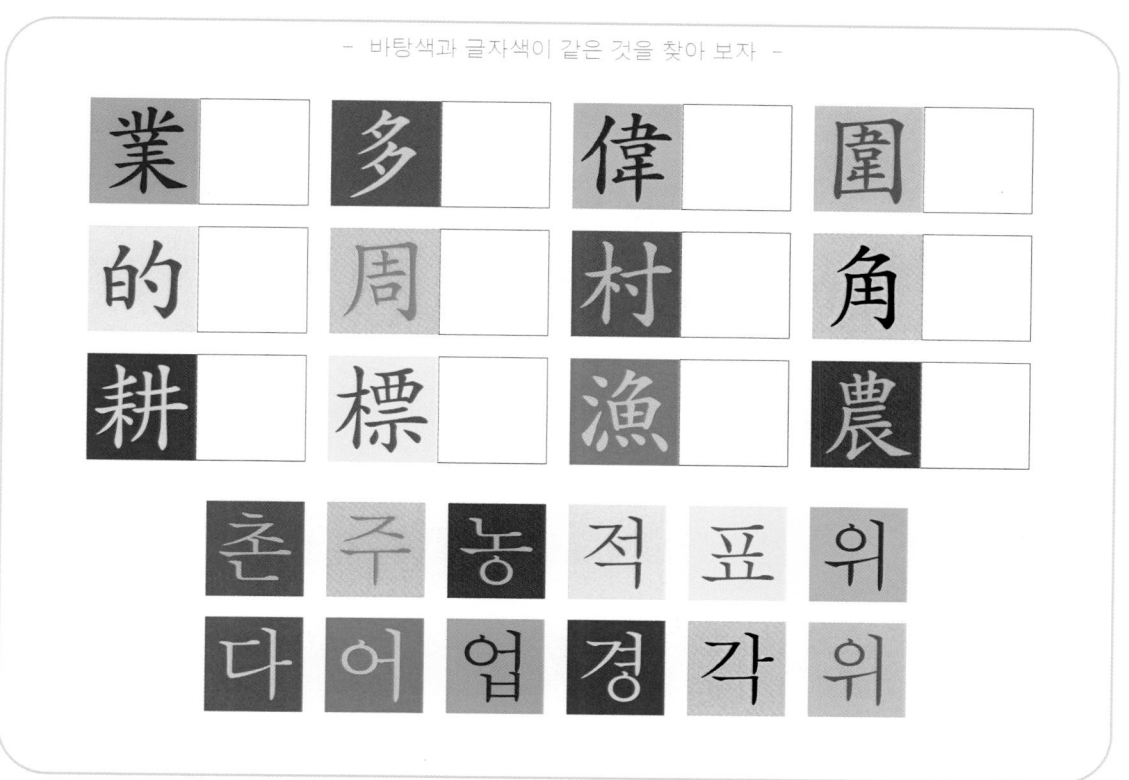

- 바탕색과 글자색이 같은 것을 찾아 보자 -

훈 ■ 한자의 뜻 새김
한자의 음을 적고 훈과 함께 외어 보자.

多	많을	角	뿔	標	표할	的	과녁
周	두루	圍	에워쌀	農	농사	耕	밭 갈
漁	고기 잡을	村	마을	偉	클	業	업

알아보기

多角 [ ] ▶ 모가 많은, 여러 방면에 걸침.

「 세 개 以上의 선분으로 둘러싸인 평면도형을 多角形 이라 한다.
그리고 모든 변의 길이가 같고, 모든 內角의 크기가 같은 多角形 을
정다각형이라 한다. 정다각형을 그리는 방법에는 여러 가지가 있으나
원을 利用하여 그리는 것이 가장 편리하다.

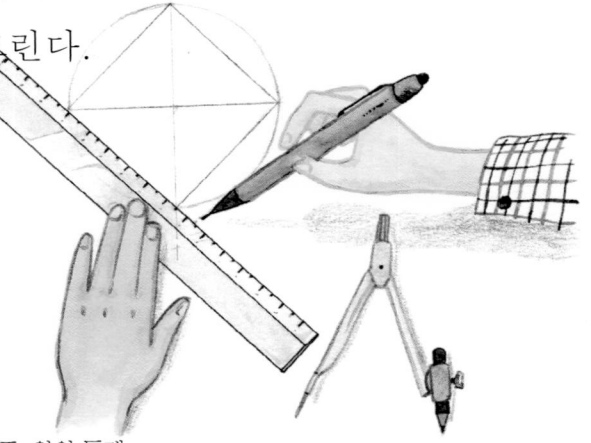

1. 주어진 조건에 맞는 적당한 원을 그린다.
2. 원의 중심각(360도)을 정다각형의
   변의 수로 나눈다.
3. 부채꼴로 나누어진 원주 위의 점을
   잇는다. 또는 컴파스를 利用하여
   等分한다. 」

• 以上(이상) • 內角(내각) • 利用(이용) • 等分(등분).   * 원주: 원의 둘레.

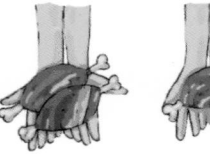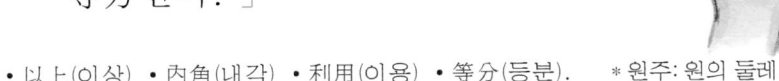

꿈 는 고기(ㄲ)를 쌓아 놓은 모습이다. 고기가 〈많음〉
을 의미한다.

𤢃 은 소에게서 뽑아낸 뿔의 모습이다. 〈뿔〉을 의미
하며, 뿔의 끝이 둥글지 않고 모가 나 있는 데서 〈모〉를
의미게 되었다.

[새김] ■ 많다 ■ 여러 ■ 불어나다

` ｸ ｸ ﾀ 多 多			
多	多	多	多
多	多	多	多

[새김] ■ 뿔 ■ 모, 모서리 ■ 각도

` ｸ ｸ ｱ 角 角 角			
角	角	角	角
角	角	角	角

새기고 익히기

■ 한자의 뜻을 새기고 그 한자로 이루어진 한자어를 익히자.
  ■ 한자의 뜻을 연결하여 한자어의 뜻을 생각해 보자.
  ■ 한자어의 뜻을 알고 예문을 통해 그 활용을 익히자.

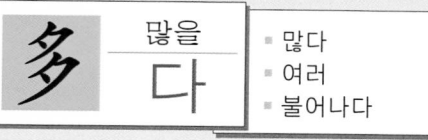
多　많을　다　■ 많다　■ 여러　■ 불어나다

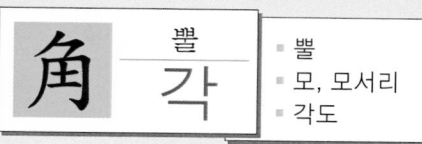
角　뿔　각　■ 뿔　■ 모, 모서리　■ 각도

– 흐리게 나타난 한자어 위에 겹쳐서 쓰고 음을 적어라 –

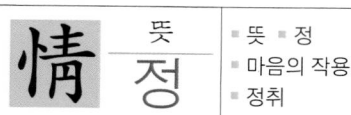
情　뜻　정　■ 뜻　정　■ 마음의 작용　■ 정취

多情　많음　정이　▶ 정이 많음, 또는 정분이 두터움.

▷ 언니와 나는 多情하게 손을 잡고 걸었다.

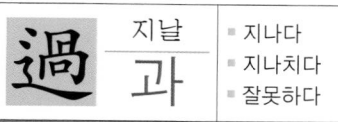
過　지날　과　■ 지나다　■ 지나치다　■ 잘못하다

過多　지나치게　많음　▶ 너무 많음.

▷ 수도권에 인구가 過多하게 집중되어 있다.

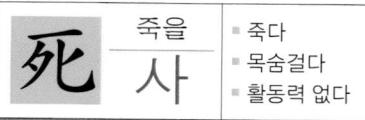
死　죽을　사　■ 죽다　■ 목숨걸다　■ 활동력 없다

死角　죽은(보이지 않는)　각도　▶ 어느 각도에서도 보이지 아니하는 범위.

▷ 운전할 때는 사이드 미러에 보이지 않는 死角 지대에 늘 신경을 써야 한다.

木　나무　목　■ 나무　■ 목재　■ 나무로 만든　■ 다닥치다

角木　모나게 깎은　나무　▶ 모서리를 모가 나게 깎은 나무.

▷ 角木을 둥글게 깎아 방망이를 만들었다.

한 글자 더

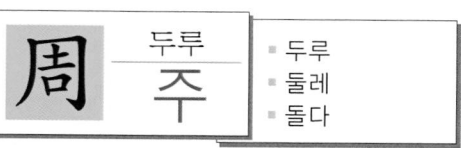
周　두루　주　■ 두루　■ 둘레　■ 돌다

☆ 일정한 사이를 한바퀴 돌다.

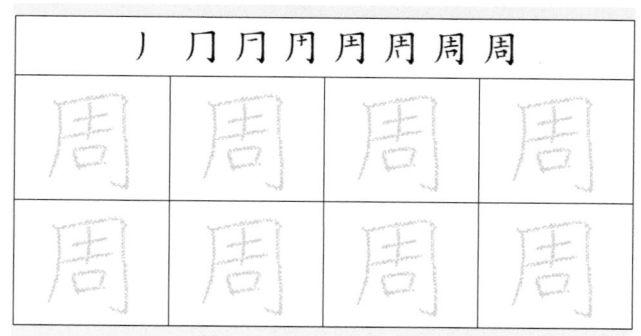
丿 刀 刀 刀 刀 周 周 周

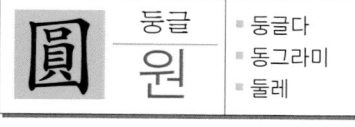
圓　둥글　원　■ 둥글다　■ 동그라미　■ 둘레

圓周　원　둘레　▶ 원둘레.

▷ 반지름이 5cm인 원의 圓周를 계산하여라.

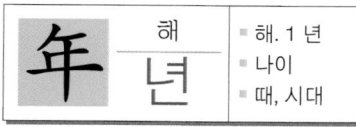
年　해　년　■ 해, 1년　■ 나이　■ 때, 시대

周年　돌아오는 때　1년 단위로　▶ 일 년을 단위로 돌아오는 돌을 세는 단위.

▷ 우리 부모님은 올해 결혼 15周年이 되신다.

■ 한자어와 한자어를 이루는 개별 한자의 뜻을 알아보자.
■ 아래 한자어의 음을 적고 그 뜻을 생각하며 글을 읽어 보자.
■ 공부할 한자의 뜻을 알아보고 필순에 따라 바르게 써 보자.

標的 ▸ 목표가 되는 물건.

「 태어난 지 얼마 안 된 어린 벌은 차츰 벌통
밖으로 나와 조금씩 날아 본다. 이것은 살고
있는 집의 위치를 익히기 위해서라고 한다.
어린 벌은, 조금씩 벌통 주위를 날다가,
점점 멀리까지 간다. 날아가면서 집
둘레의 標的을 익힌 벌은, 멀리서도
돌아오는 길을 찾을 수 있다고 한다. 」

* 위치: 일정한 곳에 자리를 차지함. 또는 그 자리. * 주위: 어떤 곳의 바깥 둘레. 어떤 사물이나 사람을 둘러싸고 있는 것.

標 標

標는 '나무'를 뜻하는 木(목)과 '쪽지', '흔들리는 모
양'을 뜻하는 票(표)를 결합한 것이다.   드러나 보이도
록 해 긴 나무의 끝에 표지를 달아 〈표함〉을 의미한다.

새김 ■ 표하다 ■ 표, 표시 ■ 과녁, 목표

一	十	木	木	朽	桁	栖	桿	標	標	標	標
標		標		標		標					
標		標		標		標					

的

的은 그릇에 기름을 담아 등불을 켜는 '등잔'을 뜻하는
勺(작)과 '밝은 불꽃'을 뜻하는 白(백)을 결합한 것이
다.   등잔의 불꽃처럼 〈밝고 뚜렷한 것〉을 의미한다.

새김 ■ 과녁 ■ 참 ■ 진실 ■ ~의

'	亇	白	白	白	的	的	的
的		的		的		的	
的		的		的		的	

새기고 익히기

■ 한자의 뜻을 새기고 그 한자로 이루어진 한자어를 익히자.
■ 한자의 뜻을 연결하여 한자어의 뜻을 생각해 보자.
■ 한자어의 뜻을 알고 예문을 통해 그 활용을 익히자.

標	표할 표	▪ 표하다 ▪ 표, 표지 ▪ 과녁, 목표

的	과녁 적	▪ 과녁 ▪ 참, 진실 ▪ ~의

– 흐리게 나타난 한자어 위에 겹쳐서 쓰고 음을 적어라 –

指	가리킬 지	▪ 가리키다 ▪ 손가락 ▪ 지시하다

指標 [　]
가리키는 · 표지
▷ 존경하는 위인의 삶을 너의 생활 指標로 삼아라.
▶ 방향이나 목적, 기준 따위를 나타내는 표지,

示	보일 시	▪ 보이다 ▪ 알리다 ▪ 지시

標示 [　]
표를 하여 · 보임
▷ 모든 상품에는 원산지 標示를 해야 한다.
▶ 표를 하여 외부에 드러내 보임,

目	눈 목	▪ 눈 ▪ 보다 ▪ 일컫다 ▪ 조목 ▪ 목록

目的 [　]
주시하는 · 과녁
▷ 이번 시험의 目的은 전체 학생들의 학습 능력을 평가하는 데 있다.
▶ 실현하려고 하는 일이나 나아가는 방향,

中	가운데 중	▪ 가운데 ▪ 안, 속 ▪ 사이

的中 [　]
과녁에 · 맞음
▷ 나의 예상은 그대로 的中 되었다.
▶ 화살 따위가 목표물에 맞음, 예상이나 추측 등이 꼭 들어맞음,

한 글자 더

圍	에워쌀 위	▪ 에워싸다 ▪ 둘러싸다 ▪ 둘레

☆ 빙 둘러싼 둘레.

一 门 冂 冃 冐 冑 周 周 周 圊 圍 圍

圍	圍	圍	圍
圍	圍	圍	圍

周	두루 주	▪ 두루 ▪ 둘레 ▪ 돌다

周圍 [　]
둘레 · 에워싼
▷ 그는 두리번거리며 周圍를 살펴보았다.
▶ 어떤 곳의 바깥 둘레, 어떤 사람이나 사물을 둘러싸고 있는 것,

四	넉 사	▪ 넉, 넷 ▪ 네 번 ▪ 사방

四圍 [　]
사방의 · 둘레
▷ 해가 넘어가고 四圍가 점점 어두워졌다.
▶ 사방의 둘레, 네 사람이 껴안을 정도의 굵기,

알아보기

■ 한자어와 한자어를 이루는 개별 한자의 뜻을 알아보자.
■ 아래 한자어의 음을 적고 그 뜻을 생각하며 글을 읽어 보자.
■ 공부할 한자의 뜻을 알아보고 필순에 따라 바르게 써 보자.

農耕 [ ] ▶ 논밭을 갈아 농사짓는 일.

「 農耕 社會에서는, 먹고 입고 자는 데 필요한 모든 物件을
각 가정에서 직접 생산해서 사용했다. 그런데 이런 일들을
하려면 많은 일손이 필요했기 때문에, 할아버지로부터
손자에 이르기 까지, 그리고
큰 아들 작은 아들 할 것 없이
한 집에서 모두 살았다. 」

• 社會(사회) • 物件(물건). * 생산: 인간이 생활하는 데 필요한 각종 물건을 만들어 냄.

𣂛은 초목이 자라고 있는 모습인 ＊＊과 땅을 갈아엎는
농기구인 𠃌을 결합한 것이다. 나중에 ＊＊이 𦥑로,
다시 曲으로 바뀌었다. 땅을 일구어 〈농사지음〉을 의
미한다.

[새김] ▪ 농사 ▪ 농부 ▪ 농사짓다

丶 冂 曲 曲 曲 曲 严 严 農 農 農 農			
農	農	農	農
農	農	農	農

𣂉은 사람이 (𠂊) 농기구인 가래(丿…𣂉…耒)로 밭
을 가는 모습이다. 나중에 '사방 일리(一里)의 밭'을 뜻하
는 丼…井(정)을 결합하였다. 〈밭을 갈아 농사지음〉
을 의미한다.

[새김] ▪ 밭을 갈다 ▪ 농사짓다 ▪ 농사

一 二 三 丰 丰 耒 耒 耒 耕 耕			
耕	耕	耕	耕
耕	耕	耕	耕

새기고 익히기

■ 한자의 뜻을 새기고 그 한자로 이루어진 한자어를 익히자.
■ 한자의 뜻을 연결하여 한자어의 뜻을 생각해 보자.
■ 한자어의 뜻을 알고 예문을 통해 그 활용을 익히자.

農 농사 농	■ 농사 ■ 농부 ■ 농사짓다	耕 밭 갈 경	■ 밭을 갈다 ■ 농사짓다 ■ 농사

― 흐리게 나타난 한자어 위에 겹쳐서 쓰고 음을 적어라 ―

場 마당 장	■ 마당 ■ 곳, 장소 ■ 때, 경우

農場 ▷ 저기 산 애래 農場에서는 젖소를 기른다.
농사짓는   곳 ▶ 농사지을 땅과 가축, 노동력 등을 갖추고 농업을 경영하는 곳.

家 집 가	■ 집 ■ 집안 ■ 일가(가족) ■ 전문가

農家 ▷ 특용 작물 재배로 農家 소득이 늘어나고 있다.
농부의   집 ▶ 농사를 본업으로 하는 사람의 집, 또는 그런 가정.

作 지을 작	■ 짓다, 만들다 ■ 행하다 ■ 일으키다

耕作 ▷ 요즘은 밀이나 보리를 耕作하는 농가가 전보다 많이 줄었다.
농사를   지음 ▶ 땅을 갈아서 농사를 지음.

地 땅 지	■ 땅 ■ 곳, 장소 ■ 자리

耕地 ▷ 이곳은 평지이고 물대기가 좋아 耕地로 아주 좋다.
농사짓는   땅 ▶ 경작지.

한 글자 더

業 업 업	■ 업 ■ 일, 직업 ■ 학업

☆ 하는 일, 해야할 일, 하여 놓은 일.

丨	丨"	丨""	业	业	业	业	丵	丵	業

事 일 사	■ 일 ■ 사건 ■ 사고 ■ 관직

事業 ▷ 그가 하는 事業은 불경기에도 잘 되었다.
일   업으로 하는 ▶ 어떤 일을 일정한 목적과 계획을 가지고 지속적으로 경영함.

開 열 개	■ 열다 ■ 트이다 ■ 피다 ■ 시작하다

開業 ▷ 새로 開業한 식당으로 사람들이 몰렸다.
시작함   영업을 ▶ 영업을 처음 시작함, 영업을 하고 있음.

알아보기

■ 한자어와 한자어를 이루는 개별 한자의 뜻을 알아보자.
　■ 아래 한자어의 음을 적고 그 뜻을 생각하며 글을 읽어 보자.
　■ 공부할 한자의 뜻을 알아보고 필순에 따라 바르게 써 보자.

漁村 [　　] ▶ 고기잡이 하는 사람들이 모여 사는 마을.

「 들이나 산골, 바닷가와 같은 곳에 사람들이 모여,
農事를 짓거나 고기잡이를 하고 서로 도와 가며
살아가는 마을을 촌락이라고 합니다. 촌락 중에는
넓은 들에 자리잡은 農村, 산골의 山村,
바닷가의 漁村이 있습니다.
農村, 山村, 漁村은
자연과 生活 모습이
비슷한 점이 많지만,
다른 점도 있습니다. 」

• 農事(농사) • 農村(농촌) • 山村(산촌) • 生活(생활).　　＊촌락: 주로 시골에서, 여러 집이 모여 사는곳.

🐟는 물(氵)에서 잡아 올리는 물고기(魚)이다. 손으로
고기를 잡는 모습인 🐟과, 낚시로 고기를 낚는 모습인
🐟도 있다.　물에서 〈고기 잡는 일〉을 의미한다.

[새김] ■ 고기 잡다 ■ 고기잡이 ■ 어부

` ｀ ⼱ 氵 氵 沪 沪 渔 渔 漁 漁 漁
漁　漁　漁　漁
漁　漁　漁　漁

🏘은 백성을 변방으로 보내 농사짓게 하는 제도인
'둔전'을 뜻하는 ⼱ ⟶ 屯(둔)과 '마을'을 뜻하는 ⼱ ⟶
邑(읍)을 결합한 것이다. 村은 邨의 속자이다.　둔전
을 경작하는 〈시골 마을〉을 의미한다.

[새김] ■ 마을 ■ 시골 ■ 촌스럽다

一 十 才 木 村 村 村
村　村　村　村
村　村　村　村

150

■ 한자의 뜻을 새기고 그 한자로 이루어진 한자어를 익히자.

■ 한자의 뜻을 연결하여 한자어의 뜻을 생각해 보자.
■ 한자어의 뜻을 알고 예문을 통해 그 활용을 익히자.

| 漁 고기 잡을 어 | ■ 고기 잡다
■ 고기잡이
■ 어부 | 村 마을 촌 | ■ 마을
■ 시골
■ 촌스럽다 |

— 흐리게 나타난 한자어 위에 겹쳐서 쓰고 음을 적어라 —

| 具 갖출 구 | ■ 갖추다
■ 기구
■ 도구 |
| 漁具 [ ] 고기잡이 도구 | ▷ 어부들은 漁具를 배에 싣고 출어 준비를 하고 있었다.
▶ 고기잡이에 쓰는 여러 가지 도구. |

| 民 백성 민 | ■ 백성
■ 사람 |
| 漁民 [ ] 고기잡이인 사람 | ▷ 조기가 풍어를 이루자 漁民들이 활기차게 움직이고 있다.
▶ 어부, 물고기를 잡는 일을 업으로 하는 사람. |

| 農 농사 농 | ■ 농사
■ 농부 |
| 農村 [ ] 농사 짓는 마을 | ▷ 요즘 農村에는 나이든 노인들 밖에 일할 사람이 없다.
▶ 주민 대부분이 농업에 종사하는 마을이나 지역. |

| 富 부유할 부 | ■ 부유하다
■ 가멸다
■ 부자 |
| 富村 [ ] 부자 마을 | ▷ 이곳은 농토가 넓고 땅이 비옥해서 다른 곳에 비해 富村이다.
▶ 부자가 많이 사는 마을. |

한 글자 더

| 偉 클 위 | ■ 크다
■ 훌륭하다
■ 뛰어나다 |

☆ 둘레가 한 아름이 넘는 큰 나무와 같이 크고 훌륭한 사람.

| ノ イ 亻 亻 伫 佇 偉 偉 偉 偉 |
| 偉 偉 偉 偉 |
| 偉 偉 偉 偉 |

| 業 업 업 | ■ 일
■ 업, 직업
■ 학업 |
| 偉業 [ ] 훌륭한 업적 | ▷ 우리나라는 자력으로 인공위성을 궤도에 쏘아 올리는 偉業을 이루었다.
▶ 위대한 사업이나 업적. |

| 大 큰 대 | ■ 크다
■ 많다
■ 훌륭하다 |
| 偉大 [ ] 훌륭하고 뛰어나다 | ▷ 자식을 위해 헌신하는 어머니의 사랑은 참으로 偉大한 것이다.
▶ 도량이나 능력, 업적 따위가 뛰어나고 훌륭하다. |

어휘력 다지기

■ 어찌되었든 그만하니 **多幸** 이다. • • 분량이나 정도의 많음과 적음, 작은 정도.

■ 걷는 데 **多少** 의 불편이 있었다. • • 뜻밖에 일이 잘되어 운이 좋음.

■ 그는 **多福** 한 가정에서 자랐어. • • 네 개의 각, 네 개의 각이 있는 모양.

■ 거실에 놓인 **四角** 탁자가 예쁘네. • • 팔모(여덟 개의 모).

■ 언덕 위에 있는 **八角** 지붕의 정자. • • 복이 많음, 또는 많은 복.

■ 음식물에 원산지 **標示** 는 필수이지. • • 하나도 남김없이 모두 다인, 또는 그런 것.

■ 그의 의견에 **全的** 으로 동의한다. • • 움직이는 성격, 또는 그런 것.

■ **私的** 인 일이니 간섭하지 말아라. • • 표를 하여 외부에 드러냄.

■ 춤은 **動的** 으로 표현하는 예술이다. • • 개인에 관계된, 또는 그런 것.

■ 그 사건은 **物的** 증거가 뚜렷하다. • • 일정한 경로를 한 바퀴 돎.

■ 나는 세계 **一周** 여행을 하고싶다. • • 농사짓는 일을 생업으로 삼는 사람.

■ 가뭄으로 **農民** 들이 피해가 크다. • • 물질적인, 또는 그런 것.

■ 땅이 비옥하여 **農事** 에 적합하다. • • 물재배(배양액만으로 식물을 재배하는 방법).

■ 요즘 **農村** 에는 젊은 사람이 드물어. • • 부치던 땅을, 농사를 짓지 아니하고 얼마동안 묵힘.

■ 온실에서 **水耕** 으로 재배한 채소야. • • 씨나 모종 따위를 심어 기르고 거두는 따위의 일.

■ 이 땅은 장기간 **休耕** 상태로 있다. • • 주민 대부분이 농업에 종사하는 마을이나 지역.

■ 남해 서해 **漁場** 에서 꽃게가 잡힌다. • • 산속에 있는 마을.

■ **豊漁** 를 기원하는 제를 올렸다. • • 고기잡이를 하는 곳.

■ 평화로운 고요가 깃든 **山村** 마을. • • 물고기가 많이 잡힘.

■ **偉人** 들의 생애를 통해 얻는 교훈. • • 일을 함, 또는 그 일.

■ 그는 컴퓨터로 **作業** 을 하고 있다. • • 뛰어나고 훌륭한 사람.

·다행 ·다소 ·다복 ·사각 ·팔각 ·표시 ·전적 ·사적 ·동적 ·물적 ·일주 ·농민 ·농사 ·농촌 ·수경 ·휴경 ·어장 ·풍어 ·산촌 ·위인 ·작업

■ 한자어가 되도록 □ 안에 공통으로 넣을 한자를 보기에서 찾아 □ 안에 쓰고 , 그 한자어들의 뜻을 생각하며 음을 적어라.

⇨ 目□ □本 □示

⇨ □情 □幸 過□

⇨ 目□ □中 標□

⇨ □場 □民 □事

⇨ □父 □村 出□

⇨ 作□ 開□ 卒□

보기

圍 · 角 · 農 · 漁 · 村 · 偉 · 多 · 貫 · 周 · 標 · 耕 · 的 · 業

■ 아래의 뜻을 지닌 한자어가 되도록 위의 보기에서 알맞은 한자를 찾아 □ 안에 써 넣어라.

▶ 두 직선이 만나서 이루는 90도의 각. ▷ 直□ 삼각형을 그려 보아라.

▶ 도량이나 능력, 업적 따위가 뛰어나고 훌륭하다. ▷ 네가 생각하는 □大 한 과학자는?

▶ 어떤 사물이나 사람을 둘러싸고 있는 것, 또는 그 환경. ▷ 천천히 周□ 을 살펴보아라.

▶ 땅을 갈아서 농사를 지음. ▷ 그는 주로 채소 종류를 □作 한다.

▶ 일정한 경로를 한 바퀴 돎. ▷ 나는 자전거로 전국 一□ 를 하겠다.

▶ 꿰뚫어 통함. ▷ 동서로 □通 하는 도로를 건설한다.

▶ 강가에 있는 마을. ▷ 아담한 江□ 풍경이 아름답네.

· 목표. 표본. 표시 · 다정. 다행. 과다 · 목적. 적중. 표적 · 농장. 농만. 농사 · 어부. 어촌. 출어 · 작업. 개업. 졸업 / · 직각 · 위대 · 주위 · 경작 · 일주 · 관통 · 강촌

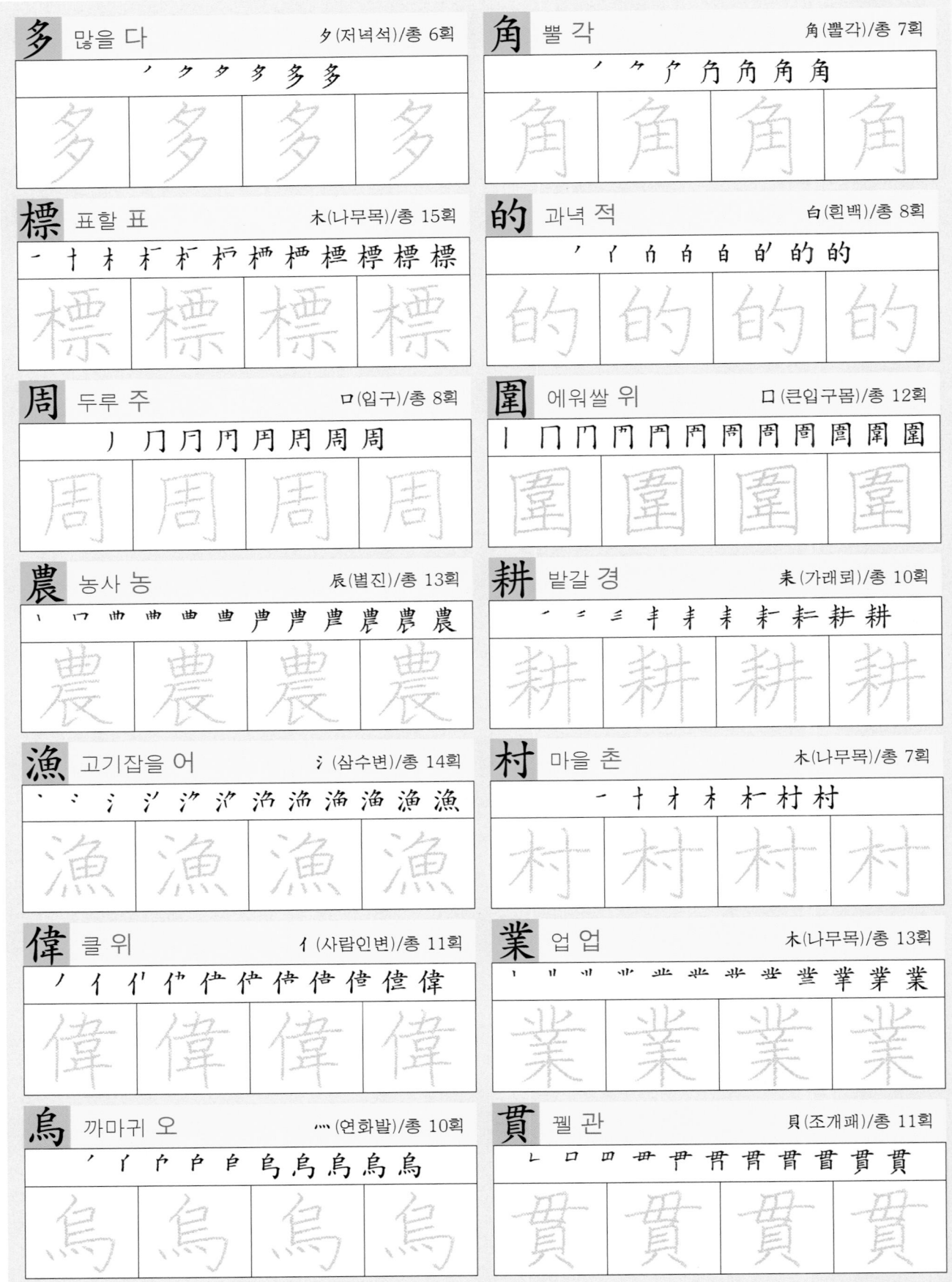

多 많을 다	夕(저녁석)/총 6획
⺁ ⺁ 夕 夕 多 多	
多 多 多 多	

角 뿔 각	角(뿔각)/총 7획
⺁ ⺁ ⺁ 角 角 角 角	
角 角 角 角	

標 표할 표	木(나무목)/총 15획
一 十 木 木 木 木 標 標 標 標 標 標	
標 標 標 標	

的 과녁 적	白(흰백)/총 8획
⺁ ⺁ 白 白 白 白 的 的	
的 的 的 的	

周 두루 주	口(입구)/총 8획
⺁ 刀 刀 刀 用 用 周 周	
周 周 周 周	

圍 에워쌀 위	口(큰입구몸)/총 12획
丨 冂 冂 門 門 門 門 周 周 圍 圍 圍	
圍 圍 圍 圍	

農 농사 농	辰(별진)/총 13획
⺁ 口 曲 曲 曲 曲 芦 芦 芦 農 農 農	
農 農 農 農	

耕 밭갈 경	耒(가래뢰)/총 10획
一 二 三 丰 丰 丰 耒 耒 耕 耕	
耕 耕 耕 耕	

漁 고기잡을 어	氵(삼수변)/총 14획
⺁ ⺁ 氵 氵 氵 氵 渔 渔 渔 渔 漁 漁	
漁 漁 漁 漁	

村 마을 촌	木(나무목)/총 7획
一 十 才 木 木 村 村	
村 村 村 村	

偉 클 위	亻(사람인변)/총 11획
⺁ 亻 亻 亻 伊 伊 俸 偉 偉 偉	
偉 偉 偉 偉	

業 업 업	木(나무목)/총 13획
⺁ 丨 ⺍ ⺍ 业 业 业 业 丵 丵 業 業 業	
業 業 業 業	

烏 까마귀 오	灬(연화발)/총 10획
⺁ 亻 亻 亻 户 户 烏 烏 烏 烏	
烏 烏 烏 烏	

貫 꿸 관	貝(조개패)/총 11획
⺄ 口 口 毌 毌 毌 貫 貫 貫 貫 貫	
貫 貫 貫 貫	

■ 공부할 한자의 모양을 살펴보며 음과 훈을 알아보자.

묶음 2-12

음 ■ 한자를 읽는 소리
아래 한자의 음을 찾아 적고 소리내어 읽어 보자.

– 바탕색과 글자색이 같은 것을 찾아 보자 –

훈 ■ 한자의 뜻 새김
한자의 음을 적고 훈과 함께 외어 보자.

參 참여할	加 더할	違 어긋날	反 돌이킬
末 끝	尾 꼬리	夫 지아비	婦 지어미
呼 부를	吸 숨 들이쉴	換 바꿀	氣 기운

■ 한자어와 한자어를 이루는 개별 한자의 뜻을 알아보자.
■ 아래 한자어의 음을 적고 그 뜻을 생각하며 글을 읽어 보자.
■ 공부할 한자의 뜻을 알아보고 필순에 따라 바르게 써 보자.

參加 [　　] ▶ 어떠한 모임이나 단체에 참여함.

「오늘은 각 반에서 선발된 代表들이 강당에 모여 수학 경시 대회를 하는 날이다. 상준이도 반 代表로 뽑혀 參加하게 되었다. 다른 반 친구들은 모두 자신감 있는 表情으로 책상 앞에 앉아 있었다. 그러나 상준이 마음 속에는 불안감이 소용돌이쳤다. 마음을 가라앉히기 위해 심호흡을 한 뒤에 정신을 가다듬고 한 문제 한 문제 풀어 나갔다.」

• 代表(대표). • 表情(표정). * 선발: 많은 가운데서 골라 뽑음. * 자신감: 자신이 있다는 느낌.
* 불안감: 마음이 편하지 아니하고 조마조마한 느낌. * 심호흡: 의식적으로 허파 속에 공기가 많이 드나들도록 숨 쉬는 방법.

參은 세 개의 별(✲)이 빛나는(彡) 모습이다.　밤하늘에 떠 있는 오리온자리의 가운데에 있는 별 세 개를 뜻하며 이 별들이 뱃사람들이 항해하는 데에 길잡이가 되는 데서, 〈참여함〉을 의미한다.

[새김] ■ 참여하다 ■ 살피다 ■ 뵙다 ■ 셋(석 삼)

`	`′	`′	`′	`′	`′	`′	夃	夅	夆	參	參

參	參	參	參
參	參	參	參

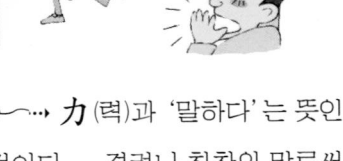

加는 '힘쓰다'는 뜻인 ✏→力(력)과 '말하다'는 뜻인 ⊔→口(구)를 결합한 것이다.　격려나 칭찬의 말로써 〈힘을 보탬〉을 의미한다.

[새김] ■ 더하다 ■ 가하다 ■ 가입하다

フ	力	加	加	加

加	加	加	加
加	加	加	加

 새기고 익히기

■ 한자의 뜻을 새기고 그 한자로 이루어진 한자어를 익히자.

■ 한자의 뜻을 연결하여 한자어의 뜻을 생각해 보자.
■ 한자어의 뜻을 알고 예문을 통해 그 활용을 익히자.

參 참여할 참	■ 참여하다 ■ 살피다 ■ 뵙다 ■ 셋(석 삼)	加 더할 가	■ 더하다 ■ 가하다 ■ 가입하다

– 흐리게 나타난 한자어 위에 겹쳐서 쓰고 음을 적어라 –

不 아닐 불	■ 아니다 ■ 아니하다 ■ 못하다	不 參 [ ]	▷ 그는 이번 모임에 不參 의사를 밝혔다.
		않음 참여하지	▷ 어떤 자리에 참가하지 않거나 참석하지 않음.

同 한가지 동	■ 한가지 ■ 무리, 함께 ■ 서로 같다	同 參 [ ]	▷ 성금 모금에 많은 학생들이 同參하였다.
		함께 참여함	▷ 어떤 모임이나 일에 같이 참가함.

工 장인 공	■ 장인 ■ 일 ■ 공사 ■ 인공	加 工 [ ]	▷ 우유를 加工하여 분유, 치즈 따위를 만든다.
		가함 인공을	▷ 원자재나 반제품을 인공을 가하여 새로운 제품을 만듦.

害 해할 해	■ 해하다 ■ 해롭다 ■ 손해 ■ 해	加 害 [ ]	▷ 加害 학생이 피해 학생에게 사과를 하고 손해 배상을 하기로 하였다.
		가함 해를	▷ 다른 사람의 생명이나 신체, 재산, 명예 따위에 해를 끼침.

 한 글자 더

末 끝 말	■ 끝 ■ 마지막 ■ 하찮은 ■ 가루

☆ 末은 나무 木의 끝을 ― 로 가리킨다.

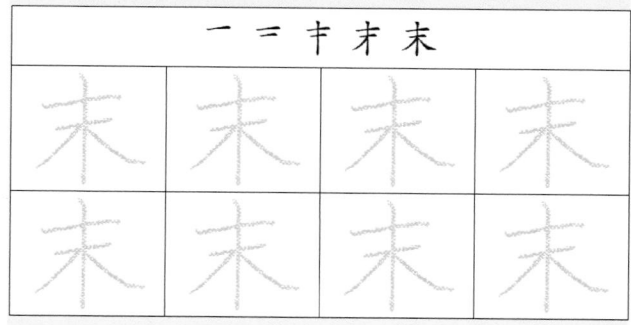
一 二 キ 末 末

結 맺을 결	■ 맺다 ■ 묶다 ■ 매듭짓다 ■ 엉기다	結 末 [ ]	▷ 그 영화는 結末 부분이 참 인상적이었다.
		맺음 끝을	▷ 어떤 일이 마무리되는 끝.

期 기약할 기	■ 기약하다 ■ 때, 시기 ■ 기간	期 末 [ ]	▷ 이번 期末 시험은 노력한 만큼의 결과가 나왔다.
		기간의 끝	▷ 기간이나 학기 따위의 끝.

157

알아보기

■ 한자어와 한자어를 이루는 개별 한자의 뜻을 알아보자.
■ 아래 한자어의 음을 적고 그 뜻을 생각하며 글을 읽어 보자.
■ 공부할 한자의 뜻을 알아보고 필순에 따라 바르게 써 보자.

違反 [ ]

▶ 법률, 명령, 약속 따위를 지키지 않고 어김.

「 승용차 한 대가 먼저 가려고 성급히 차선을 넘어 앞지르려다가
충돌 사고가 났습니다. 多幸이 사람은 크게 다치지 않았지만,
사고가 난 車들이 옮겨진 후에야 한참 동안 밀려있던 車들이
움직일 수 있었습니다. 먼저 가려고 交通 법규를 違反해서,
결과적으로 자기 自身뿐만
아니라 다른 사람에게도
피해를 준 것입니다. 」

• 多幸(다행) • 車(차) • 交通(교통) • 自身(자신).
* 성급히: 성질이 급하게. * 볍규: 일반 국민의 권리와 의무에 관계있는 법 규범.

違는 '어기다'는 뜻인 韋(위)와 '가다', '하다'는
뜻인 辵(착)=辶을 결합한 것이다. 약속, 시간,
명령 등을 〈어김〉을 의미한다.

反은 손(又)으로 엎어진 것(厂)을 젖히는 모습이다.
있던 방향에서 반대쪽으로 〈돌이킴〉을 의미한다.

[새김] ▪ 어긋나다 ▪ 어기다 ▪ 다르다

[새김] ▪ 돌이키다 ▪ 등지다 ▪ 반대하다

ㅣ ㅑ ㅛ ㅛ ㅛ 聿 違 韋 韋 違 違			
違	違	違	違
違	違	違	違

一 厂 反 反			
反	反	反	反
反	反	反	反

■ 한자의 뜻을 새기고 그 한자로 이루어진 한자어를 익히자.
 ■ 한자의 뜻을 연결하여 한자어의 뜻을 생각해 보자.
 ■ 한자어의 뜻을 알고 예문을 통해 그 활용을 익히자.

| 違 | 어긋날
위 | ■ 어긋나다
■ 어기다
■ 다르다 | | 反 | 돌이킬
반 | ■ 돌이키다
■ 등지다
■ 반대하다 |

– 흐리게 나타난 한자어 위에 겹쳐서 쓰고 음을 적어라 –

| 約 | 맺을
약 | ■ 맺다
■ 약속하다
■ 줄이다 |

違約 [　　　]
어김　약속을 ▷ 약속이나 계약을 어김.
▷ 계약이 어그러진 원인이 너에게 있으니 네가 違約에 대한 책임을 져라.

| 非 | 아닐
비 | ■ 아니다
■ 어긋나다
■ 그르다 |

非違 [　　　]
그르고　어긋남 ▷ 법에 어긋남. 또는 그런 일.
▷ 非違를 저지른 공무원이 징계를 받았다.

| 動 | 움직일
동 | ■ 움직이다
■ 옮기다
■ 일어나다 |

反動 [　　　]
반대로　움직임 ▷ 어떤 작용에 대하여 그 반대로 움직임.
▷ 공을 벽에 던지면 부딪친 反動으로 튕겨져 나온다.

| 目 | 눈
목 | ■ 눈 ■ 보다
■ 일컫다
■ 조록 ■ 목록 |

反目 [　　　]
돌이킴　눈을 ▷ 서로 시기하고 미워함.
▷ 한반도 평화를 위해서는 남한과 북한 간의 反目 관계를 해소해야 한다.

한 글자 더

| 尾 | 꼬리
미 | ■ 꼬리
■ 끝 ■ 뒤쪽
■ 뒤를 밟다 |

☆ 옛글자 🔥 은 춤출때 꼬리 모양의 장식을 달고 있는 모습이다.

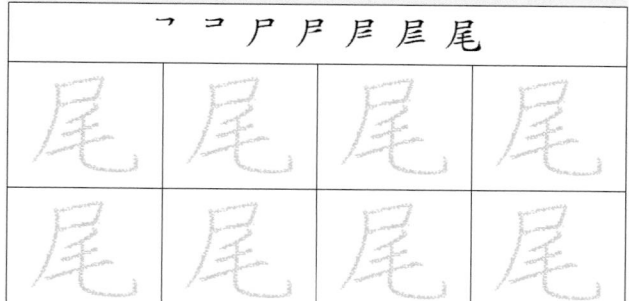

ᄀ ᄀ ᄀ 尸 尸 㞔 㞒 尾

| 後 | 뒤
후 | ■ 뒤 ■ 나중
■ 늦다
■ 뒤떨어지다 |

後尾 [　　　]
뒤쪽의　끝 ▷ 뒤쪽의 끝. 대열의 끝.
▷ 대열의 後尾에 서있는 아이들은 장난치며 떠들고 있었다.

| 行 | 다닐
행 | ■ 다니다
■ 가다
■ 행하다 |

尾行 [　　　]
뒤를 밟아　다님 ▷ 다른 사람의 행동을 감시하거나 그 사람 몰래 뒤를 밟음.
▷ 형사는 그 사건의 용의자를 尾行하였다.

알아보기

■ 한자어와 한자어를 이루는 개별 한자의 뜻을 알아보자.
■ 아래 한자어의 음을 적고 그 뜻을 생각하며 글을 읽어 보자.
■ 공부할 한자의 뜻을 알아보고 필순에 따라 바르게 써 보자.

夫婦 [   ] ▶ 남편과 아내.

「 대략 20 대 중반을 넘어서게 되면, 사람에 따라 그 시기가 다르기는 하지만, 대개는 배우자를 맞이하여 가정을 이루게 되고, 子女를 한둘 낳아 기르게 될 것이다. 그러면 우리는 父母님에게 있어서는 아들과 딸이면서, 夫婦 간에 있어서는 남편과 아내이고, 또 子女들에게 있어서는 아버지와 어머니가 될 것이다. 」

• 子女(자녀). • 父母(부모).   * 중반: 일정한 기간 가운데 중간쯤 되는 단계.
* 배우자: 부부의 한쪽에서 본 다른 쪽. 남편 쪽에서는 아내를, 아내 쪽에서는 남편을 이르는 말.

大는 머리에 비녀(―)를 꽂은 사람(大)의 모습이다. 옛날 중국에서는 성인이 된 남자는 머리를 묶어 비녀를 꽂았다.   〈성인이 된 남자〉를 의미한다.

[새김] ■ 지아비(결혼한 남자) ■ 사내 ■ 일꾼

一 二 丰 夫			
夫	夫	夫	夫
夫	夫	夫	夫

婦는 '여자'를 뜻하는 女 … 女(여)와 '빗자루'를 뜻하는 帚 … 帚(추)을 결합한 것이다.   청소 등, 집안 일을 하는 〈결혼한 여자〉를 의미한다.

[새김] ■ 지어미(아내) ■ 며느리 ■ 결혼한 여자

乚 夊 爻 女ˈ 女ˈ 女ˈ 女ˈ 妒ˈ 婦 婦 婦			
婦	婦	婦	婦
婦	婦	婦	婦

새기고 익히기

■ 한자의 뜻을 새기고 그 한자로 이루어진 한자어를 익히자.
■ 한자의 뜻을 연결하여 한자어의 뜻을 생각해 보자.
■ 한자어의 뜻을 알고 예문을 통해 그 활용을 익히자.

夫 지아비 부
■ 지아비
■ 사내
■ 일꾼

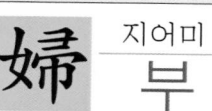
婦 지어미 부
■ 지어미(아내)
■ 며느리
■ 결혼한 여자

– 흐리게 나타난 한자어 위에 겹쳐서 쓰고 음을 적어라 –

農 농사 농
■ 농사
■ 농부
■ 농사짓다

農夫
농사짓는 일꾼 ▶ 農夫에게는 씨앗과 땅이 생명이다.
▶ 농사짓는 일을 직업으로 하는 사람.

漁 고기 잡을 어
■ 고기 잡다
■ 고기잡이
■ 어부

漁夫
고기잡이 일꾼 ▶ 漁夫들은 만선의 기쁨으로 노래를 부르며 돌아왔다.
▶ 물고기 잡는 일을 업으로 하는 사람.

主 주인 주
■ 주인 ■ 자신
■ 우두머리
■ 주되다

主婦
주인의 지어미 ▶ 취업을 희망하는 主婦가 늘고 있다.
▶ 한 가정의 살림살이를 맡아 꾸려 가는 안주인.

女 여자 녀
■ 여자, 계집
■ 딸
■ 시집보내다

婦女
지어미와 여자 ▶ 날이 어두워지면 婦女들은 집 밖에 나서려 하지 않았다.
▶ 부녀자, 결혼한 여자와 성숙한 여자를 통틀어 이르는 말.

한 글자 더

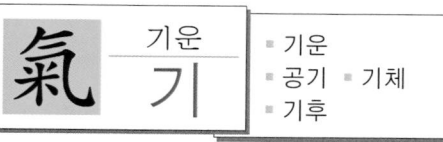
氣 기운 기
■ 기운
■ 공기 ■ 기체
■ 기후

☆ 기상의 변화에 따른 움직임.
심신의 근원이 되는 활동력.

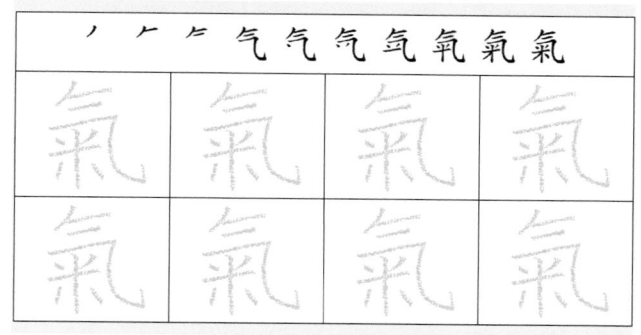

空 빌 공
■ 비다
■ 하늘 ■ 공중
■ 헛되다

空氣
공중의 기체 ▶ 늦가을이 되니 새벽 空氣는 제법 쌀쌀하네.
▶ 지구를 둘러싼 대기를 구성하는 무색, 무취의 투명한 기체.

活 살 활
■ 살다
■ 살리다
■ 생기가 있다

活氣
생기 있는 기운 ▶ 개학을 하니 학교는 다시 活氣가 넘쳤다.
▶ 활동력이 있거나 활발한 기운.

알아보기

■ 한자어와 한자어를 이루는 개별 한자의 뜻을 알아보자.
　■ 아래 한자어의 음을 적고 그 뜻을 생각하며 글을 읽어 보자.
　■ 공부할 한자의 뜻을 알아보고 필순에 따라 바르게 써 보자.

呼吸 [　　] ▶ 숨의 내쉼과 들이마심.

「 가장 자연스러운 **呼吸**은 코로 들이쉬고 입으로 내쉬는 것이다.
空氣는 코를 통과하면서 소용돌이치고 체온으로 데워지면서
습기를 머금는다. 우둘두둘한 콧구멍 표면의
점액에서 먼지가 걸러진다. 空氣가 맑은
곳에서는 심호흡을 해 平素에 쓰지 않는
90%의 폐부위에 남아 있는 空氣를 바꿔
주고 폐를 움직이는 근육도 쓰는 게 좋다.
긴장했을 때, 잠이 잘 안올 때 천천이
길게 **呼吸**을 하면 부교감신경이
활성화되고 스트레스가 풀린다. 」

• 空氣(공기) • 平素(평소). 　*점액: 끈끈한 성질이 있는 액체. 　*활성화: 사회나 조직 등의 기능이 활발하게 됨.

艹 는 입김이 밖으로 뿜어져 나옴을 나타낸다.(→乎).
나중에 ㅂ → 口(구)를 결합하였다. 〈소리를 내거나
숨을 내쉼〉을 의미한다.

[새김] ▪ 부르다 ▪ 숨을 내쉬다 ▪ 부르짖다

ㅣ ㅁ ㅁ 吖 吓 吓 吟 呼			
呼	呼	呼	呼
呼	呼	呼	呼

吸은 '입'을 뜻하는 口(구)와 '이르다'는 뜻인 及(급)
을 결합한 것이다. 　몸속까지 이르도록 입으로 〈빨아들
임〉을 의미한다.

[새김] ▪ 숨 들이쉬다 ▪ 마시다 ▪ 빨아들이다

ㅣ ㅁ ㅁ 叨 吸 吸 吸			
吸	吸	吸	吸
吸	吸	吸	吸

새기고 익히기

■ 한자의 뜻을 새기고 그 한자로 이루어진 한자어를 익히자.

■ 한자의 뜻을 연결하여 한자어의 뜻을 생각해 보자.
■ 한자어의 뜻을 알고 예문을 통해 그 활용을 익히자.

呼	부를 호	■ 부르다 ■ 숨을 내쉬다 ■ 부르짖다

吸	숨 들이쉴 흡	■ 숨 들이쉬다 ■ 마시다 ■ 빨아들이다

- 흐리게 나타난 한자어 위에 겹쳐서 쓰고 음을 적어라 -

名	이름 명	■ 이름 ■ 이름나다 ■ 평판

呼名 ▷ 呼名을 하면 크게 대답해주세요.

부름　이름을 ▶ 이름을 부름.

出	날 출	■ 나다 ■ 내다 ■ 떠나다 ■ 내놓다

呼出 ▷ 선생님의 呼出을 받고 교무실로 향했다.

불러　내다 ▶ 전화나 전신 따위의 신호로 상대편을 부르는 일. 부름.

收	거둘 수	■ 거두다 ■ 모으다 ■ 빼앗다

吸收 ▷ 속옷은 땀을 잘 吸收하는 면제품이 좋다.

빨아서　거두어들임 ▶ 빨아서 거두어들임.

入	들 입	■ 들다 ■ 들어가다 ■ 들이다

吸入 ▷ 소방대원들은 유독가스 吸入을 막기 위해 방독면을 착용했다.

빨아　들임 ▶ 기체나 액체 따위를 빨아들임.

한 글자 더

換	바꿀 환	■ 바꾸다 ■ 바뀌다 ■ 고치다

☆ 주고받고 하다.
　새롭게하다. 새로와지다.

一 ㄱ ㄲ 扌 扩 扩 护 捋 換 換 換 換

換	換	換	換
換	換	換	換

氣	기운 기	■ 기운 ■ 공기 ■ 기체 ■ 기후

換氣 ▷ 그는 일어나 창문을 열어 換氣를 하였다.

바꿈　공기를 ▶ 탁한 공기를 맑은 공기로 바꿈.

交	사귈 교	■ 사귀다(교제) ■ 오고가다 ■ 바꾸다

交換 ▷ 새로 산 신발이 조금 작은듯하여 한 치수 큰 것으로 交換하였다.

주고 받아　바꿈 ▶ 서로 바꿈. 서로 주고받고 함.

한자성어

■ 한자 성어에 담긴 함축된 의미를 파악하고 그 쓰임을 익히자.

■ 한자 성어의 음을 적고 그에 담긴 의미와 적절한 쓰임을 알아보자.

指	呼	之	間

▶ 손짓하여 부를 만큼 가까운 거리.

▷ 그의 집은 우리집과 指呼之間에 있어 자주 만난다.

漁	夫	之	利

▶ 두 사람이 이해관계로 싸우는 사이에 엉뚱한 사람이 애쓰지 않고 가로채는 이익을 이르는 말.

▷ 앞서가던 두 선수가 부딪쳐 넘여지는 바람에 뒤따르던 우리편 선수가 漁夫之利를 하였다.

愛	之	重	之

▶ 매우 사랑하고 소중히 여기는 모양.

▷ 그 부부는 하나밖에 없는 딸을 愛之重之 고이 키웠다.

呼	兄	呼	弟

▶ 서로 형이니 아우니 하고 부른다는 뜻으로, 매우 가까운 친구로 지냄을 이르는 말.

▷ 그와 나는 呼兄呼弟하며 친하게 지내는 사이야.

表	裏	不	同

▶ 마음이 음흉하고 불량하여 겉과 속이 다름.

▷ 그는 表裏不同한 사람이라 그의 말은 믿지 못한다.

莫	上	莫	下

▶ 더 낫고 더 못함의 차이가 거의 없음.

▷ 경기가 끝날 때까지 결과를 예측할 수 없을 정도로 두 팀의 실력은 莫上莫下였다.

裏 — 속
리
- 속
- 속마음
- 안쪽

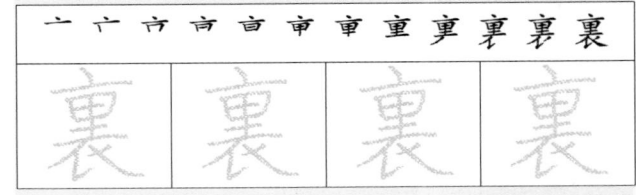

莫 — 없을
막
- 없다
- 말다
- 더할 수 없이

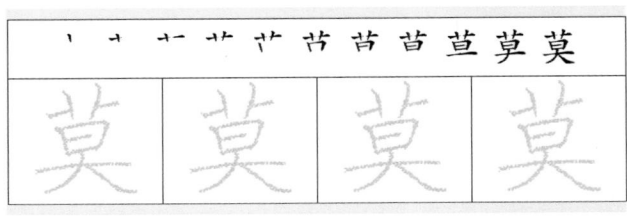

· 지호지간 · 어부지리 · 애지중지 · 호형호제 · 표리부동 · 막상막하

더 살펴 익히기

■ 한자가 지닌 여러가지 뜻과 한자어를 한 번 더 살펴 익히자.

■ 아래 한자가 지닌 뜻과 그 뜻을 지니는 한자어를 줄로 잇고 음을 적어라.

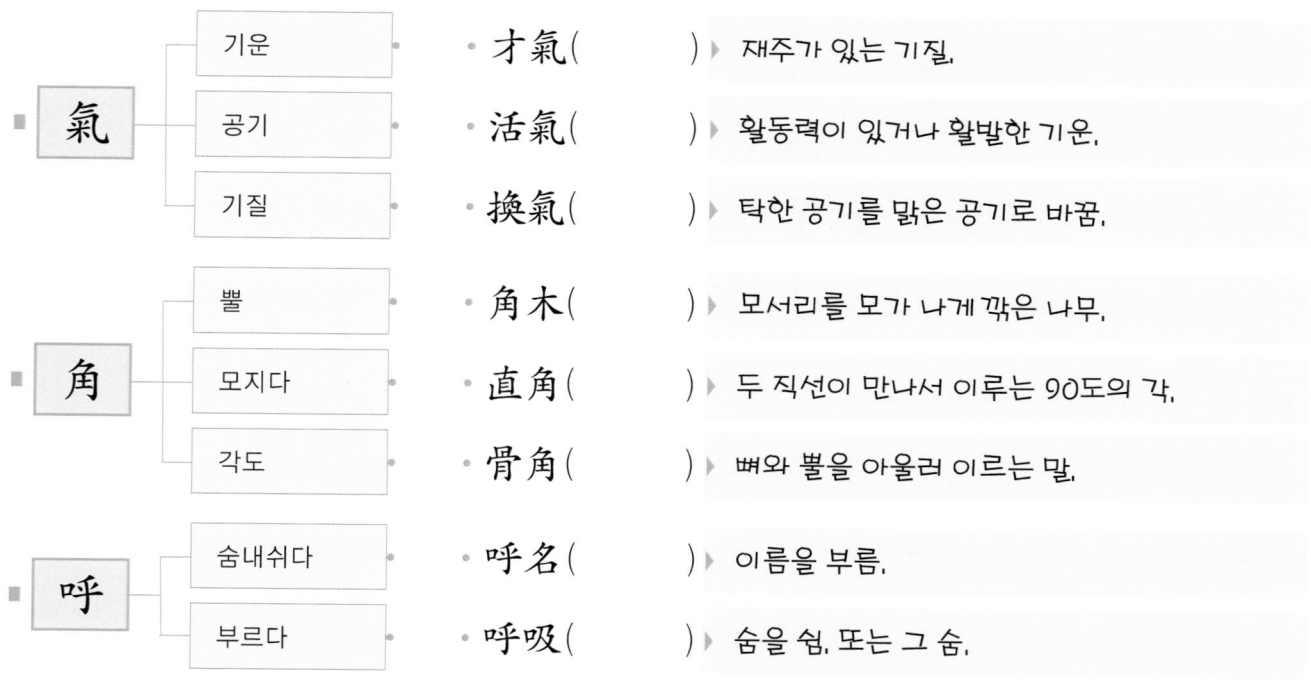

氣
- 기운 · 才氣(　　) ▶ 재주가 있는 기질.
- 공기 · 活氣(　　) ▶ 활동력이 있거나 활발한 기운.
- 기질 · 換氣(　　) ▶ 탁한 공기를 맑은 공기로 바꿈.

角
- 뿔 · 角木(　　) ▶ 모서리를 모가 나게 깎은 나무.
- 모지다 · 直角(　　) ▶ 두 직선이 만나서 이루는 90도의 각.
- 각도 · 骨角(　　) ▶ 뼈와 뿔을 아울러 이르는 말.

呼
- 숨내쉬다 · 呼名(　　) ▶ 이름을 부름.
- 부르다 · 呼吸(　　) ▶ 숨을 쉼. 또는 그 숨.

■ [周]와 비슷한 뜻을 지닌 한자에 ○표 하여라.　⇨ [外 · 圍 · 住 · 圓]

■ [多]와 상대되는 뜻을 지닌 한자에 ○표 하여라.　⇨ [富 · 強 · 少 · 大]

■ [末]과 상대되는 뜻을 지닌 한자에 ○표 하여라.　⇨ [初 · 中 · 未 · 尾]

■ 아래의 뜻을 지닌 한자성어가 되도록 ( ) 안에 한자를 써 넣고 완성된 성어의 독을 적어라.

▶ 돌 한개 던져 새 두마리를 잡는다는 뜻으로, 동시에 두 가지 이득을 봄을 이르는 말. ⇨ 一(　　)二鳥

▶ 한강에 돌 던지기라는 뜻으로, 지나치게 미미하여 아무런 효과도 미치지 못함을 비유적으로 이르는 말. ⇨ 漢江(　　)石

▶ 까마귀가 모인 것처럼 질서가 없이 모인 병졸이라는 뜻으로, 임시로 모여들어서 규율이 없고 무질서한 병졸 또는 군중을 이르는 말. ⇨ 烏(　　)之卒

▶ 다른 산의 나쁜 돌이라도 자신의 산의 옥돌을 가는 데에 쓸 수 있다는 뜻으로, 본이 되지 않는 남의 말이나 행동도 자신의 지식과 인격을 수양하는 데에 도움이 될 수 있음을 이르는 말 ⇨ (　　)山之石

▶ 새 발의 피라는 뜻으로, 매우 적은 분량을 비유적으로 이르는 말. ⇨ 鳥足之(　　)

▶ 처음에 세운 뜻을 끝까지 밀고 나감. ⇨ 初(　　)一貫

· 재기. 활기. 환기 · 각목. 직각. 골각 · 호명.호흡 / 石 · 投 · 合 · 他 · 血 · 志

어휘력 다지기

■ 친구들 모임에 부득이 **不參** [ ] 하였다. • • 어떤 자리에 참가하지 않거나 참석하지 않음.

■ 사물놀이 동아리에 **加入** [ ] 하려고 해. • • 책임이나 부담 따위를 더 무겁게 함.

■ 거짓말은 죄를 **加重** [ ] 시킬 뿐이다. • • 학문이나 기술을 배우고 익힘.

■ 시험 **工夫** [ ] 그만하고 우리 좀 쉬자. • • 조직이나 단체 따위에 들어감. 새로 더 집어넣음.

■ 우리나라는 **反共** [ ] 국가이다. • • 오래전부터 한 직위나 직장 따위에 머물러 있는 사람.

■ 그가 우리 팀에서 가장 **古參** [ ] 이야. • • 공산주의를 반대함.

■ 늦어도 **年末** [ ] 까지는 이 일을 끝내자. • • 정해진 기간이나 일의 끝이 되는 때나 시기.

■ 우리 **月末** [ ] 에 다시 만나기로 하자. • • 한 해의 마지막 무렵.

■ 이 한옥은 조선 **末期** [ ] 에 지어졌다. • • 그 달의 끝 무렵.

■ 이 그림은 그의 **末年** [ ] 작품이다. • • 떤 일의 맨 마지막. 맨끝.

■ 불꽃놀이가 축제의 **大尾** [ ] 를 장식. • • 품삯을 받고 육체노동을 하는 사람.

■ 공사장 **人夫** [ ] 들이 오늘 일을 마쳤다. • • 일생의 마지막 무렵. 어떤 시기의 마지막 몇 해 동안.

■ 이모는 아버지를 **兄夫** [ ] 라 부른다. • • 언니가 동생의 남편을 이르는 말.

■ 엄마는 이모부를 **弟夫** [ ] 라 부른다. • • 언니의 남편을 이르는 말.

■ 동네 **婦人** [ ] 들이 한곳으로 모였다. • • 형이라 부름.

■ 모두들 그 부인을 **孝婦** [ ] 라 칭찬한다. • • 결혼한 여자.

■ 그들 둘은 **呼兄** [ ] 호제하는 사이다. • • 시부모를 잘 섬기는 며느리.

■ 스폰지는 **吸水** [ ] 력이 좋은편이다. • • 피를 빨아들임.

■ 박쥐 중에는 **吸血** [ ] 박쥐도 있단다. • • 물을 빨아들임.

■ '꼬마'를 **換言** [ ] 하면 '어린아이'. • • 싱싱하고 힘찬 기운.

■ 피로를 회복하여 **生氣** [ ] 를 되찾았다. • • 앞서 한 말에 대하여 표현을 달리 바꾸어 말함.

· 불참 · 가입 · 가중 · 공부 · 반공 · 고참 · 연말 · 월말 · 말기 · 말년 · 대미 · 인부 · 형부 · 제부 · 부인 · 효부 · 호형 · 흡수 · 흡혈 · 환언 · 생기

■ 한자어가 되도록 □ 안에 공통으로 넣을 한자를 보기에서 찾아 □ 안에 쓰고 , 그 한자어들의 뜻을 생각하며 음을 적어라.

□ ⇨	參□	□入	□工		□ ⇨	違□	□動	□問

□ ⇨	結□	年□	□日		□ ⇨	□女	□人	主□

□ ⇨	□收	□入	呼□		□ ⇨	空□	活□	□分

보기

加 · 婦 · 尾 · 吸 · 換 · 呼 · 違 · 末 · 莫 · 氣 · 反 · 參 · 夫

■ 아래의 뜻을 지닌 한자어가 되도록 위의 보기에서 알맞은 한자를 찾아 □ 안에 써 넣어라.

▶ 어떤 모임이나 일에 같이 참가함.　　　▷ 너도 기부금 모금에 [同 □] 하여라.

▶ 더할 수 없이 셈.　　　▷ 우리 팀의 실력은 정말 [□ 强] 하다.

▶ 법령, 명령, 약속 따위를 지키지 않고 어김.　　　▷ 규정 속도 [□ 反] 을 단속하고 있었다.

▶ 다른 사람의 행동을 감시하거나 증거를 잡기 위하여 그 사람 몰래 뒤를 밟음.　　　▷ 그는 [□ 行] 당하고 있다고 느꼈다.

▶ 남편과 아내를 아울러 이르는 말.　　　▷ 갓 결혼한 신혼 [□ 婦] 한 쌍.

▶ 숨을 쉼. 또는 그 숨.　　　▷ 뛰었더니 숨이 차서 [□ 吸] 이 가쁘다.

▶ 서로 주고받고 함.　　　▷ 우리 서로 선물을 [交 □] 하기로 하자.

· 참가. 가입. 가공· 위반. 반동· 반문· 결말· 연말· 말일 · 부녀· 부인· 주부· 흡수· 흡입· 호흡 · 공기· 활기. 기분 / · 동참 · 막강 · 위반 · 미행 · 부부 · 호흡 · 교환

167

되새기기

■ 한자의 음과 훈을 되새기며 필순에 따라 바르게 써 보자.

參 참여할 참	ㅿ(마늘모)/총 11획

參

違 어긋날 위	辶(책받침)/총 13획

違

末 끝 말	木(나무목)/총 5획

末

夫 지아비 부	大(큰대)/총 4획

夫

呼 부를 호	口(입구)/총 8획

呼

換 바꿀 환	扌(재방변)/총 12획

換

裏 속 리. 이	衣(옷의)/총 13획

裏

加 더할 가	力(힘력)/총 5획

加

反 돌이킬 반	又(또우)/총 4획

反

尾 꼬리 미	尸(주검시엄)/총 7획

尾

婦 지어미 부	女(계집녀)/총 11획

婦

吸 숨들이쉴 흡	口(입구)/총 7획

吸

氣 기운 기	气(기운기엄)/총 10획

氣

莫 없을 막	艹(초두머리)/총 11획

莫

■ 공부할 한자의 모양을 살펴보며 음과 훈을 알아보자,

묶음 2-13

음 ■ 한자를 읽는 소리
아래 한자의 음을 찾아 적고 소리내어 읽어 보자.

– 바탕색과 글자색이 같은 것을 찾아 보자 –

훈 ■ 한자의 뜻 새김
한자의 음을 적고 훈과 함께 외어 보자.

豊	풍년	盛	성할	精	정할	誠	정성
禮	예도	節	마디	獨	홀로	立	설
功	공	勞	일할	忠	충성	臣	신하

알아보기

豊盛 [   ] ▶ 넉넉하고 많음.

「 기차도 전기도 없었다. 라디오도 영화도 몰랐다. 그래도 少年은
마을 아이들과 함께 마냥 즐겁기만 했다. 봄이면 뻐꾸기 울음과
함께 진달래가 지천으로 피고, 가을이면 단풍과 감이 豊盛하게

익는, 물 맑고 바람 시원한 山間
마을 이었다. 먼 산골짜기에
얼룩얼룩 눈이 녹기 시작하고,
흙바람이 불어 오면, 陽地쪽에
몰려 앉아 볕을 쬐던 마을
아이들은 들로 뛰쳐나가
불놀이를 시작했다. 」

• 少年(소년)ʾ • 山間(산간) • 陽地(양지). *마냥: 언제까지나 줄곧. 부족함이 없이 실컷. *지천: 매우 흔함.

豐은 제물을 담는 그릇인 제기(豆)에 제물로 바치는 옥(丰)이 듬뿍 담겨져 있는 모습이다. 〈가득하고 넉넉함〉을 의미한다.

새김 ▪ 풍년 ▪ 넉넉하다 ▪ 살지다

ノ	冂	曲	曲	曲	曲	豊	豊	豊	豊	豊	豊

成은 '갖추어지다', '무성하다'는 뜻인 成(성)과 '그릇'을 뜻하는 皿(명)을 결합한 것이다. 그릇 가득히 모두 갖추어 〈성대함〉을 의미한다.

새김 ▪ 성하다 ▪ 많다 ▪ 성대하다

ノ	厂	厅	成	成	成	成	盛	盛	盛	盛

새기고 익히기

■ 한자의 뜻을 새기고 그 한자로 이루어진 한자어를 익히자.
  ■ 한자의 뜻을 연결하여 한자어의 뜻을 생각해 보자.
  ■ 한자어의 뜻을 알고 예문을 통해 그 쓰임을 익히자.

豊	풍년 풍	■ 풍년 ■ 넉넉하다 ■ 살지다

盛	성할 성	■ 성하다 ■ 많다 ■ 성대하다

— 흐리게 나타난 한자어 위에 겹쳐서 쓰고 음을 적어라 —

年	해 년	■ 해, 1년 ■ 나이 ■ 때, 시대

豊 年 [　　] ▷ 올해는 때마다 날씨가 좋아 豊年이 들었다.

풍성한　　해 ▶ 곡식이 잘 자라고 잘 여물어 평년보다 수확이 많은 해.

富	부유할 부	■ 부유하다 ■ 가멸다 ■ 부자

豊 富 [　　] ▷ 그 영화는 기발한 소재와 豊富한 상상력이 돋보였다.

넉넉하고　　많다 ▶ 넉넉하고 많다.

業	업 업	■ 업 ■ 일, 직업 ■ 학업

盛 業 [　　] ▷ 코로나 팬데믹 이후 인터넷 쇼핑몰이 더욱 盛業 중이다.

성함　　사업이 ▶ 사업이 잘됨.

大	큰 대	■ 크다 ■ 많다 ■ 훌륭하다

盛 大 [　　] ▷ 이번 올림픽 개막 행사는 매우 盛大하게 준비하였다고 한다.

성하고　　크다 ▶ 행사의 규모 따위가 풍성하고 크다.

한 글자 더

禮	예도 례	■ 예도 ■ 예 ■ 의식 ■ 인사

☆ 사람이 행해야 할 중요한 도리.

二	干	禾	禾	禾	禮	禮	禮	禮	禮	禮

禮	禮	禮	禮
禮	禮	禮	禮

失	잃을 실	■ 잃다 ■ 놓지다 ■ 잘못하다

失 禮 [　　] ▷ 나는 생각 없이 말을 하여 失禮를 범하는 경우가 종종 있다.

놓침　　예의를 ▶ 말이나 행동이 예의에 벗어남. 또는 그런 말이나 행동.

婚	혼인할 혼	■ 혼인하다 ■ 결혼하다

婚 禮 [　　] ▷ 고모는 다음달에 婚禮를 올리기로 하였다.

결혼의　　의식 ▶ 결혼식. 혼인의 예절.

171

■ 한자어와 한자어를 이루는 개별 한자의 뜻을 알아보자.
■ 아래 한자어의 음을 적고 그 뜻을 생각하며 글을 읽어 보자.
■ 공부할 한자의 뜻을 알아보고 필순에 따라 바르게 써 보자.

精誠 〔　　〕 ▶ 참되고 성실한 마음.

「 할머니께서 오신날, 우리 집은 잔칫날 같았습니다. 가까운 친척들이 精誠스런 선물까지 가져오셨고, 아버지와 어머니께서는 무척 기뻐하셨습니다. 아버지와 어머니께서는 할머니를 기쁘게 해 드리려고 온갖 精誠을 다하셨습니다. 입에 맞는 음식을 해 드리려고 늘 애쓰셨으며, 좋은 옷도 해 드렸습니다. 그뿐만 아닙니다. 休日에는 할머니를 모시고 민속촌에도 갔다 오셨습니다. 」

• 休日(휴일).　*선물: 남에게 어떤 물건 따위를 선사함. 또는 그 물건.

精은 '쌀'을 뜻하는 米(미)와 '다스려서 깨끗이 한다'는 '정(定)의 색'인 靑(청)을 결합한 것이다. 곡식을 찧어 〈꺼풀을 벗겨 깨끗하게 함〉을 의미한다.

[새김] ▪정하다 ▪자세하다 ▪정기

⼋	⼃	⺧	⺤	米	米	料	精	精	精	精	精
精		精		精		精					
精		精		精		精					

誠은 '말로 나타내다'는 뜻인 言(언)과 '갖추어지다'는 뜻인 成(성)을 결합한 것이다. 진실한 말과 행동이 함께 갖추어진 〈정성〉을 의미한다.

[새김] ▪정성 ▪진실 ▪참, 참으로

⼀	⼁	⺀	⺂	言	言	言	訂	訢	誠	誠	誠
誠		誠		誠		誠					
誠		誠		誠		誠					

새기고 익히기

■ 한자의 뜻을 새기고 그 한자로 이루어진 한자어를 익히자.
- 한자의 뜻을 연결하여 한자어의 뜻을 생각해 보자.
- 한자어의 뜻을 알고 예문을 통해 그 쓰임을 익히자.

| 精 | 정할 정 | ■ 정하다
■ 자세하다
■ 정기 | 誠 | 정성 성 | ■ 정성
■ 진실
■ 참, 참으로 |

– 흐리게 나타난 한자어 위에 겹쳐서 쓰고 음을 적어라 –

| 力 | 힘 력 | ■ 힘
■ 힘쓰다
■ 일꾼 |
精力 [　] ▷ 精力이 황성한 그는 지칠줄 모르고 일을 한다.
정기와 　 힘 ▶ 심신의 활동력.

| 通 | 통할 통 | ■ 통하다
■ 오가다
■ 전하다 |
精通 [　] ▷ 그는 경제 문제에 精通하다.
자세히 　 통함 ▶ 어떤 사물에 대하여 깊고 자세히 통하여 앎.

| 金 | 쇠 금 | ■ 쇠, 쇠붙이
■ 금 ■ 돈
■ 귀하다 |
誠金 [　] ▷ 모아둔 용돈으로 불우 이웃 돕기 誠金을 냈다.
정성스러운 　 돈 ▶ 정성으로 내는 돈.

| 意 | 뜻 의 | ■ 뜻, 뜻하다
■ 생각
■ 마음 |
誠意 [　] ▷ 내 誠意이니 거절하지 말고 받아주게나.
정성스러운 　 뜻 ▶ 정성스러운 뜻.

한 글자 더

| 節 | 마디 절 | ■ 마디 ■ 절개
■ 철, 절기
■ 절제하다 |

☆ 대 또는 초목의 마디. 뼈의 마디. 사물의 한 단락.

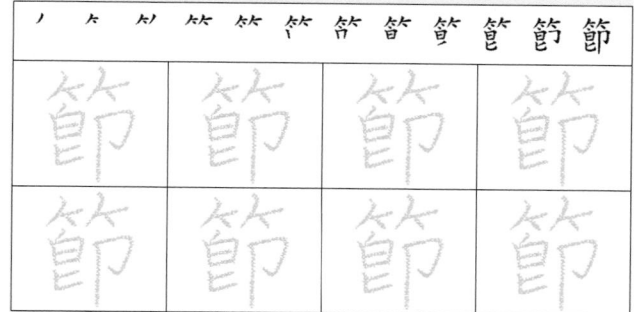

| ノ | ト | ケ | 竹 | 竹 | 竹 | 竹 | 筲 | 節 | 節 | 節 |

| 節 | 節 | 節 | 節 |
| 節 | 節 | 節 | 節 |

| 禮 | 예도 례 | ■ 예도, 예
■ 의식
■ 인사 |
禮節 [　] ▷ 음식을 장만한 사람에게 맛있다는 인사는 최소한의 禮節이다.
예의와 　 절도 ▶ 예절에 관한 모든 절차나 질서.

| 時 | 때 시 | ■ 때
■ 철
■ 시각 |
時節 [　] ▷ 아버지께서는 지난 時節을 회상하며 그 때의 이야기를 하신다.
때와 　 철 ▶ 일정한 시기나 때, 세상의 형편.

173

알아보기

■ 한자어와 한자어를 이루는 개별 한자의 뜻을 알아보자.
■ 아래 한자어의 음을 적고 그 뜻을 생각하며 글을 읽어 보자.
■ 공부할 한자의 뜻을 알아보고 필순에 따라 바르게 써 보자.

獨立 [　　] ▶ 남의 힘을 입지 않고 홀로 섬.

「 민족 지도자들은 獨立 선언서를 낭독하여
우리나라가 獨立 國家임을 온 세계에 선포하였다.
만세 운동은 도시와 農村을 가리지 않고 퍼져 나가서
學生, 지식인, 노동자, 農民 등 온 겨레가
모두 參加하는 전국적인 항일
獨立 운동으로 발전하였다.」

• 國家(국가) • 農村(농촌) • 學生(학생) • 農民(농민) • 參加(참가). *항일: 일본 제국주의에 맞서 싸움.
*선언서: 어떤 일을 선언(널리 펴서 말함)하는 내용을 적을 글이나 문서. *선포: 세상에 널리 알림.

獨은 '짐승'을 뜻하는 犬(견)과 홀로 솟아 있는 '산'을
뜻하는 蜀(촉)을 결합한 것이다. 언제나 혼자 있으며
울음 소리도 한 가지뿐이라는 전설 속 원숭이의 이름으
로, 〈홀로〉를 의미한다.

[새김] ▪홀로 ▪혼자 ▪홀몸

ノ	ィ	ィ	㇇	㇇	㇇	㇇	犷	狪	狪	獨	獨
獨	獨	獨	獨								
獨	獨	獨	獨								

亠는 사람(大)이 어느 한 곳(一)에 서 있는 모습이다.
〈자리 잡아 섬〉을 의미한다.

[새김] ▪서다 ▪세우다 ▪이루어지다

、	二	二	立	立
立	立	立	立	
立	立	立	立	

새기고 익히기

■ 한자의 뜻을 새기고 그 한자로 이루어진 한자어를 익히자.

■ 한자의 뜻을 연결하여 한자어의 뜻을 생각해 보자.
■ 한자어의 뜻을 알고 예문을 통해 그 쓰임을 익히자.

獨	홀로	■ 홀로
	독	■ 혼자
		■ 홀몸

立	설	■ 서다
	립	■ 세우다
		■ 이루어지

– 흐리게 나타난 한자어 위에 겹쳐서 쓰고 음을 적어라 –

占	점령할	■ 점령하다
	점	■ 차지하다
		■ 점치다

獨 占 □
혼자   차지함 ▶ 독차지,

▷ 외국 기업이 獨占 생산하던 제품을 우리 기업이 개발에 성공하였다.

食	먹을	■ 먹다
	식	■ 음식
		■ 먹이, 밥

獨 食 □
혼자서   먹음 ▶ 혼자서 먹음, 성과나 이익 따위를 혼자서 다 차지함을 이름,

▷ 이는 우리 모두가 노력한 결과인데, 너혼자 獨食이라니!

成	이룰	■ 이루다
	성	■ 갖추어지다
		■ 성숙하다

成 立 □
갖추어   이루어짐 ▶ 일이나 관계 따위가 제대로 이루어짐,

▷ 이 수학 문제는 成立될 수가 없다?

場	마당	■ 마당
	장	■ 곳, 장소
		■ 때, 경우

立 場 □
서있는(처한)   경우 ▶ 당면하고 있는 상황, 처지,

▷ 네가 그러면 내 立場이 난처해진다.

한 글자 더

忠	충성할	■ 충성
	충	■ 충성하다
		■ 정성스럽다

☆ 가슴속에서 우러나오는 참된 마음.

ノ 口 口 中 史 忠 忠 忠
忠 忠 忠 忠
忠 忠 忠 忠

告	고할	■ 고하다
	고	■ 알리다
		■ 고발하다

忠 告 □
정성스럽게   고함 ▶ 남의 결함이나 잘못을 진심으로 타이름, 또는 그런 말,

▷ 선생님은 나의 부족한 점에 대해 격려와 忠告를 해 주셨다.

節	마디	■ 마디 ■ 절개
	절	■ 철, 절기
		■ 절제하다

忠 節 □
충성스러운   절개 ▶ 충성스러운 절개,

▷ 충청도는 예부터 忠節의 고장이라 불려져 왔다.

알아보기

■ 한자어와 한자어를 이루는 개별 한자의 뜻을 알아보자.
■ 아래 한자어의 음을 적고 그 뜻을 생각하며 글을 읽어 보자.
■ 공부할 한자의 뜻을 알아보고 필순에 따라 바르게 써 보자.

功勞 ☐ ▶ 일에 애쓴 공적.

「 조선이 건국되어 나라의 기초를 다지기 위하여
안팎으로 해야 할 일들이 많았을 때에, 조 온은
나라를 튼튼하게 하는데 노력한 功勞로
재상의 자리에까지 올랐다. 벼슬이
높아졌지만, 그는 거드름을 피우는
일이 없었다. 항상 아랫사람을
따뜻하게 대하고 아꼈으며,
이웃을 가족처럼 사랑하였다. 」

* 건국: 나라가 세워짐.   * 기초: 사물이나 일 따위의 기본(바탕)이 되는 것.
* 재상: 임금을 돕고 모든 관원을 지휘하고 감독하는 일을 맡아보던 이품 이상의 벼슬.

功은 '일'을 뜻하는 工(공)과 '힘쓰다'는 뜻인 力(력)
을 결합한 것이다.   일을 이루기 위해 〈힘쓴 보람〉을
의미한다.

勞는 '등불'을 뜻하는 熒(형)을 줄인 炏과 '힘쓰다'는
뜻인 力(력)을 결합한 것이다.   등불을 밝히고 〈힘써
일함〉을 의미한다.

새김 ▪ 공 ▪ 공로 ▪ 일 ▪ 힘쓴 보람

一 丁 工 功 功			
功	功	功	功
功	功	功	功

새김 ▪ 일하다 ▪ 수고하다 ▪ 노고

` ` ` ` ` ` ` 炏 炏 炏 炏 勞 勞			
勞	勞	勞	勞
勞	勞	勞	勞

■ 한자의 뜻을 새기고 그 한자로 이루어진 한자어를 익히자.

■ 한자의 뜻을 연결하여 한자어의 뜻을 생각해 보자.
■ 한자어의 뜻을 알고 예문을 통해 그 쓰임을 익히자.

功	공	■ 공, 공로 ■ 일 ■ 힘쓴 보람

勞	일할 로	■ 일하다 ■ 수고하다 ■ 노고

– 흐리게 나타난 한자어 위에 겹쳐서 쓰고 음을 적어라 –

成	이룰 성	■ 이루다 ■ 갖추어지다 ■ 성숙하다

成功 [　　] ▷ 成功한 사람들은 저마다 비결을 가지고 있다.
이룸　일을 ▶ 목적하는 바를 이룸.

過	지날 과	■ 지나다 ■ 지나치다 ■ 잘못하다

功過 [　　] ▷ 지금은 그 일에 대한 功過를 논하지 말자.
공로와　잘못함 ▶ 공로와 과실을 아울러 이르는 말.

動	움직일 동	■ 움직이다 ■ 옮기다 ■ 일어나다

勞動 [　　] ▷ 사람들의 생활에서 勞動이야말로 참으로 중요하고 신성한 것이다.
일함　움직여 ▶ 몸을 움직여 일을 함.

作	지을 작	■ 짓다, 만들다 ■ 행하다 ■ 일으키다

勞作 [　　] ▷ 勞作 활동은 어린이의 정서 발달에 매우 중요하다.
수고하여　만듦 ▶ 애쓰고 노력해서 이룸. 또는 그런 작품.

한 글자 더

臣	신하 신	■ 신하 ■ 백성

一 ㄱ ㅑ ㅑㅑ ㄷ ㄷ ㅑㅑ 臣

☆ 臣은 눈이 세로로 세워진 것으로, 섬기는 주인 앞에서 머리를 숙이고 있을 때의 눈이다.

忠	충성 충	■ 충성 ■ 충성하다 ■ 정성스럽다

忠臣 [　　] ▷ 忠臣이 때로는 역적으로 몰리기도 한다.
충성하는　신하 ▶ 나라와 임금을 위하여 충성을 다하는 신하를 이른다.

君	임금 군	■ 임금 ■ 남편 ■ 그대, 자네

君臣 [　　] ▷ 君臣은 백성을 생각하면서 나라의 일을 의논하였다.
임금과　신하 ▶ 임금과 신하를 아울러 이르는 말.

어휘력 다지기

■ 언제나 豊足 [   ] 할 때 절약해야 한다.　　　• ·매우 성하게 유행함.

■ 올해 농사는 大豊 [   ] 이라고들 하네.　　　• ·형세나 세력 따위가 한창 왕성함.

■ 요즘 과소비의 盛行 [   ] 은 큰 문제다.　　　• ·매우 넉넉하여 부족함이 없음.

■ 나의 全盛 [   ] 시대가 곧 올 것이다.　　　• ·대풍년(농사가 아주 잘된 풍년).

■ 백두산의 精氣 [   ] 를 받은 우리 민족.　　　• ·힘써 나아감. 몸을 깨끗이 하고 마음을 가다듬음.

■ 나는 학업에 더욱 精進 [   ] 하려 한다.　　　• ·천지 만물을 생성하는 원천이 되는 기운.

■ 그들 남매는 孝誠 [   ] 이 지극하였다.　　　• ·예로써 나타내는 말투나 몸가짐.

■ 그는 誠心 [   ] 을 다해 아내를 간호했어.　　　• ·마음을 다하여 부모를 섬기는 정성.

■ 친절하고 禮義 [   ] 가 바른 학생이었지.　　　• ·정성스러운 마음.

■ 결혼 禮物 [   ] 로 반지를 교환하였다.　　　• ·혼인할 때 신랑과 신부가 기념으로 주고 받는 물건.

■ 민주적 節次 [   ] 에 따라 결정하기로.　　　• ·형제자매가 없는 사람. 배우자가 없는 사람.

■ 그는 節約 [   ] 생활이 몸에 배어있다.　　　• ·일을 치르는 데 거쳐야 하는 순서나 방법.

■ 그는 평생을 獨身 [   ] 으로 살았다.　　　• ·함부로 쓰지 아니하고 꼭 필요한 데에만 써서 아낌.

■ 나는 獨學 [   ] 으로 한자를 공부했어요.　　　• ·스승이 없이, 또는 학교에 다니지 않고 혼자서 공부함.

■ 아이들도 自立 [   ] 정신을 길러야 한다.　　　• ·꼿꼿하게 바로 섬.

■ 나는 끝까지 中立 [   ] 을 유지하겠다.　　　• ·공로가 있음.

■ 인간은 直立 [   ] 한다는 것이 특징이다.　　　• ·남에게 예속되거나 의지하지 아니하고 스스로 섬.

■ 산업 발전의 有功 [   ] 으로 상을 받았다.　　　• ·어느 편에도 치우치지 아니하고 공정하게 처신함.

■ 그는 過勞 [   ] 에 심한 몸살기가 겹쳤어.　　　• ·중요한 관직에 있는 신하.

■ 국왕은 重臣 [   ] 들에게 의견을 물었다.　　　• ·몸이 고달플 정도로 지나치게 일함.

■ 왕은 功臣 [   ] 들에게 큰 상을 내렸다.　　　• ·나라를 위하여 특별히 공을 세운 신하.

·풍족 · 대풍 · 성행 · 전성 · 정기 · 정진 · 효성 · 성심 · 예의 · 예물 · 절차 · 절약 · 독신 · 독학 · 지립 · 중립 · 직립 · 유공 · 과로 · 중신 · 공신

■ 한자어가 되도록 □ 안에 공통으로 넣을 한자를 보기에서 찾아 □ 안에 쓰고, 그 한자어들의 뜻을 생각하며 음을 적어라.

□ ⇨	精□	□意	□金

□ ⇨	□義	婚□	失□

□ ⇨	□年	□富	□足

□ ⇨	□立	□身	□占

□ ⇨	□力	□動	過□

□ ⇨	忠□	□下	君□

보기

立·誠·忠·勞·盛·精·豊·裏·節·獨·禮·功·臣

■ 아래의 뜻을 지닌 한자어가 되도록 위의 보기에서 알맞은 한자를 찾아 □ 안에 써 넣어라.

▶ 온갖 힘을 다하려는 참되고 성실한 마음.　▷ 사랑과 [誠] 이 담긴 선물이야.

▶ 일정한 시기나 때.　▷ 할아버지의 어린 [時□] 이야기.

▶ 당면하고 있는 상황.　▷ 나의 [□場] 이 매우 난처하구나.

▶ 남의 결함이나 잘못을 진심으로 타이름.　▷ 너의 [□告] 를 기꺼이 받아들이겠다.

▶ 겉으로 드러나는 언행과 속으로 가지는 생각을 통틀어 이르는 말.　▷ 그는 항상 [表□] 가 일치하지 않았어.

▶ 일을 마치거나 목적을 이루는 데 들인 노력과 수고, 또는 일을 마치거나 그 목적을 이룬결과로 서의 공적.　▷ 이번 일에는 그의 [□勞] 가 컸다.

▶ 넉넉하고 많음, 또는 그런 느낌.　▷ 가을이라 온갖 과실이 [豊□] 하구나.

· 정성. 성의. 성금 · 예의. 혼례. 실례 · 풍년. 풍부. 풍족 · 독립. 독신. 독점 · 노력. 노동. 과로 · 충신. 신하. 군신 / · 정성 · 시절 · 입장 · 충고 · 표리 · 공로 · 풍성

한자의 음과 훈을 되새기며 필순에 따라 바르게 써 보자.

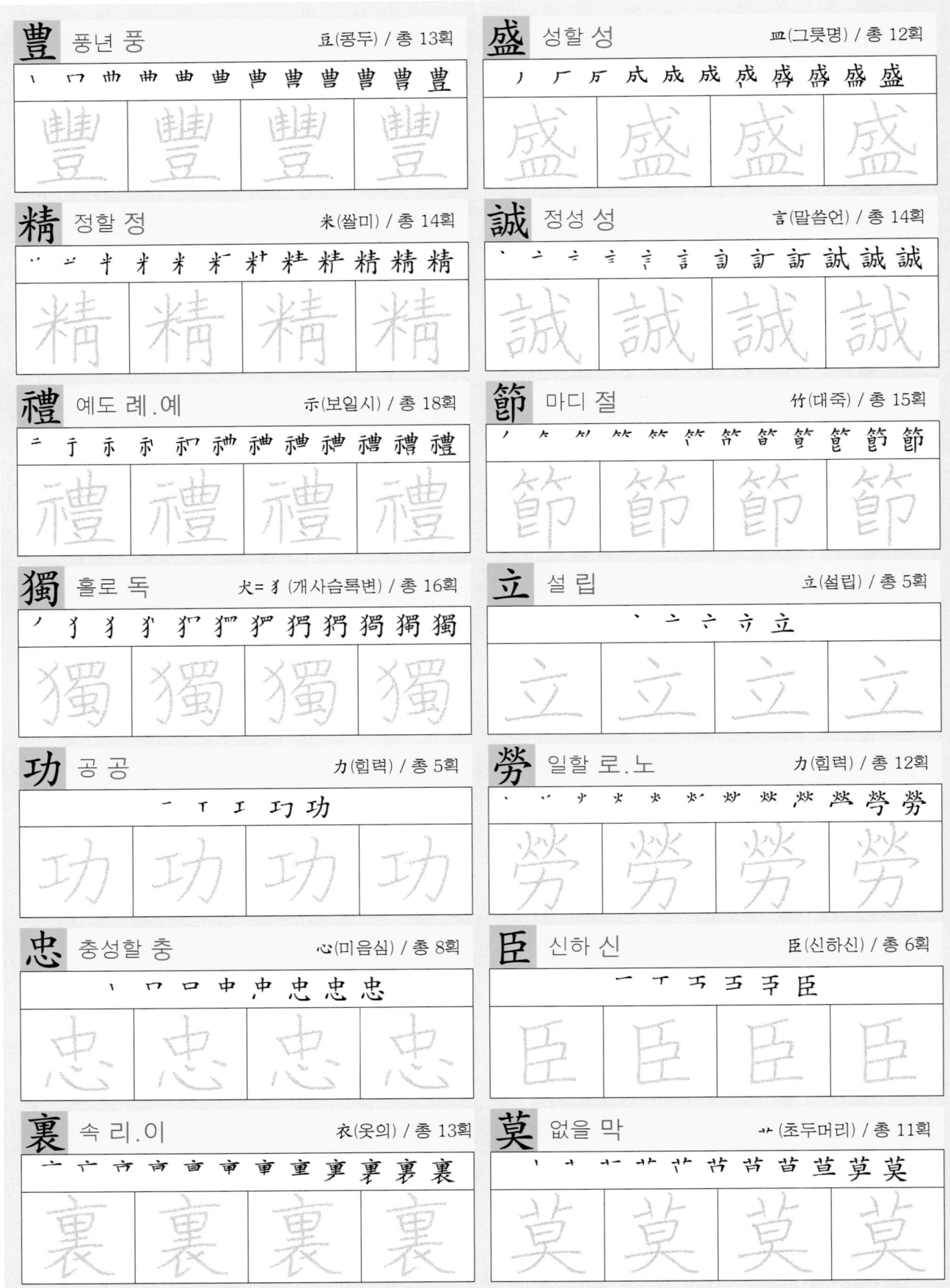

豊	풍년 풍	豆(콩두) / 총 13획
精	정할 정	米(쌀미) / 총 14획
禮	예도 례.예	示(보일시) / 총 18획
獨	홀로 독	犭=犭(개사슴록변) / 총 16획
功	공 공	力(힘력) / 총 5획
忠	충성할 충	心(마음심) / 총 8획
裏	속 리.이	衣(옷의) / 총 13획
盛	성할 성	皿(그릇명) / 총 12획
誠	정성 성	言(말씀언) / 총 14획
節	마디 절	竹(대죽) / 총 15획
立	설 립	立(설립) / 총 5획
勞	일할 로.노	力(힘력) / 총 12획
臣	신하 신	臣(신하신) / 총 6획
莫	없을 막	艹(조두머리) / 총 11획

공부할 한자

■ 공부할 한자의 모양을 살펴보며 음과 훈을 알아보자,

묶음 2-14

음 ■ 한자를 읽는 소리
아래 한자의 음을 찾아 적고 소리내어 읽어 보자.

훈 ■ 한자의 뜻 새김
한자의 음을 적고 훈과 함께 외어 보자.

冬 겨울	至 이를	春 봄	秋 가을
夏 여름	季 계절	專 오로지	念 생각
晝 낮	夜 밤	傳 전할	說 말씀

알아보기

冬至 ▶ 24절기의 하나로 낮이 가장 짧고 밤이 가장 길다.

「 우리 조상들은 여름에는 화채를 만들어 먹었고, 겨울에는
따뜻한 차를 끓여 마셨다. 겨울철에 따뜻한 온돌방에서
찬 수정과나 식혜를 마시며 정신을 맑게하는 멋을
보이기도 하였다. 그리고 명절에 따라 특색 있는
음식을 만들어 먹었다. 설날에는 떡국,
단오에는 수리떡, 秋夕에는 송편,
冬至에는 팥죽을 만들어 먹었다.
떡을 만들 때에도 여러 가지로
모양을 내었으며, 떡에 무늬를
넣어 멋을 자아내었다. 」

• 秋夕(추석).　＊화채: 꿀이나 설탕을 탄 물이나 오미잣국에 과일을 썰어 넣거나 먹을 수 있는 꽃을 뜯어 넣고 잣을 띄운 음료.

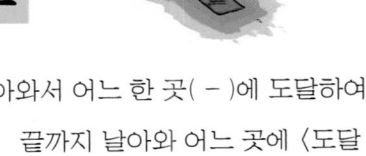

은 노끈의 양쪽 끝을 매듭지은 모습이다. 나중에 '얼
다'는 뜻인 ＞…冫(빙)을 결합하였다.　1년 사계절의
끝으로 한 해를 매듭짓고, 만물이 얼어붙는 〈겨울〉을 의
미한다.

는 화살( )이 날아와서 어느 한 곳(ㅡ)에 도달하여
꽂혀 있는 모습이다.　끝까지 날아와 어느 곳에 〈도달
함〉을 의미한다.

[새김] ▪ 겨울

[새김] ▪ 이르다 ▪ 도달하다 ▪ 지극하다

ノ ク 久 冬 冬
冬	冬	冬	冬
冬	冬	冬	冬

一 厶 互 互 至 至
至	至	至	至
至	至	至	至

■ 한자의 뜻을 새기고 그 한자로 이루어진 한자어를 익히자.

■ 한자의 뜻을 연결하여 한자어의 뜻을 생각해 보자.
■ 한자어의 뜻을 알고 예문을 통해 그 쓰임을 익히자.

冬 겨울 동	■ 겨울		至 이를 지	■ 이르다 ■ 도달하다 ■ 지극하다

– 흐리게 나타난 한자어 위에 겹쳐서 쓰고 음을 적어라 –

立 설 립	■ 서다 ■ 세우다 ■ 이루어지다	立冬 [　]	▷ 立冬이 지나서인지 날씨가 점점 추워지는 것 같다.
		들어섬 　 겨울에 ▶ 이때부터 겨울이 시작된다고 하는, 이십사절기의 하나.	

期 기약할 기	■ 기약하다 ■ 때, 시기 ■ 기간	冬期 [　]	▷ 우리나라에서는 스키를 冬期에만 즐길 수 있다.
		겨울의 　 기간 ▶ 겨울철.	

誠 정성 성	■ 정성 ■ 진실 ■ 참, 참으로	至誠 [　]	▷ 至誠이면 돌에도 꽃이 핀다는 말이 있듯이 정성을 다하면 못해낼 일이 없다.
		지극한 　 정성 ▶ 지극한 정성.	

大 큰 대	■ 크다 ■ 많다 ■ 훌륭하다	至大 [　]	▷ 그들은 우리나라 민주주의 발전에 至大한 역할을 하였다.
		지극히 　 크다 ▶ 더할 수 없이 크다.	

한 글자 더

夏 여름 하	■ 여름

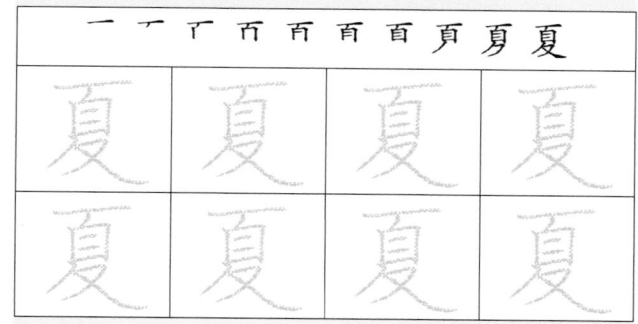

一 一 一 一 一 一 百 百 頁 夏 夏

夏	夏	夏	夏
夏	夏	夏	夏

至 이를 지	■ 이르다 ■ 도달하다 ■ 지극하다	夏至 [　]	▷ 夏至가 다가오면서 해가 많이 길어졌다.
		여름에 　 이름 ▶ 이십사절기의 하나. 북반구에서는 낮이 가장 길고 밤이 가장 짧다.	

盛 성할 성	■ 성하다 ■ 많다 ■ 성대하다	盛夏 [　]	▷ 盛夏의 찌는 듯한 더위에 모든 일을 뒤로 하고 바다로 달려갔다.
		성한 　 여름 ▶ 한여름.	

알아보기

- 한자어와 한자어를 이루는 개별 한자의 뜻을 알아보자.
- 아래 한자어의 음을 적고 그 뜻을 생각하며 글을 읽어 보자.
- 공부할 한자의 뜻을 알아보고 필순에 따라 바르게 써 보자.

春秋 [　　　] ▶ 봄과 가을.

「 우리 나라는 春, 夏, 秋, 冬 의 사계절이
뚜렷합니다. 그러나 세계 여러 곳 중에는
사계절의 구분이 거의 없이
1 年 동안 계속해서 매우
덥거나 춥거나, 또는 비가
조금밖에 오지 않는 곳도
있습니다. 」

• 年(년).   * 구분: 일정한 기준에 따라 전체를 몇 개로 갈라 나눔.

♀♀은 가을에 나뭇가지에 생겨서 겨울을 넘기고 이듬해
봄에 싹을 틔우는 겨울눈(♀)이 따스한 햇살(○)을 받
아 싹을 틔움(♂)을 뜻한다.   따스한 햇살이 나무의
싹을 틔우는 〈봄〉을 의미한다.

[새김] ▪봄 ▪젊은 때

一 二 三 丰 夫 耒 春 春 春
春	春	春	春
春	春	春	春

♀♂는 '햇볕이 따갑게 내리쬠'을 뜻하는 ♀과 '곡식'을
뜻하는 ♂를 결합한 것이다.   따가운 햇볕 아래 곡식
이 익어 가는 때인 〈가을〉을 의미한다.

[새김] ▪가을 ▪때 ▪해, 1년

一 二 千 千 千 千 禾 秒 秋 秋
秋	秋	秋	秋
秋	秋	秋	秋

새기고 익히기

春	봄 춘	■ 봄 ■ 젊은 때		秋	가을 추	■ 가을 ■ 때 ■ 해, 1년

– 흐리게 나타난 한자어 위에 겹쳐서 쓰고 음을 적어라 –

青	푸를 청	■ 푸르다 ■ 젊다 ■ 고요하다

青春 [   ] ▷ 꿈 많던 나의 青春 시절은 어느새 흘러가 버렸네.

푸르게   젊은 시절 ▶ 새싹이 파랗게 돋아나는 봄철 이라는 데서 젊은 시절을 이름.

回	돌아올 회	■ 돌아오다 ■ 돌다 ■ 번 ■ 횟수

回春 [   ] ▷ 나이 든 사람들은 대부분 回春을 바란다.

돌아옴   젊음이 ▶ 봄이 다시 돌아옴, 도로 젊어짐.

收	거둘 수	■ 거두다 ■ 모으다 ■ 빼앗다

秋收 [   ] ▷ 秋收를 끝낸 논밭에 철새들이 날아드네.

가을에   거두어들임 ▶ 가을에 익은 곡식을 거두어들임.

耕	밭 갈 경	■ 밭을 갈다 ■ 농사짓다 ■ 농사

秋耕 [   ] ▷ 요즘에는 秋耕을 힘써서 하지 않는다.

가을   밭갈이 ▶ 다음해 농사에 대비하여, 가을에 논밭을 미리 갈아두는 일.

한 글자 더

季	계절 계	■ 계절 ■ 철(석 달) ■ 끝 ■ 막내

一 二 千 禾 禾 季 季 季

☆ 형제 중에 막내.
철(1년 열두달을 넷으로 나눈 세 달을 이르는 말).

冬	겨울 동	■ 여름

冬季 [   ] ▷ 이번 冬季올림픽 피겨스케이팅 종목에서 우리나라 선수가 금메달을 땄다.

겨울   철 ▶ 겨울철.

節	마디 절	■ 마디 ■ 절개 ■ 철, 절기 ■ 절제하다

季節 [   ] ▷ 季節이 바뀌자 사람들 옷차림도 달라졌다.

철과   절기 ▶ 규칙적으로 되풀이되는 자연 현상에 따른 일 년의 구분.

■ 한자어와 한자어를 이루는 개별 한자의 뜻을 알아보자.
■ 아래 한자어의 음을 적고 그 뜻을 생각하며 글을 읽어 보자.
■ 공부할 한자의 뜻을 알아보고 필순에 따라 바르게 써 보자.

專念 [　　] ▶ 오로지 한 가지 일에만 마음을 씀.

「 어머니는 少年이 써 놓은 글자를 보며 조용히 말하였다.
"나는 아무리 고생스럽더라도, 네가 열심히
공부해서 훌륭한 사람이 된다면, 나는 더
바랄 것이 없다. 이 길로 곧 떠나거라."
어머니의 음성은 나직하였지만, 거역할 수 없는
힘이 들어 있었다. 少年은 하룻밤도 어머니 곁에 있지
못하고, 밤길을 걸어 절로 돌아갔다. 그 후, 少年은
공부에 專念하였다. 떡을 써는 어머니, 그 어머니가
썰어 놓은 쪽 고른 떡, 그리고 자기의 비뚤어진
글씨가 눈앞에 어른거려 잠시도 쉴 수가 없었다. 」

• 少年(소년). * 나직하다: 소리가 꽤 낮다. 위치가 꽤 낮다. * 거역: 윗사람의 뜻이나 지시 따위를 따르지 않고 거스름.

은 솜에서 실을 자아내 감아 모으는 방추(　)를
손(　)으로 돌리고 있는 모습이다.　실을 자을 때 방추
를 오로지 한 방향으로 돌려 둥글게 감아 모으는 데서,
〈오로지〉를 의미한다.

[새김] ■ 오로지 ■ 홀로 ■ 전일하다

　은 '머금다'는 뜻인 舍의 본래 글자인 　과 '마음'
을 뜻하는 　 … 心(심)을 결합한 것이다.　〈마음 속에
품고 있는 바, 머금은 생각〉을 의미한다.

[새김] ■ 생각 ■ 생각하다 ■ 마음에 두다

一	厂	厅	両	両	東	車	車	専	専	専
専	専	専	専							
専	専	専	専							

丿	人	人	今	今	念	念	念
念	念	念	念				
念	念	念	念				

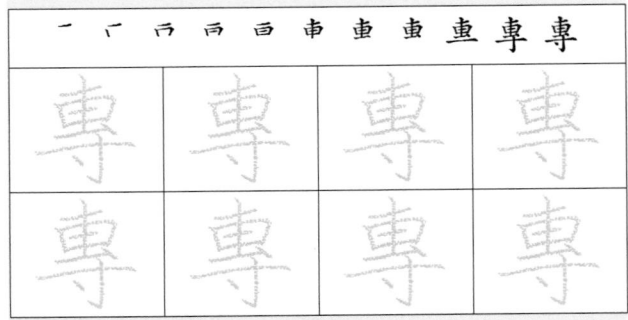

새기고 익히기

■ 한자의 뜻을 새기고 그 한자로 이루어진 한자어를 익히자.

■ 한자의 뜻을 연결하여 한자어의 뜻을 생각해 보자.
■ 한자어의 뜻을 알고 예문을 통해 그 쓰임을 익히자.

專 오로지 전	■ 오로지 ■ 홀로 ■ 전일하다	念 생각 념	■ 생각 ■ 생각하다 ■ 마음에 두다

– 흐리게 나타난 한자어 위에 겹쳐서 쓰고 음을 적어라 –

門 문 문	■ 문·집안 ■ 분야 ■ 배움터

專門 [ ]
전일한 · 분야 ▶ 오로지 한 가지 분야나 일을 연구 하거나 맡음, 또는 그 분야.

▷ 치과 의사인 그는 치아교정 專門이다.

業 업 업	■ 업 ■ 일, 직업 ■ 학업

專業 [ ]
전일한 · 직업 ▶ 전문으로 하는 직업이나 사업.

▷ 그분은 근 30여 년 동안 한복 짓는 일을 專業으로 하고 있다.

信 믿을 신	■ 믿다 ■ 통신

信念 [ ]
믿는 · 마음 ▶ 굳게 믿는 마음.

▷ 노력하면 못 해낼 일이 없다는 信念으로 훈련에 훈련을 거듭하고 있다.

通 통할 통	■ 통하다 ■ 오가다 ■ 전하다

通念 [ ]
널리 통하는 · 생각 ▶ 일반적으로 널리 통하는 개념.

▷ 누구나 결혼을 해야 한다는 通念이 점차 바뀌고 있다.

한 글자 더

傳 전할 전	■ 전하다 ■ 옮기다 ■ 알리다 · 전기

☆ 상대자에게 옮겨 주다.
알릴 것을 남에게 옮기다.

丿 亻 亻 亻 何 傳 傳 傳 傳 傳

傳 傳 傳 傳
傳 傳 傳 傳

來 올 래	■ 오다 ■ 돌아오다 ■ 부터

傳來 [ ]
전하여 · 옴 ▶ 예로부터 전하여 내려옴, 외국에서 전하여 들어옴.

▷ 네가 아는 傳來 동요는 무엇이 있니? 아는 대로 한번 불러 봐.

宣 베풀 선	■ 베풀다 ■ 널리 펴다 ■ 밝히다

宣傳 [ ]
널리 펴서 · 알림 ▶ 많은 사람이 알고 이해하도록 잘 설명하여 널리 알리는 일.

▷ 宣傳 광고만 믿고 물건을 샀다가 후회하는 경우가 있다.

187

알아보기

■ 한자어와 한자어를 이루는 개별 한자의 뜻을 알아보자.
■ 아래 한자어의 음을 적고 그 뜻을 생각하며 글을 읽어 보자.
■ 공부할 한자의 뜻을 알아보고 필순에 따라 바르게 써 보자.

晝夜 [   ] ▶ 밤낮.

「 지금은 부단히 새로워지는 풍부한 지식이나 기술, 강인한 체력, 그리고 건전한 철학을 가진 진정한 실력자만이 이 나라와 세계의 발전에 공헌할 수 있는 時代임을 명심해야 할 것이다. 그러므로 우리는 이러한 실력자가 되기를 **晝夜**로 염원하며, 연구와 단련과 수양에 專念하는 것이 來日을 위한 대계임을 한 순간도 잊어서는 안 될 것이다. 」

• 時代(시대) • 專念(전념) • 來日(내일).   * 부단히: 꾸준하게 잇대어 끊임이 없이.
* 염원하다: 마음에 간절히 생각하고 기원하다(바라는 일이 이루어지기를 빌다). 또는 그런 것.   * 대계: 큰 계획.

𣆟 는 낮 동안 떠 있는 해(☉ ··· 日)와 해가 떠 있는 동안을 구분하여 긋는 모습인 𦘔를 결합한 것이다. 해가 떠 있는 동안인 〈낮〉을 의미한다.

[새김] ▪ 낮

ㄱ ㄱ ㄱ ㄱ ㄱ 書 書 書 書 書 畫

𡖉 는 '또', '크다'는 뜻인 𡗗 ··· 亦(역)과 '달'을 뜻하는 𦜳를 결합한 것이다.   언제나 마찬가지로 밝은 달이 어두운 하늘을 크게 차지하는 〈밤〉을 의미한다.

[새김] ▪ 밤

丶 亠 广 广 广 夜 夜 夜

새기고 익히기

■ 한자의 뜻을 새기고 그 한자로 이루어진 한자어를 익히자.
  ■ 한자의 뜻을 연결하여 한자어의 뜻을 생각해 보자.
  ■ 한자어의 뜻을 알고 예문을 통해 그 쓰임을 익히자.

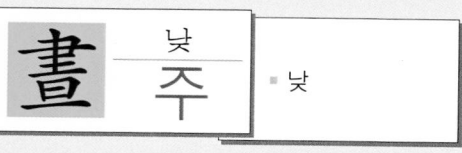 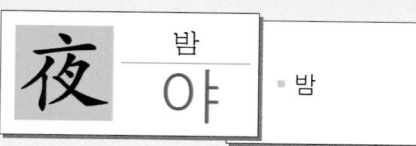

晝 낮
주 ▪ 낮

夜 밤
야 ▪ 밤

– 흐리게 나타난 한자어 위에 겹쳐서 쓰고 음을 적어라 –

間 사이
간 ▪ 사이 ▪ 때

晝間 [　　] ▷ 그는 공장에서 晝間에만 일을 한다.
낮　　동안 ▷ 먼 동이 터서 해가 지기까지의 동안, 낮.

白 흰
백 ▪ 희다 ▪ 밝다 ▪ 깨끗하다 ▪ 비다 ▪ 술잔

白晝 [　　] ▷ 요즘에도 술에 취해 白晝에 대로를 활보하는 사람이 있다니.
훤히 밝은　낮 ▷ 밝은 대낮.

前 앞
전 ▪ 앞 ▪ 먼저 ▪ 앞서서

前夜 [　　] ▷ 요즘은 성탄 前夜의 들뜨던 분위기가 전과 같지 않다.
앞서서 있는　밤 ▷ 어젯밤. 특정한 날을 기준으로 그 전날 밤.

食 먹을
식 ▪ 먹다 ▪ 음식 ▪ 먹이, 밥

夜食 [　　] ▷ 밤늦도록 공부하면서 출출할 때 먹으라고 夜食을 마련해 주었다.
밤에　먹음 ▷ 밤에 음식을 먹음. 또는 그 음식.

한 글자 더

說 말씀
설 ▪ 말씀 ▪ 말하다 ▪ 이야기하다 ▪ 학설

☆ 말씀 (설). 기쁠 (열). 달랠 (세).

丶 二 言 言 言 言 訝 訝 訝 說 說
說 說 說 說
說 說 說 說

傳 전할
전 ▪ 전하다 ▪ 옮기다 ▪ 알리다 ▪ 전기

傳說 [　　] ▷ 이곳은 옛날에 선녀들이 내려와 목욕을 했다는 傳說이 있다.
전해오는　이야기 ▷ 옛날부터 민간에서 전하여 내려오는 이야기.

明 밝을
명 ▪ 밝다 ▪ 밝히다 ▪ 확실하게

說明 [　　] ▷ 우리 선생님은 복잡한 문제도 이해하기 쉽게 說明해 주신다.
말함　밝히어 ▷ 어떤 일이나 대상의 내용을 상대편이 알 수 있게 밝혀 말함.

189

한자성어

■ 한자 성어에 담긴 함축된 의미를 파악하고 그 쓰임을 익히자.

■ 한자 성어의 음을 적고 그에 담긴 의미와 적절한 쓰임을 익혀라.

犬	馬	之	勞

▶ 개나 말 정도의 하찮은 힘이라는 뜻으로, 윗사람에게 충성을 다하는 자신의 노력을 낮추어 이르는 말.

▷ 저를 믿고 일을 맡겨주시니 犬馬之勞를 다하겠습니다.

以	心	傳	心

▶ 마음과 마음으로 서로 뜻이 통함.

▷ 두 사람 사이에는 어느덧 以心傳心으로 사랑이 싹텄다.

語	不	成	說

▶ 말이 조금도 사리에 맞지 아니함.

▷ 운동은 건강을 위해서 하는 것인데 건강을 해칠 정도로 심하게 운동을 한다면 이는 語不成說이 아닌가.

父	傳	子	傳

▶ 아들의 성격이나 생활 습관 따위가 아버지로부터 대물림된 것처럼 같거나 비슷함.

▷ 父傳子傳이라더니 아들도 아버지를 닮아 고집이 무척 세다.

匹	夫	匹	婦

▶ 평범한 남녀.

▷ 그들은 匹夫匹婦로 만나 가정을 꾸리고 행복하게 살아간다.

天	生	緣	分

▶ 하늘이 정하여 준 연분.

▷ 두 사람은 보면 볼수록 天生緣分이라는 생각이 든다.

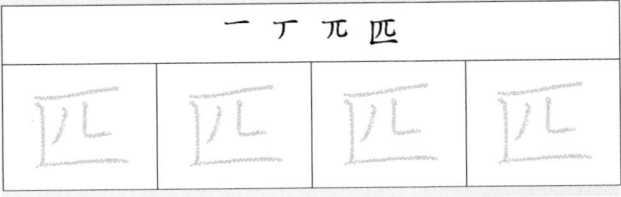

匹	짝 필	■ 짝 ■ 상대 ■ 천한 사람

一 丁 兀 匹

匹	匹	匹	匹

緣	인연 연	■ 인연, 연줄 ■ 까닭, 이유 ■ 연유하다

ㄥ 幺 幺 糸 糸 糾 緋 緋 紵 緣 緣 緣

緣	緣	緣	緣

· 견마지로 · 이심전심 · 어불성설 · 부전자전 · 필부필부 · 천생연분

더 살펴 익히기

■ 한자가 지닌 여러가지 뜻과 한자어를 한 번 더 살펴 익히자.

■ 아래 한자가 지닌 뜻과 그 뜻을 지니는 한자어를 줄로 이어라.

精	정하다 ·	精通( ) ▶ 어떤 사물에 대하여 깊고 자세히 통하여 앎.
	정성스럽다 ·	精氣( ) ▶ 사물의 순수한 기운.
	자세하다 ·	精誠( ) ▶ 온갖 힘을 다하는 참되고 성실한 마음.

節	마디 ·	結節( ) ▶ 맺혀서 이루어진 마디. 뼈에 두툼하게 솟은 부분.
	때(시기), 철 ·	禮節( ) ▶ 예의에 관한 모든 절차나 질서.
	법도, 절도 ·	時節( ) ▶ 일정한 시기나 때.

立	서다 ·	成立( ) ▶ 일이나 관계 따위가 제대로 이루어짐.
	세우다 ·	自立( ) ▶ 남에게 예속되거나 의지하지 아니하고 스스로 섬.
	이루어지다 ·	國立( ) ▶ 나라에서 세움.

■ [季]와 비슷한 뜻을 지닌 한자에 ○표 하여라.   ⇨ [時 · 年 · 期 · 節]

■ [晝]와 상대되는 뜻을 지닌 한자에 ○표 하여라.   ⇨ [夕 · 今 · 夜 · 旱]

■ 아래의 뜻을 지닌 한자성어가 되도록 ( ) 안에 한자를 써 넣고 완성된 성어의 독음을 적어라.

▶ 서로 형이니 아우니 하고 부른다는 뜻으로, 매우 가까운 친구로 지냄을 이르는 말.	⇨	呼( )呼弟	
▶ 두 사람이 이해관계로 싸우는 사이에 엉뚱한 사람이 애쓰지 않고 가로채는 이익을 이르는 말.	⇨	漁夫之( )	
▶ 더 낫고 더 못함의 차이가 거의 없음.	⇨	莫上( )下	
▶ 매우 사랑하고 소중히 여기는 모양.	⇨	愛之( )之	
▶ 마음이 음흉하고 불량하여 겉과 속이 다름.	⇨	( )裏不同	
▶ 손짓하여 부를 만큼 가까운 거리.	⇨	指( )之間	

· 정통. 정기. 정성 · 결절. 예절. 시절 · 성립. 자립. 국립 / 兄 · 利 · 莫 · 重 · 表 · 呼

191

어휘력 다지기

■ 立春 [ ] 이 지났으니 곧 봄이 오겠지. • • 이때부터 봄이 시작된다고 하는 이십사절기의 하나,

■ 春風 [ ] 이라서 차갑게 느껴지지 않네. • • 이십사절기의 하나, 양력 3월 21일 무렵이다,

■ 春分 [ ] 이 지나면서 낮이 길어진다. • • 봄바람(봄에 불어오는 바람),

■ 나는 春季 [ ] 마라톤 대회에 참가했다. • • 가을철의 빛, 가을철을 느끼게 하는 경치나 분위기,

■ 단풍든 산들은 秋色 [ ] 이 완연하구나. • • 춘기(봄의 시기),

■ 秋風 [ ] 에 낙엽이지니 쓸쓸한 기분이. • • 우리나라 명절의 하나, 음력 팔월 보름날이다,

■ 初秋 [ ] 의 흐린 날씨가 스산하구나. • • 가을바람(가을에 부는 선선하고 서늘한 바람),

■ 설날이나 秋夕 [ ] 이 되면 고향에 간다. • • 초가을(이른 가을),

■ 스키는 내가 좋아하는 冬季 [ ] 스포츠. • • 초여름(이른 여름),

■ 初夏 [ ] 의 날씨가 한여름 같이 덥네. • • 겨울철(계절이 겨울인 때),

■ 오늘이 낮이 가장 긴 夏至 [ ] 이다. • • 남과 공동으로 쓰지 아니하고 혼자서만 씀,

■ 우리나라는 四季 [ ] 의 변화가 뚜렷해. • • 이십사절기의 하나, 양력 6월 21일경이다,

■ 버스 專用 [ ] 차로제를 확대하기로. • • 사철(봄, 여름, 가을, 겨울의 네 철),

■ 우리나라의 건국 理念 [ ] 은 홍익인간. • • 어떤 일에 대하여 생각하고 있는 것 이외의 다른 생각,

■ 오로지 성공하겠다는 一念 [ ] 이었지. • • 이상적으로 여겨지는 생각이나 견해,

■ 그는 시험공부하느라 餘念 [ ] 이 없다. • • 한결같은 마음, 또는 오직 한 가지 생각,

■ 夜間 [ ] 열차를 타고 멀리 떠나고 싶다. • • 말을 전함, 또는 그 말,

■ 새로 산 동생 운동화는 夜光 [ ] 이란다. • • 해가 진 뒤부터 먼동이 트기 전까지의 동안,

■ 傳言 [ ] 으로 그의 안부를 들었다. • • 어둠 속에서 빛을 냄, 또는 그런 물건,

■ 민간에서 口傳 [ ] 되어온 옛날 이야기. • • 말로 전하여 내려옴, 또는 말로 전함,

■ 공룡 멸종에 대한 유력한 學說 [ ] 은? • • 학문적 문제에 대하여 주장하는 이론 체계,

·입춘·춘풍·춘분·춘계·추색·추풍·초추·추석·동계·초하·하지·사계·전용·이념·일념·여념·야간·야광·전언·구전·학설

■ 한자어가 되도록 □ 안에 공통으로 넣을 한자를 보기에서 찾아 □ 안에 쓰고, 그 한자어들의 뜻을 생각하며 음을 적어라.

□ ⇨	青□	□風	□秋		□ ⇨	□季	□至	立□

□ ⇨	四□	□節	夏□		□ ⇨	信□	專□	餘□

□ ⇨	□間	□食	□市		□ ⇨	傳□	□明	學□

보기

夏·專·晝·緣·秋·冬·傳·念·至·季·夜·春·說

■ 아래의 뜻을 지닌 한자어가 되도록 위의 보기에서 알맞은 한자를 찾아 □ 안에 써 넣어라.

▶ 가을에 익은 곡식을 거두어들임.

▷ 농촌 가을 들판은 □收가 한창이다.

▶ 주의나 주장, 사물의 존재, 효능 따위를 많은 사람이 알고 이해하도록 잘 설명하여 널리 알리는 일.

▷ 새 상품을 宣□하는 광고 방송.

▶ 밤낮(밤과 낮을 아울러 이르는 말).

▷ 그들은 □夜로 교대 근무를 한다.

▶ 어떤 분야에 상당한 지식과 경험을 가지고 오직 그 분야만 연구하거나 맡음. 또는 그 분야.

▷ 스포츠 용품 □門 매장에서 샀어.

▶ 지극한 정성.
▶ 아주 성실함.

▷ 홀어머니를 지극 □誠으로 모셨다.

▶ 일의 앞뒤 사정과 까닭.

▷ 그에게는 말못할 事□이 있었지.

▶ 여름의 시기.

▷ □季 수상 훈련에 참가하였다.

· 청춘. 춘풍. 춘추. 동계. 동지. 입동 · 사계. 계절. 하계 · 신념. 전념. 여념 · 야간. 야식. 야시 · 전설. 설명. 학설 / · 추수 · 선전 · 주야 · 전문 · 지성 · 사연 · 하계

193

■ 한자의 음과 훈을 되새기며 필순에 따라 바르게 써 보자.

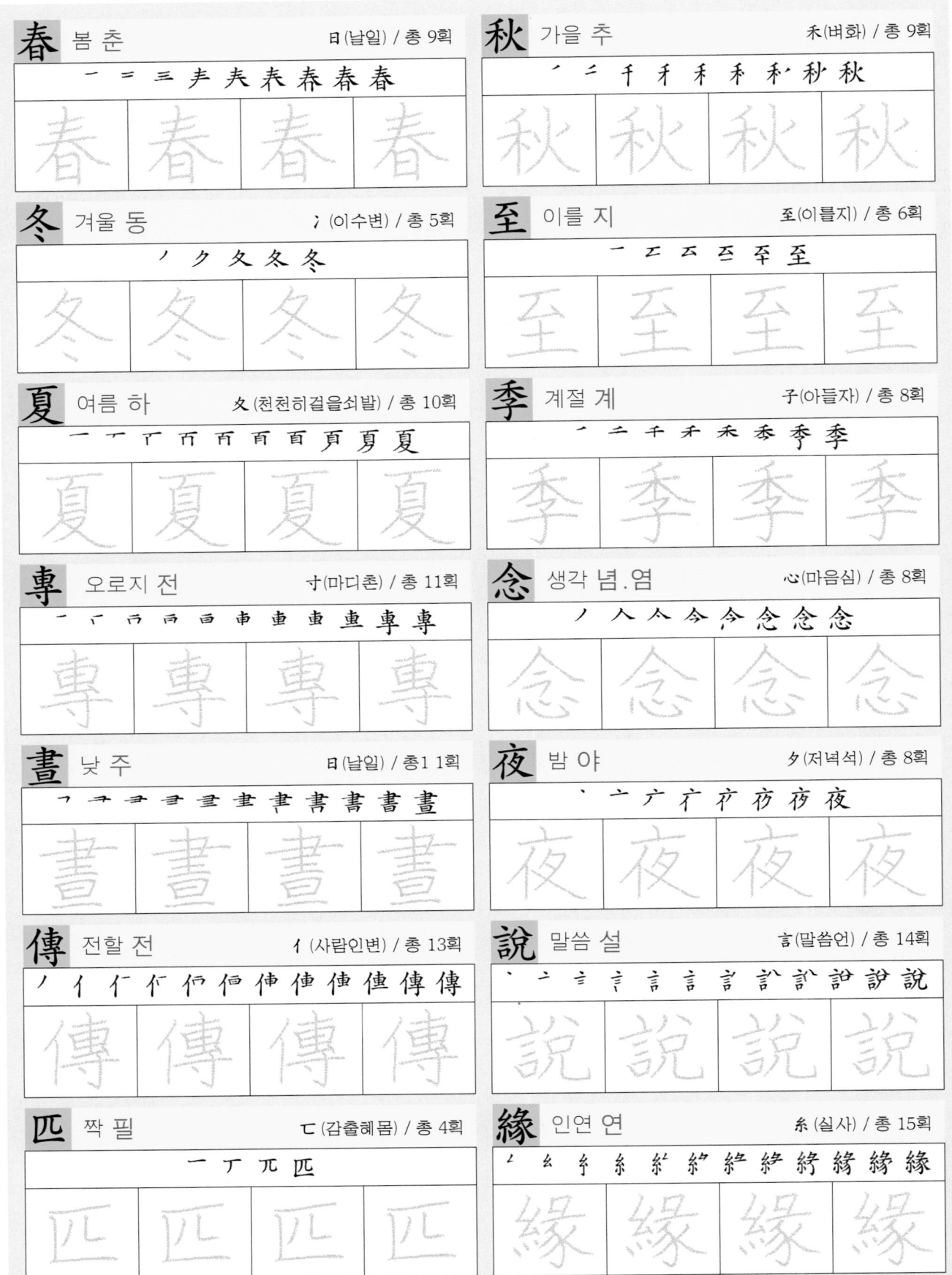

春 봄 춘	日(날일) / 총 9획
一 二 三 声 夫 夫 春 春 春	
春 春 春 春	

秋 가을 추	禾(벼화) / 총 9획
丿 二 千 千 禾 禾 秒 秋 秋	
秋 秋 秋 秋	

冬 겨울 동	冫(이수변) / 총 5획
丿 夕 夂 冬 冬	
冬 冬 冬 冬	

至 이를 지	至(이를지) / 총 6획
一 工 互 互 至 至	
至 至 至 至	

夏 여름 하	夊(천천히걸을쇠발) / 총 10획
一 丆 丆 亓 百 百 頁 頁 夏 夏	
夏 夏 夏 夏	

季 계절 계	子(아들자) / 총 8획
一 二 千 禾 禾 季 季 季	
季 季 季 季	

專 오로지 전	寸(마디촌) / 총 11획
一 厂 百 币 吉 車 車 車 重 專 專	
專 專 專 專	

念 생각 념.염	心(마음심) / 총 8획
丿 人 人 今 今 念 念 念	
念 念 念 念	

晝 낮 주	日(날일) / 총11획
一 ㄱ ㅋ ㅋ 聿 書 書 書 書 書 晝	
晝 晝 晝 晝	

夜 밤 야	夕(저녁석) / 총 8획
丶 一 广 疒 疒 夜 夜 夜	
夜 夜 夜 夜	

傳 전할 전	亻(사람인변) / 총 13획
丿 亻 亻 亻 亻 伸 伸 伸 傳 傳 傳 傳	
傳 傳 傳 傳	

說 말씀 설	言(말씀언) / 총 14획
丶 一 二 言 言 言 言 訁 訜 訜 訜 說	
說 說 說 說	

匹 짝 필	匚(감출혜몸) / 총 4획
一 丆 兀 匹	
匹 匹 匹 匹	

緣 인연 연	糸(실사) / 총 15획
丿 幺 牟 糸 糸 紹 紹 絲 絲 緣 緣 緣	
緣 緣 緣 緣	

공부할 한자

묶음 2-15

음 ■ 한자를 읽는 소리
아래 한자의 음을 찾아 적고 소리내어 읽어 보자.

– 바탕색과 글자색이 같은 것을 찾아 보자 –

훈 ■ 한자의 뜻 새김
한자의 음을 적고 훈과 함께 외어 보자.

系 맬	統 거느릴	宗 마루	孫 손자
省 살필	墓 무덤	溫 따뜻할	泉 샘
韓 한국	屋 집	曾 일찍	祖 할아버지

195

■ 한자어와 한자어를 이루는 개별 한자의 뜻을 알아보자.
■ 아래 한자어의 음을 적고 그 뜻을 생각하며 글을 읽어 보자.
■ 공부할 한자의 뜻을 알아보고 필순에 따라 바르게 써 보자.

系統 [　　]

▶ 일정한 체계에 따라 서로 관련되어 있는 부분의 통일적 조직, 일의 체계나 순서,

「 노랗다, 누렇다, 노르스름하다, 누르께하다, 노르무레하다, 노릇노릇하다, 누르스름하다, 샛노랗다, 싯누렇다,

　붉다, 빨갛다, 새빨갛다, 시뻘겋다, 벌겋다, 검붉다, 발그스름하다,

　푸르다, 퍼렇다, 시퍼렇다, 파랗다, 새파랗다, 파릇파릇하다, 푸르스름하다,

　우리는 빛깔에 관한 表現을 살펴 보고, 같은 系統의 빛깔이라도, 그 빛깔의 정도에 따라 表現하는 말이 다르다는 것을 알았다. 」

• 表現(표현).　＊정도: 얼마 가량의 분량.

糸은 손(　)으로 실을 잇는(　) 모습이다.　두 줄을 〈매어서 이음〉을 뜻한다.

統은 '실'을 뜻하는 糸(사)와 '채우다', '갖추다'는 뜻인 充(충)을 결합한 것이다.　여러 가닥을 합하여 한 줄기로 〈거느림〉을 의미한다.

[새김] ■ 매다 ■ 잇다 ■ 같은 핏줄의 계통

ノ	ゝ	幺	玄	糸	糸	系
糸	糸	糸	糸			
糸	糸	糸	糸			

[새김] ■ 거느리다 ■ 줄기, 계통 ■ 합치다

ノ	ゝ	幺	糸	糸	糸	糸'	糸^	紵	統	統
統	統	統	統							
統	統	統	統							

새기고 익히기

■ 한자의 뜻을 새기고 그 한자로 이루어진 한자어를 익히자.
  ■ 한자의 뜻을 연결하여 한자어의 뜻을 생각해 보자.
  ■ 한자어의 뜻을 알고 예문을 통해 그 쓰임을 익히자.

系	맬 계	■ 매다 ■ 잇다 ■ 같은 핏줄의 계통

統	거느릴 통	■ 거느리다 ■ 줄기, 계통 ■ 합치다

– 흐리게 나타난 한자어 위에 겹쳐서 쓰고 음을 적어라 –

母	어머니 모	■ 어머니, 어미 ■ 여자 ■ 기르다

母系 ▷ 중국에는 母系사회를 이루는 소수 부족들이 있다.
어머니 쪽의 핏줄 계통 ▶ 어머니 쪽의 핏줄 계통.

直	곧을 직	■ 곧다 ■ 바르다 ■ 바로, 곧

直系 ▷ 나는 그 분의 直系 후손 입니다.
바로 이어지는 계통 ▶ 혈연이나 친자 관계에 의하여 직접적으로 이어져 있는 계통.

血	피 혈	■ 피 ■ 근친 ■ 빨간색

血統 ▷ 그는 자기가 훌륭한 가문의 血統을 이어 받았다고 말한다.
핏줄의 계통 ▶ 같은 핏줄의 계통, 핏줄기.

傳	전할 전	■ 전하다 ■ 옮기다 ■ 알리다 ■ 전기

傳統 ▷ 우리의 傳統 음식인 김치는 각 지방마다 특색이 있다.
전함 계통을 이루며 ▶ 계통을 이루며 전하여 내려오는 사상 관습 행동 따위의 양식.

한 글자 더

省	살필 성	■ 살피다 ■ 마을 ■ 덜다(생)

☆ 작은 것까지도 자세히 살펴봄.

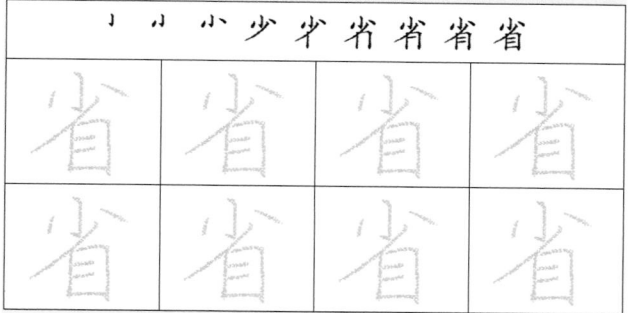

反	돌이킬 반	■ 돌이키다 ■ 거스르다 ■ 반대하다

反省 ▷ 자기 反省이 따르지 않는다면 개인의 발전은 어렵다.
돌이켜 살펴 봄 ▶ 자신의 언행에 대하여 잘못이나 부족함이 없는지 돌이켜 봄.

自	스스로 자	■ 스스로 ■ 자기, 자신 ■ ~부터

自省 ▷ 학생들 사이에서 과소비에 대한 自省의 목소리가 높아지고 있다.
스스로 살펴 봄 ▶ 자기 자신의 태도나 행동을 스스로 반성함.

197

알아보기

宗孫 [　　] ▶ 종가의 맏 자손.

「 우리 가족은 이 곳 계룡산 아래 마을에서 5代째 살고 있습니다.
저의 고조 할아버지 때부터 살기 시작해서 증조 할아버지와
할아버지, 아버지 그리고 저까지 살고 있습니다.
우리 집안의 宗孫이신 아버지께서는 끝까지
이곳에서 살기로 決心을
하셨습니다. 아버지께서는
이곳 國立 공원의 관리
사무소에 다니십니다. 」

• 代(대) • 決心(결심) • 國立(국립).   * 관리: 어떤 일의 사무를 맡아 처리함.
* 고조: 할아버지의 할아버지를 이르는 말.   * 증조: 아버지의 할아버지. 또는 할아버지의 아버지를 이르는 말.

介은 제단(示 → 示)에 조상의 신주를 갖추어 놓고 제를 올리는 집(介 → 宀)인 사당을 나타낸다.   조상의 제사를 이어 받아 한 집안의 근본을 이어가는 〈시조의 적장자〉를 의미한다.

[새김] ■ 마루, 근본 ■ 일족 ■ 시조의 적장자

` ` ` ` 宀 宀 宇 宇 宗 宗			
宗	宗	宗	宗
宗	宗	宗	宗

孫은 '아들'. '자식'을 뜻하는 孚 → 子(자)와 '잇다'는 뜻인 系 → 系(계)를 결합한 것이다.   자식에서 자식의 자식으로 이어지는 〈자손〉을 의미한다.

[새김] ■ 손자 ■ 자손

` ` 了 子 子 子 孖 孖 孫 孫 孫			
孫	孫	孫	孫
孫	孫	孫	孫

새기고 익히기

■ 한자의 뜻을 새기고 그 한자로 이루어진 한자어를 익히자.
■ 한자의 뜻을 연결하여 한자어의 뜻을 생각해 보자.
■ 한자어의 뜻을 알고 예문을 통해 그 쓰임을 익히자.

| 宗 마루 종 | ■ 마루, 근본 ■ 일족(겨레붙이) ■ 시조의 적장자 | 孫 손자 손 | ■ 손자 ■ 자손 |

― 흐리게 나타난 한자어 위에 겹쳐서 쓰고 음을 적어라 ―

家 집 가	■ 집 ■ 집안 ■ 일가(가족) ■ 전문가

宗家 [　　] ▷ 그분은 宗家의 맏며느리로서 가풍을 이어 나가야 하는 책임을 다하고 있다.
장자로 이어온 집 ▶ 족보로 보아 한 문중에서 맏이로만 이어 온 집, 종갓집.

教 가르칠 교	■ 가르치다 ■ 가르침 ■ 본받다

宗教 [　　] ▷ 사람들은 마음의 위안을 얻기 위해 宗教를 갖는다.
근본이 되는 가르침 ▶ 신에 대한 믿음을 통해 삶의 의미를 추구하는 문화 체계.

子 아들 자	■ 아들, 자식 ■ 사람 ■ 씨, 열매

子孫 [　　] ▷ 그 노인은 子孫이 많다.
자식과 손자 ▶ 자식과 손자를 아울러 이르는 말, 후손.

女 여자 녀	■ 여자, 계집 ■ 딸 ■ 시집보내다

孫女 [　　] ▷ 할머니는 어린 孫女를 품에 안고 조용히 자장가를 불러주었다.
손자뻘인 여자 아이 ▶ 아들의 딸, 또는 딸의 딸.

한 글자 더

墓 무덤 묘	■ 무덤, 묘지

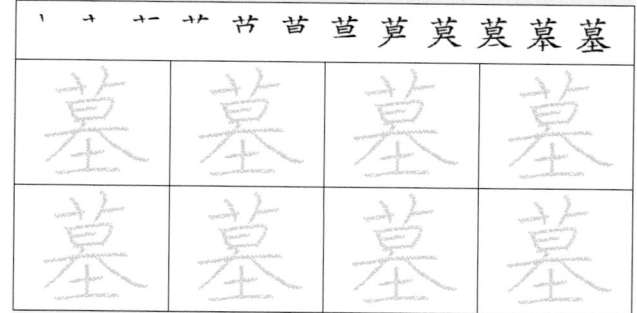

丶 十 土 圹 芇 节 苩 苴 苴 萛 募 墓 墓

墓 墓 墓 墓
墓 墓 墓 墓

省 살필 성	■ 살피다 ■ 마을 ■ 덜다(생)

省墓 [　　] ▷ 추석 전날에 온 가족이 할아버지 산소에 省墓를 했다.
살펴봄 묘지를 ▶ 조상의 산소를 찾아가 돌봄, 또는 그런 일.

地 땅 지	■ 땅 ■ 곳, 장소 ■ 자리

墓地 [　　] ▷ 墓地 둘레에 꽃을 심었다.
무덤이 있는 땅 ▶ 무덤, 무덤이 있는 땅.

알아보기

■ 한자어와 한자어를 이루는 개별 한자의 뜻을 알아보자.
■ 아래 한자어의 음을 적고 그 뜻을 생각하며 글을 읽어 보자.
■ 공부할 한자의 뜻을 알아보고 필순에 따라 바르게 써 보자.

溫泉 [　　] ▶ 더운 물이 솟아 나오는 샘.

「 大田은 한밭이라 불리던 들판이었으나 경부선과 호남선이 놓인
후로 급속하게 발달한 도시이다. 大田에는 유성 溫泉과 중요한
과학 기술을 연구하는 대덕 학술 연구 단지가 있다.
대전을 둘러싼 충청남도에는 유성과 같이 溫泉으로
유명하고 현충사가 있는 온양과,
백제의 도읍지로 역사적인 자취가
있는 공주와 부여가 있어서
많은 관광객이 찾아온다. 」

• 大田(대전).　*도읍지: 한 나라의 서울로 삼은 곳.
* 역사적: 역사에 관한 것. 오랜 세월을 두고 전해지는 것.　* 자취: 어떤 것이 남긴 표시나 자리.

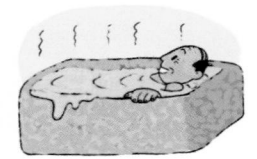

溫은 '물'을 뜻하는 ⺡ ⋯ 氵(수)와 커다란 그릇(목욕
통) 안에 사람이 들어 있는 모습으로 '따뜻하다' 는 뜻인
⋯ 昷(온)을 결합한 것이다.　목욕통 속의 물이 〈따
뜻함〉을 의미한다.

[새김] ■ 따뜻하다 ■ 온화하다 ■ 온도

`	⺀	氵	氵	氵	沪	沪	沪	洹	洹	沼	溫	溫
溫	溫	溫	溫									
溫	溫	溫	溫									

은 물이 솟아나와 괴어 흐르는 모양이다.　물이 솟
아나오는 〈샘〉을 의미한다.

[새김] ■ 샘 ■ 지하수 ■ 황천

`	⺀	白	白	白	皁	泉	泉	泉
泉	泉	泉	泉					
泉	泉	泉	泉					

새기고 익히기

■ 한자의 뜻을 새기고 그 한자로 이루어진 한자어를 익히자.
■ 한자의 뜻을 연결하여 한자어의 뜻을 생각해 보자.
■ 한자어의 뜻을 알고 예문을 통해 그 쓰임을 익히자.

溫 따뜻할 온	■ 따뜻하다 ■ 온화하다 ■ 온도	泉 샘 천	■ 샘 ■ 지하수 ■ 황천(저승)

– 흐리게 나타난 한자어 위에 겹쳐서 쓰고 음을 적어라 –

氣 기운 기	■ 기운 ■ 공기 ■ 기체 ■ 기후

溫氣 [　　] ▷ 난로를 피우니 방안에 溫氣가 돌았다.
따뜻한　기운 ▶ **따뜻한 기운.**

情 뜻 정	■ 뜻 ■ 정 ■ 마음의 작용 ■ 정취

溫情 [　　] ▷ 어려움에 처한 이에게 溫情을 베푸는 것은 인지상정이다.
따뜻한　정 ▶ **따뜻한 사랑이나 인정.**

水 물 수	■ 물 ■ 강물, 냇물 ■ 평평하다

泉水 [　　] ▷ 이 泉水는 물맛이 좋고 가뭄에도 마르지 않는다.
샘　물 ▶ **샘물.**

黃 누를 황	■ 누르다 ■ (오행으로)땅 ■ 중앙

黃泉 [　　] ▷ 이 절벽에서 뛰어내린다면 바로 黃泉행?
땅속　저승 ▶ **지하의 샘, 저승.**

한 글자 더

祖 할아버지 조	■ 할아버지 ■ 조상 ■ 근본

☆ 엄숙하게 받들어 공경하는 조상.

一 二 千 千 禾 利 利 祖 祖 祖
祖 祖 祖 祖
祖 祖 祖 祖

先 먼저 선	■ 먼저. 미리 ■ 앞 ■ 앞서다 ■ 이전

先祖 [　　] ▷ 나는 가끔 우리 先祖들의 지혜에 놀란다.
이전의　조상 ▶ **먼 윗대의 조상.**

國 나라 국	■ 나라, 국가 ■ 세상, 세계

祖國 [　　] ▷ 그는 꿈에도 잊지 못했던 祖國 땅을 다시 밟았다.
조상 때부터의　나라 ▶ **조상 때부터 살던 나라.**

알아보기

■ 한자어와 한자어를 이루는 개별 한자의 뜻을 알아보자.
■ 아래 한자어의 음을 적고 그 뜻을 생각하며 글을 읽어 보자.
■ 공부할 한자의 뜻을 알아보고 필순에 따라 바르게 써 보자.

韓屋 ☐

▶ 우리나라 고유의 형식으로 지은 집을 양식 건물에 상대하여 이르는 말.

「 우리 조상들은 陽地바른 곳에 터를 잡고 南向집을 지었다. 온돌을 만들어 겨울을 따뜻하게 날 수 있도록 하였고, 마루를 만들어 여름철을 시원하게 보냈다. 또 쓰임에 따라 안방, 건넌방, 사랑방, 부엌 등을 꾸며 편리한 生活을 하려고 노력하였다. 그리고 여러 가지 모양의 아름다운 문살을 만들어 멋을 더하였다.

韓屋에는 우리 민족의 멋이 깃들어 있다. 낮은 담을 둘러서 집 안을 아늑하게 만들고, 담 밑에는 장독대를 만들어 조화를 이루게 하였다. 」

• 陽地(양지) • 南向(남향) • 生活(생활).　＊아늑하다: 감싸 안기듯 편안하고 포근한 느낌이 있다.　＊조화: 서로 잘 어울림.

韓은 해가 떠오르는(무) 언덕 너머에서 햇살이 뻗치는 (햇) 모습이다. 나중에 韋를 결합하였다. '떠오르는 해의 환한 햇살'을 뜻하며, 현재 〈우리 나라의 이름〉이다.

[새김] ■ 대한민국의 약칭 ■ 우리나라 이름

一 十 古 古 直 卓 卓 卓 幹 韓 韓			
韓	韓	韓	韓
韓	韓	韓	韓

屋은 '몸을 엎드리고 손발을 쭉 펴다'는 뜻인 ⌐ ┅ 尸 (시)와 '이르다'는 뜻인 至 ┅ 至(지)을 결합한 것이다. 사람이 이르러 편하게 쉬며 머무는 곳인 〈집〉을 의미한다.

[새김] ■ 집 ■ 지붕 ■ 덮개

⌐ ⌐ 尸 尸 尸 屈 屋 屋 屋			
屋	屋	屋	屋
屋	屋	屋	屋

새기고 익히기

■ 한자의 뜻을 새기고 그 한자로 이루어진 한자어를 익히자.
■ 한자의 뜻을 연결하여 한자어의 뜻을 생각해 보자.
■ 한자어의 뜻을 알고 예문을 통해 그 쓰임을 익히자.

韓	한국 한	■ 대한민국의 약칭 ■ 나라이름

屋	집 옥	■ 집 ■ 지붕 ■ 덮개

– 흐리게 나타난 한자어 위에 겹쳐서 쓰고 음을 적어라 –

牛	소 우	■ 소 ■ 고집스럽다

韓牛 [ ] ▷ 韓牛는 육질이 좋고 고기의 맛도 좋다.

우리나라의   소 ▶ 우리나라 재래종인 소의 한 품종.

藥	약 약	■ 약 ■ 약초 ■ 화약

韓藥 [ ] ▷ 어머니는 한의원에 가서서 韓藥을 지어 오셨다.

한방의   약 ▶ 한방에서 쓰는 약.

外	밖 외	■ 밖 ■ 외국 ■ 벗어나다 ■ 추가로

屋外 [ ] ▷ 오늘 행사는 屋外에서 이루어진다.

집   밖 ▶ 집 또는 건물의 밖.

社	모일 사	■ 모이다 ■ 단체 ■ 회사 ■ 토지신

社屋 [ ] ▷ 그가 다니는 회사는 신축 건물로 社屋을 이전하였다.

회사가 있는   집(건물) ▶ 신문사, 출판사 또는 회사가 있는 건물.

한 글자 더

曾	일찍 증	■ 일찍 ■ 이전에 ■ 거듭

☆ 거듭 포개어.

ノ	ハ	伆	伆	伆	伆	伆	曶	曾	曾	曾
曾	曾	曾	曾							
曾	曾	曾	曾							

祖	할아버지 조	■ 할아버지 ■ 조상 ■ 근본

曾祖 [ ] ▷ 우리는 曾祖 때부터 이 곳에서 살았다.

거듭한   할아버지 ▶ 증조할아버지, 조부모의 부모.

孫	손자 손	■ 손자 ■ 자손

曾孫 [ ] ▷ 김 영감은 曾孫의 탄생을 그 누구보다도 기뻐하였다.

거듭한   손자 ▶ 증손자.

어휘력 다지기

■ 형이 우리 집안의 家系 를 잇는다.	• 대대로 내려오는 한 집안 의 계통.
■ 우리는 父系 의 성씨를 따르고 있다.	• 어머니 쪽의 핏줄 계통.
■ 그의 모습은 母系 쪽을 닮았어요.	• 아버지 쪽의 혈연 계통.
■ 마산, 창원, 진해의 행정구역 統合.	• 바른 계통, 사물의 중심이 되는 요긴한 부분.
■ 중국 正統 요리를 맛보기로 했어.	• 아들의 아들, 또는 딸의 아들.
■ 이 산은 우리 宗中 소유이다.	• 둘 이상의 조직이나 기구 따위를 하나로 합침.
■ 할머니가 어린 孫子 를 업고 있다.	• 성이 같고 본이 같은 한 겨레붙이의 문중.
■ 後孫 들에게 물려줄 우리 문화유산.	• 한집안에서 맏이가 되는 후손.
■ 오빠는 우리 집안의 長孫 입니다.	• 이후에 태어나는 자손들.
■ 조부모님 墓所 를 둘러보았다.	• 더운물(따뜻하게 데워진 물).
■ 전국의 氣溫 이 영하로 떨어졌어.	• 산소(뫼가 있는 곳).
■ 자기 전에 溫水 로 샤워를 하여라.	• 대기의 온도.
■ 한여름엔 地溫 이 많이 올라간다.	• '대한민국'을 줄여 이르는 말.
■ 통일 韓國 의 모습은 어떠할까요?	• 땅의 겉면이나 땅속의 온도.
■ 北韓 에 있는 금강산을 가보고 싶어.	• 우리나라 고유의 음식이나 식사.
■ 브라질 축구 대표 팀이 來韓 하였다.	• 남북으,로 분단된 대한민국의 휴전선 북쪽 지역.
■ 그 식당은 韓食 을 전문으로 한다.	• 외국인이 한국에 옴.
■ 태풍으로 家屋 몇 채가 부서졌어.	• 서양식으로 지은 집.
■ 그는 2층 洋屋 을 지어서 입주했어.	• 고가(지은지 오래된 집).
■ 古屋 의 멋을 살려서 수리하였다.	• 사람이 사는 집.
■ 이곳에서 祖上 대대로 살아왔어요.	• 돌아간 어버이 위로 대대의 어른.

· 가계 · 부계 · 모계 · 통합 · 정통 · 종중 · 손자 · 후손 · 장손 · 묘소 · 기온 · 온수 · 지온 · 한국 · 북한 · 내한 · 한식 · 가옥 · 양옥 · 고옥 · 조상

■ 한자어가 되도록 □ 안에 공통으로 넣을 한자를 보기에서 찾아 □ 안에 쓰고 , 그 한자어들의 뜻을 생각하며 음을 적어라.

□ ⇨	血□	傳□	□一		□ ⇨	□墓	反□	自□

□ ⇨	子□	□女	長□		□ ⇨	□水	氣□	□情

□ ⇨	□國	□屋	南□		□ ⇨	□上	先□	□國

보기

曾 · 溫 · 宗 · 匹 · 屋 · 墓 · 泉 · 祖 · 統 · 韓 · 系 · 孫 · 省

■ 아래의 뜻을 지닌 한자어가 되도록 위의 보기에서 알맞은 한자를 찾아 □ 안에 써 넣어라.

▶ 일정한 체계에 따라 서로 관련되어 있는 부분들의 통일적 조직.

▷ 나는 호흡기 [ ][統] 이 약한 편이다.

▶ 신이나 초자연적인 절대자 또는 힘에 대한 믿음을 통하여 인간 생활의 고뇌를 해결하고 삶의 궁극적인 의미를 추구하는 문화 체계.

▷ 나는 다른 사람의 [ ][敎] 를 존중한다.

▶ 조상의 산소를 찾아가 돌봄. 또는 그런 일.

▷ 추석을 앞두고 [省][ ] 를 하였다.

▶ 부부로서의 짝.

▷ 너에게 좋은 [配][ ] 감을 찾아라.

▶ 지열에 의하여 지하수가 그 지역의 평균 기온 이상으로 데워져 솟아 나오는 샘.

▷ 대전에는 유성 [溫][ ] 이 있어.

▶ 증조할아버지 (아버지의 할아버지).

▷ 이곳이 [ ][祖] 할아버지 산소다.

▶ 지붕 위, 특히 현대식 양옥 건물에서 마당처럼 평평하게 만든 지붕 위를 말한다.

▷ 빨래를 모두 [ ][上] 에 널어라.

· 혈통. 전통. 통일 · 성묘. 반성. 자성 · 자손. 손녀. 장손 · 온수. 기온. 온정 · 한국. 한옥. 남한 · 조상. 선조. 조국 / · 계통 · 종교 · 성묘 · 배필 · 온천 · 증조 · 옥상

205

■ 한자의 음과 훈을 되새기며 필순에 따라 바르게 써 보자.

系	맬 계	糸(실사) / 총 7획
	ノ 乙 千 壬 玄 系 系	

統	거느릴 통	糸(실사) / 총 12획
	ノ 幺 幺 幺 糸 糸 糸 紅 紅 絎 統	

宗	마루 종	宀(갓머리) / 총 8획
	ヽ ハ 宀 宀 宇 宇 宗 宗	

孫	손자 손	子(아들자) / 총 10획
	フ 了 子 子 孑 孫 孫 孫 孫 孫	

省	살필 성	目(눈목) / 총 9획
	ノ 小 小 少 少 乂 省 省 省	

墓	무덤 묘	土(흙토) / 총 14획
	ヽ ＋ ＋ ++ ++ 苗 苩 苩 莫 莫 墓 墓	

溫	따뜻할 온	氵(삼수변) / 총 13획
	ヽ ⟩ 氵 氵 沪 沪 汈 汩 渭 渭 溫 溫	

泉	샘 천	水(물수) / 총 9획
	ノ ハ 白 白 白 皁 泉 泉 泉	

韓	한국 한	韋(가죽위) / 총 17획
	一 ＋ 古 古 直 卓 軒 軒 韓 韓 韓 韓	

屋	집 옥	尸(주검시) / 총 9획
	フ コ 尸 尸 屌 屌 屋 屋 屋	

曾	일찍 증	日(가로왈) / 총 12획
	ヽ ハ ハ 分 分 鈴 鈴 血 曽 曽 曽 曾	

祖	할아버지 조	示(보일시) / 총 10획
	一 二 亍 亓 示 礻 初 袒 祖 祖	

匹	짝 필	匸(감출혜몸) / 총 4획
	一 丆 兀 匹	

緣	인연 연	糸(실사) / 총 15획
	ノ 幺 幺 糸 糸 紗 紣 紣 綠 緣 緣	

공부할 한자

■ 공부할 한자의 모양을 살펴보며 음과 훈을 알아보자,

묶음 2-16

음 ■ 한자를 읽는 소리
아래 한자의 음을 찾아 적고 소리내어 읽어 보자.

– 바탕색과 글자색이 같은 것을 찾아 보자 –

훈 ■ 한자의 뜻 새김
한자의 음을 적고 훈과 함께 외어 보자.

飮 마실	酒 술	解 풀	毒 독
關 관계할	係 맬	暗 어두울	黑 검을
疑 의심할	問 물을	默 잠잠할	契 맺을

알아보기

■ 한자어와 한자어를 이루는 개별 한자의 뜻을 알아보자.
■ 아래 한자어의 음을 적고 그 뜻을 생각하며 글을 읽어 보자.
■ 공부할 한자의 뜻을 알아보고 필순에 따라 바르게 써 보자.

飮酒 [   ] ▶ 술을 마심.

「 "요즈음에는 경축일이든 애도일이든 쉬는 날만 되면 너도
나도 놀러 가느라고 야단들이니 문제야."

"미경아, 현충일 같은 날에 유원지나 관광지에서 취하도록
飮酒 를 하며 노래를 하거나 춤추는 사람들에

대해서 너는 어떻게 생각하니?"

"바르지 못한 行動이라고 생각해요.
온 國民이 경건한 마음으로 나라를
위해 희생하신 분들께 애도의 뜻을
표하라고 公休日로 지정해서 일도
하지 않는 것일 텐데 말이에요." 」

• 行動(행동) • 國民(국민) • 公休日(공휴일). * 유원지: 돌아다니며 구경하거나 놀기 위하여 여러 가지 설비를 갖춘 곳.
* 경건하다: 공경하며 삼가고 엄숙하다. * 애도: 사람의 죽음을 슬퍼함.

飮은 사람이 크게 벌린 입(欠)을 술 항아리(㮾)
에 대고 있는 모습이다. 나중에 㮾가 食(식)으로 바뀌
었다. 술이나 물 따위를 〈마심〉을 의미한다.

[새김] ■마시다 ■술을 마시다 ■음료

ノ	ヶ	夫	今	今	仒	佘	會	針	飮	飮

飮	飮	飮	飮
飮	飮	飮	飮

酒는 '술 항아리'를 뜻하는 㮾→酉(유)와 그 항아리
에서 따라 낸 '술'을 뜻하는 氵(수)를 결합한 것이
다. 술 항아리에서 따라 낸 〈술〉을 의미한다.

[새김] ■술

`	`	`	氵	沪	沪	沪	酒	酒	酒	酒

酒	酒	酒	酒
酒	酒	酒	酒

새기고 익히기

■ 한자의 뜻을 새기고 그 한자로 이루어진 한자어를 익히자.
 ▪ 한자의 뜻을 연결하여 한자어의 뜻을 생각해 보자.
 ▪ 한자어의 뜻을 알고 예문을 통해 그 쓰임을 익히자.

飲 <u>마실</u> 음
 ▪ 마시다
 ▪ 술을 마시다
 ▪ 음료

酒 <u>술</u> 주
 ▪ 술

– 흐리게 나타난 한자어 위에 겹쳐서 쓰고 음을 적어라 –

料 <u>헤아릴</u> 료
 ▪ 헤아리다
 ▪ 삯ㆍ값
 ▪ 거리(재료)

飲料 [　] 마실 거리 ▷ 사람이 마실 수 있도록 만든 액체를 통틀어 이르는 말.
▷ 유산균 飲料가 장에 좋다고 한다.

過 <u>지날</u> 과
 ▪ 지나다
 ▪ 지나치다
 ▪ 잘못하다

過飲 [　] 지나치게 술을 마심 ▷ 술을 지나치게 마심.
▷ 아버지는 어제 過飲하셔서 속이 쓰리고 머리가 아프다고 하신다.

洋 <u>큰 바다</u> 양
 ▪ 큰 바다
 ▪ 서양
 ▪ 광대하다

洋酒 [　] 서양 술 ▷ 서양(외국)에서 들여온 술.
▷ 할아버지는 洋酒보다 막걸리를 더 좋아하신다.

類 <u>무리</u> 류
 ▪ 무리
 ▪ 담다
 ▪ 나누다

酒類 [　] 술 무리(종류) ▷ 술 종류.
▷ 아버지는 퇴근길에 酒類 상점에 들러서 전통주 한 병을 사오셨다.

한 글자 더

關 <u>관계할</u> 관
 ▪ 관계하다
 ▪ 관문
 ▪ 빗장 ▪ 매듭

☆ 문을 잠그기 위하여 고리에 꿰어 가로지르는 빗장.

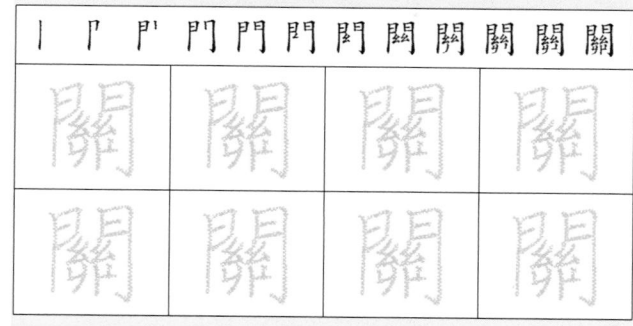

門 <u>문</u> 문
 ▪ 문 ▪ 집안
 ▪ 분야
 ▪ 배움터

關門 [　] 통하게 하는 문 ▷ 국경이나 요새의 성문. 반드시 거쳐야 하는 길목.
▷ 부산은 우리나라 關門의 하나이다.
▷ 예선의 關門을 뚫고 본선에 진출했다.

節 <u>마디</u> 절
 ▪ 마디 ▪ 절개
 ▪ 철, 절기
 ▪ 절제하다

關節 [　] 매듭지은 마디 ▷ 뼈와 뼈가 서로 맞닿아 움직일 수 있게 연결되어 있는 부분.
▷ 나는 무릎 關節에 이상이 생겨 오래 걸을 수 없어요.

209

■ 한자어와 한자어를 이루는 개별 한자의 뜻을 알아보자.
■ 아래 한자어의 음을 적고 그 뜻을 생각하며 글을 읽어 보자.
■ 공부할 한자의 뜻을 알아보고 필순에 따라 바르게 써 보자.

解毒 [　　] ▶ 독기를 풀어 없애 버림.

「 6月 初쯤이 되면 큰 대나무숲이 있는 마을에서는
죽순을 따느라고 일손이 바빠진다. 대개 가장
먼저 나오는 죽순은 잘 자라므로 큰 대나무로
키우고, 그 다음에 나오는 죽순은 먹을
것으로 딴다. 죽순은 맛이 좋을 뿐 아니라,
사람의 몸에 좋은 成分도 많이 가지고
있다. 가래나 불순물을 삭혀서 몸 밖으로
내보내거나 解毒 作用을 하는 효능을
가지고 있다. 또 피를 깨끗하게 하여
정신을 맑게 하기도 한다. 」

• 初(초) • 成分(성분) • 作用(작용).   * 불순물: 순수한 물질에 섞여 있는 순수하지 않은 물질.

 解

解는 두 손(手 ⻖)으로 소의 뿔(⻆)을 잡아 뽑는 모습이
다. 나중에 ⻖은 刀(도)로 바뀌었다.   소를 잡아 각 부
분을 갈라 〈풀어 헤침〉을 의미한다.

[새김] ▪ 풀다 ▪ 가르다 ▪ 이해하다

ノ ⺈ ⺆ 角 角 角 甪 甪 觔 觧 解 解			
解	解	解	解
解	解	解	解

 毒

毒은 '음란하다'는 뜻인 㞢 ⋯ 毒(애)와 '싹', '풀'을
뜻하는 屮 ⋯ 屮(철)을 결합한 것이다.   사람을 음란
하게 만들고 해치는 풀로 〈독이 됨〉을 의미한다.

[새김] ▪ 독 ▪ 독하다 ▪ 해치다

一 十 丰 丰 丰 青 青 毒 毒			
毒	毒	毒	毒
毒	毒	毒	毒

■ 한자의 뜻을 새기고 그 한자로 이루어진 한자어를 익히자.
- 한자의 뜻을 연결하여 한자어의 뜻을 생각해 보자.
- 한자어의 뜻을 알고 예문을 통해 그 쓰임을 익히자.

解	풀 해	■ 풀다 ■ 가르다 ■ 이해하다
毒	독 독	■ 독 ■ 독하다 ■ 해치다

– 흐리게 나타난 한자어 위에 겹쳐서 쓰고 음을 적어라 –

分	나눌 분	■ 나누다 ■ 구분 ■ 몫 ■ 1분

分解 [   ] ▷ 너는 자전거를 分解하고 조립할 수 있니?
나눔　풀어서 ▶ 여러 부분이 결합되어 이루어진 것을 그 낱낱으로 나눔.

決	결단할 결	■ 결단하다 ■ 결정하다 ■ 터지다

解決 [   ] ▷ 그 문제는 너희들 끼리 解決하여라.
풀다　터서 ▶ 제기된 문제를 해명하거나 얽힌 일을 잘 처리함.

消	사라질 소	■ 사라지다 ■ 삭이다 ■ 소멸시키다

消毒 [   ] ▷ 상처 부위를 消毒하고 약을 발랐다.
소멸시킴　독을 ▶ 병의 감염이나 전염을 예방하기 위하여 병원균을 죽이는 일.

性	성품 성	■ 성품 ■ 성질 ■ 남녀의 구별

毒性 [   ] ▷ 독버섯에는 강한 毒性이 있어서 먹으면 안된다.
독한　성질 ▶ 독이 있는 성분. 독한 성질.

한 글자 더

係	맬 계	■ 매다 ■ 잇다 ■ 관계되다 ■ 사무 부서

丿 亻 亻 仵 伜 係 係 係 係

係 係 係 係
係 係 係 係

關	관계할 관	■ 관계하다 ■ 관문 ■ 빗장 ■ 매듭

關係 [   ] ▷ 너는 그분과 어떤 關係이냐?
매듭으로　이어짐 ▶ 둘 이상의 사람, 사물, 현상 따위가 서로 관련이 있음.

員	인원 원	■ 인원 ■ 사람 ■ 둥글다

係員 [   ] ▷ 그는 시청 민원실 주민등록 담당 係員이다.
계단위 부서의　인원 ▶ 계 단위의 부서에서 일하는 사람.

알아보기

■ 한자어와 한자어를 이루는 개별 한자의 뜻을 알아보자.
■ 아래 한자어의 음을 적고 그 뜻을 생각하며 글을 읽어 보자.
■ 공부할 한자의 뜻을 알아보고 필순에 따라 바르게 써 보자.

暗黑 [　　] ▶ 어둡고 캄캄함.

「 방 안이 갑자기 캄캄해졌습니다. 라디오에서 조용히
흘러나오던 음악이 뚝 끊겼습니다. 창문을 열고 밖을
내다보니, 어렴풋이 보이는 앞집은 괴물 같았습니다.
나는 무서워서 더듬더듬 안방으로
갔습니다. 텔레비젼 소리가
없었습니다. 세상은 온통
暗黑 으로 바뀌었고,
살아있는 것은 하나도
없는 것 같았습니다. 」

* 어렴풋이: 뚜렷하지 아니하고 희미하게. * 온통: 있는 전부. 전부 다.

 暗 暗

暗은 '해'를 뜻하는 日(일)과 '그늘(초목이 무성하여 해
를 가려서 어두워진 부분)'을 뜻하는 音(음)을 결합한 것
이다. 해를 가려서 그늘져 〈어두움〉을 의미한다.

[새김] ▪ 어둡다 ▪ 남몰래 ▪ 보이지 않다

丨	冂	冃	日	日ˋ	旷	旷	暗	暗	暗	暗	暗
暗	暗	暗	暗								
暗	暗	暗	暗								

黑 黑 黑

黑 은 불을 때는 아궁이(灬)와 굴뚝(囱)의 모습이다.
작은 점들은 그을음이 엉겨붙은 검댕을 나타낸다.
아궁이와 굴뚝에 엉겨붙은 검댕의 〈검은빛〉을 의미한
다.

[새김] ▪ 검다 ▪ 검은 빛 ▪ 어둡다

丶	冂	冂	四	四	甲	甲	里	黑	黑	黑	黑
黑	黑	黑	黑								
黑	黑	黑	黑								

212

새기고 익히기

■ 한자의 뜻을 새기고 그 한자로 이루어진 한자어를 익히자.
  ■ 한자의 뜻을 연결하여 한자어의 뜻을 생각해 보자.
  ■ 한자어의 뜻을 알고 예문을 통해 그 쓰임을 익히자.

暗	어두울 암	■ 어둡다 ■ 남몰래 ■ 보이지 않다	黑	검을 흑	■ 검다 ■ 검은 빛 ■ 어둡다

– 흐리게 나타난 한자어 위에 겹쳐서 쓰고 음을 적어라 –

明	밝을 명	■ 밝다 ■ 밝히다 ■ 확실하게

明 暗 [ ]
밝음과   어두움 ▷ 밝음과 어두움을 통틀어 이르는 말.

▷ 오늘은 스켓치 할 때 明暗도 나타내 보자.

鬪	싸움 투	■ 싸우다 ■ 다투다 ■ 승패를 겨루다

暗 鬪 [ ]
보이지 않게   다툼 ▷ 서로 적의를 품고 드러나지 아니하게 다툼.

▷ 그들 사이에는 숨막히는 暗鬪가 벌어지고 있었다.

字	글자 자	■ 글자, 문자 ■ 자('날짜'를 나타내는 말)

黑 字 [ ]
검은 색의   글자 ▷ 검은색의 글자, 수입이 지출보다 많아 잉여 이익이 생기는 일.

▷ 지난달에는 적자였는데 이달에는 黑字가 났네.

白	흰 백	■ 희다 ■ 밝다 ■ 개끗하다 ■ 비다 ■ 술잔

黑 白 [ ]
검은 색과   흰색 ▷ 검은 색과 흰색을 아울러 이르는 말.

▷ 이것을 黑白으로 프린트하여라.

한 글자 더

默	잠잠할 묵	■ 잠잠하다 ■ 묵묵하다 ■ 말이 없다

☆ 어둠 속에 개짖는 소리도 없이 고요함.

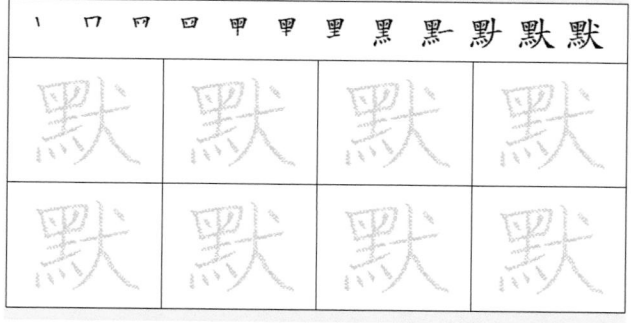

念	생각 념	■ 생각 ■ 생각하다 ■ 마음에 두다

默 念 [ ]
묵묵히   생각함 ▷ 묵묵히 생각에 잠김, 말없이 마음속으로 빎.

▷ 현충일 아침에 순국 열사에 대한 默念을 올렸다.

過	지날 과	■ 지나다 ■ 지나치다 ■ 잘못하다

默 過 [ ]
묵묵히   지남 ▷ 잘못을 알고도 모르는 체하고 그대로 넘김.

▷ 이번 일은 도저히 默過할 수 없다.

알아보기

■ 한자어와 한자어를 이루는 개별 한자의 뜻을 알아보자.
■ 아래 한자어의 음을 적고 그 뜻을 생각하며 글을 읽어 보자.
■ 공부할 한자의 뜻을 알아보고 필순에 따라 바르게 써 보자.

疑問 [　　] ▶ 의심스러운 점이나 문제, 의심하여 물음.

「 자연의 수수께끼를 풀려면 호기심 어린 눈으로 자연을 들여다봐야
한다. '왜 사과는 떨어지는가'라는 疑問이 있었기에, 지구가 당기는
힘이 있다는 것을 발견할 수 있었다. 뉴턴도, 떨어지는 사과를 무심코
보아왔을 것이다. 그러다가 어느 날, '아니, 저게 왜 떨어지지?'라는
강한 疑問을 가지게 되었을 것이다.
호기심이란, 주변의 작은 일도
그저 그거려니, 그저 그렇겠지
하며 지나치지 않고, '왜'라는
疑問을 가지는 것이다. 」

• 强(강).　＊호기심: 새롭고 신기한 것을 좋아하거나 모르는 것을 알고 싶어 하는 마음.

𥄢는 지팡이를 짚은 사람(𥄢)이 갈림길(⺕)에 서서
두리번 거리는 모습이다.　가야 할 길이 분명하지 아니
하여 〈미심쩍어 함〉을 의미한다.

[새김] ▪ 의심하다 ▪ 의심 ▪ 미심쩍다

⺊	ヒ	ヒ	ヒ	髩	髩	髩	疑	疑	疑	疑	疑
疑		疑		疑		疑					
疑		疑		疑		疑					

問은 '문'을 뜻하는 門(문)과 '말하다'는 뜻인 口(구)
를 결합한 것이다.　사정을 알아보기 위해 말문을 열어
〈물음〉을 의미한다.

[새김] ▪ 묻다, 물음 ▪ 알아보다 ▪ 방문하다

｜	冂	冂	門	門	門	門	門	問	問
問		問		問		問			
問		問		問		問			

새기고 익히기

■ 한자의 뜻을 새기고 그 한자로 이루어진 한자어를 익히자.
■ 한자의 뜻을 연결하여 한자어의 뜻을 생각해 보자.
■ 한자어의 뜻을 알고 예문을 통해 그 쓰임을 익히자.

疑 의심할 의	■ 의심하다 ■ 의심 ■ 미심쩍다	問 물을 문	■ 묻다, 물음 ■ 알아보다 ■ 방문하다

― 흐리게 나타난 한자어 위에 겹쳐서 쓰고 음을 적어라 ―

心 마음 심	■ 마음 ■ 심장 ■ 가운데

疑心 [　　] ▷ 그런데, 내가 왜 疑心을 받아야 하지?

미심쩍은　마음 ▶ 확실히 알 수 없어서 믿지 못하는 마음.

質 바탕 질	■ 바탕, 본질 ■ 따져 묻다 ■ 볼모

質疑 [　　] ▷ 궁금한 점이 있으면 質疑하세요.

물음　의심나는 점을 ▶ 의심나거나 모르는 점을 물음.

責 꾸짖을 책	■ 꾸짖다 ■ 책임 ■ 빚(부채)

問責 [　　] ▷ 그가 맡은 일이 잘못되자 問責을 당했다.

묻고　꾸짖음 ▶ 잘못을 캐묻고 꾸짖음.

學 배울 학	■ 배우다 ■ 학문 ■ 학교 ■ 가르침

學問 [　　] ▷ 시대의 변화에 맞추어서 學問이 나아가는 방향도 새롭게 변화되고 있다.

배워 익힘　알아보고 ▶ 어떤 분야를 체계적으로 배워서 익힘, 또 그런 지식.

한 글자 더

契 맺을 계	■ 맺다 ■ 약속 ■ 계

☆ 계 : 친목이나 상부상조를 도모하는 조직체.

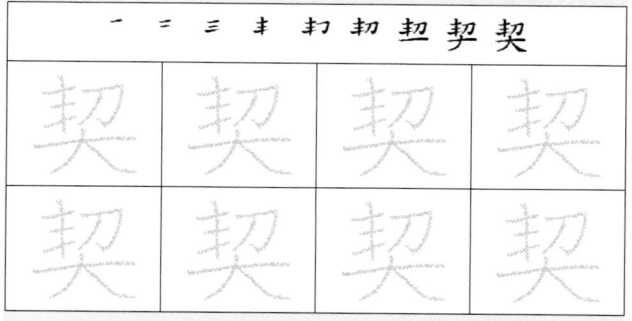

一 二 三 圭 刧 刧 刧 契 契

默 잠잠할 묵	■ 잠잠하다 ■ 묵묵하다 ■ 말이 없다

默契 [　　] ▷ 우리는 그 일에 대해서 모르는 척 하기로 默契가 이루어져 있었다.

말 없는　약속 ▶ 말 없는 가운데 뜻이 서로 맞음, 또 그렇게 하여 성립된 약속.

約 맺을 약	■ 맺다 ■ 약속하다 ■ 줄이다

契約 [　　] ▷ 아버지는 오늘 승용차 구매 契約을 맺고 오셨다.

맺음　약속을 ▶ 서로 지켜야 할 의무에 대하여 글이나 말로 정하여 둠.

215

한자성어

■ 한자 성어에 담긴 함축된 의미를 파악하고 그 쓰임을 익히자.

■ 한자 성어의 음을 적고 그에 담긴 의미와 적절한 쓰임을 익혀라.

結	者	解	之

▶ 맺은 사람이 풀어야 한다는 뜻으로, 자기가 저지른 일은 자기가, 해결하여야 함을 이르는 말.

▷ 너 때문에 생긴 일이니, 結者解之로 네가 먼저 사과하고 오해를 풀어라.

人	事	不	省

▶ 제 몸에 벌어지는 일을 모를 만큼 정신을 잃은 상태. 사람으로서의 예절을 차릴 줄 모름.

▷ 그는 어쩌자고 그렇게 人事不省이 되도록 술을 마셨나?

先	禮	後	學

▶ 먼저 예의를 배우고 나중에 학문을 배우라는 뜻으로, 예의가 우선임을 이르는 말.

▷ 사회 생활에서는 학식보다 예의가 더 중요하단다. 그래서 우리의 조상들은 先禮後學을 강조하였지.

意	氣	投	合

▶ 마음이나 뜻이 서로 맞음.

▷ 두 사람은 意氣投合하여 힘을 합해 일을 하기로 하였다.

過	恭	非	禮

▶ 지나친 공손은 오히려 예의에 벗어남.

▷ 지나치게 예의를 차리려 하는 것은 오히려 비굴해 보이고 상대편을 불편하게 한단다. 過恭非禮라 하지 않더냐?

小	貪	大	失

▶ 작은 것을 탐하다가 큰 것을 잃음.

▷ 덤으로 끼워주는 사소한 것 하나 때문에 당장 필요하지도 않은 물건에 큰 돈을 쓰다니, 그것은 小貪大失이 아니냐?

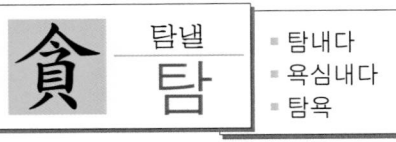

恭 공손할 공
- 공손하다
- 삼가다
- 받들다

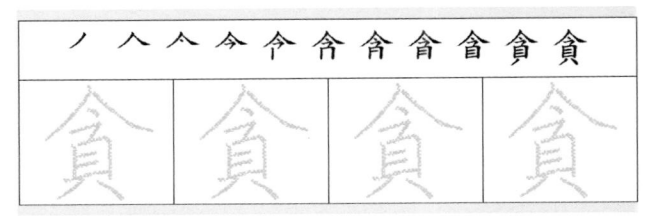

一 十 卄 芁 共 恭 恭 恭

貪 탐낼 탐
- 탐내다
- 욕심내다
- 탐욕

丿 人 入 今 今 今 含 貪 貪

· 결자해지 · 인사불성 · 선례후학 · 의기투합 · 과공비례 · 소탐대실

더 살펴 익히기

■ 한자가 지닌 여러가지 뜻과 한자어를 한 번 더 살펴 익히자.

= 아래 한자가 지닌 뜻과 그 뜻을 지니는 한자어를 줄로 이어라.

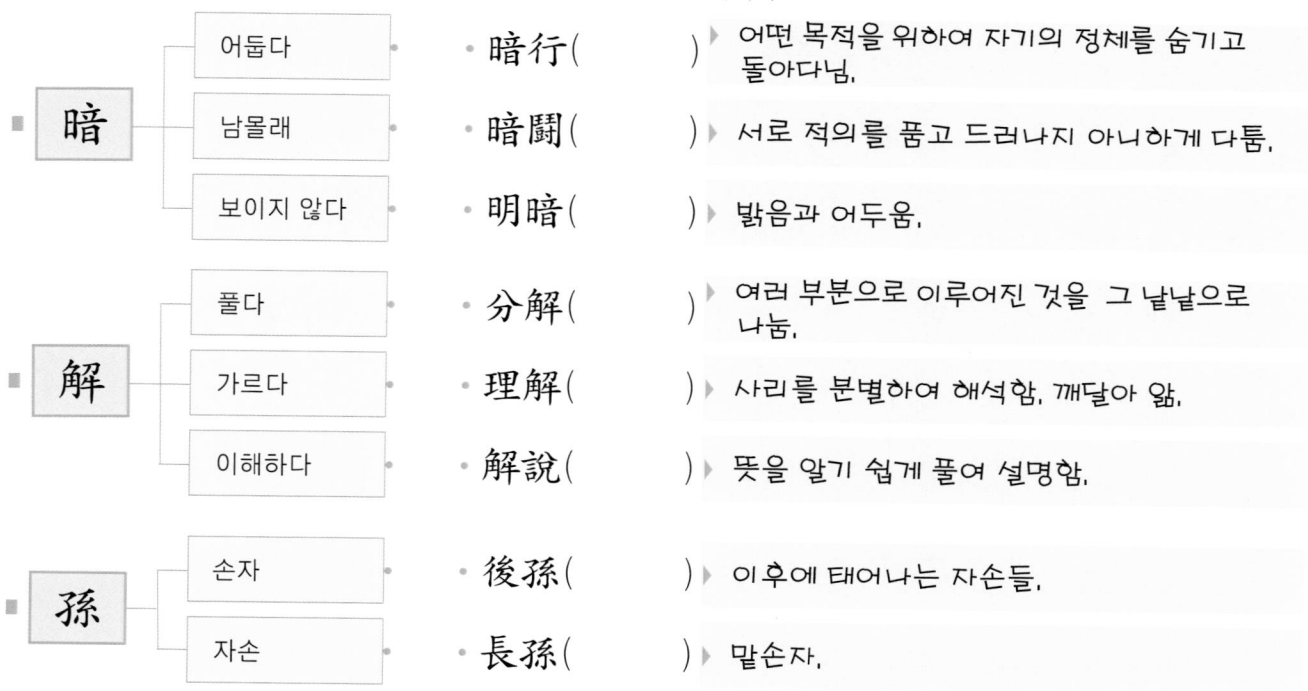

■ 暗
- 어둡다 · 暗行( ) ▶ 어떤 목적을 위하여 자기의 정체를 숨기고 돌아다님.
- 남몰래 · 暗鬪( ) ▶ 서로 적의를 품고 드러나지 아니하게 다툼.
- 보이지 않다 · 明暗( ) ▶ 밝음과 어두움.

■ 解
- 풀다 · 分解( ) ▶ 여러 부분으로 이루어진 것을 그 낱낱으로 나눔.
- 가르다 · 理解( ) ▶ 사리를 분별하여 해석함. 깨달아 앎.
- 이해하다 · 解說( ) ▶ 뜻을 알기 쉽게 풀여 설명함.

■ 孫
- 손자 · 後孫( ) ▶ 이후에 태어나는 자손들.
- 자손 · 長孫( ) ▶ 맏손자.

■ [暗]과 상대되는 뜻을 지닌 한자에 ○표 하여라. ⇨ [光 · 色 · 陽 · 明]

■ [黑]과 상대되는 뜻을 지닌 한자에 ○표 하여라. ⇨ [靑 · 丹 · 白 · 黃]

■ [屋]과 비슷한 뜻을 지닌 한자에 모두 ○표 하여라. ⇨ [宅 · 門 · 户 · 家]

= 아래의 뜻을 지닌 한자성어가 되도록 ( ) 안에 한자를 써 넣고 완성된 성어의 독음을 적어라.

▶ 하늘이 정하여 준 연분.	⇨ ( )生緣分	
▶ 개나 말 정도의 하찮은 힘이라는 뜻으로, 윗사람에게 충성을 다하는 자신의 노력을 낮추어 이르는 말.	⇨ 犬馬之( )	
▶ 마음과 마음으로 서로 뜻이 통함.	⇨ 以( )傳心	
▶ 말이 조금도 사리에 맞지 아니함.	⇨ 語( )成說	
▶ 평범한 남녀.	⇨ 匹夫( )婦	
▶ 아들의 성격이나 생활 습관 따위가 아버지로부터 대물림된 것처럼 같거나 비슷함.	⇨ 父傳( )傳	

· 암행. 암투. 명암 · 분해. 이해. 해설 · 후손. 장손 / 天 · 勞 · 心 · 不 · 匹 · 子

217

어휘력 다지기

■ 손님에게 飮食[　　　]을 후히 대접하여라. • • 술을 즐기고 좋아함.

■ 지나친 暴飮[　　　]은 건강을 해친다. • • 사람이 먹을 수 있도록 만든, 밥이나 국 따위의 물건.

■ 그는 술을 즐기는 愛酒[　　　]가 입니다. • • 술을 한꺼번에 많이 마심.

■ 포장마차는 서민들의 酒店[　　　]이었지. • • 어떤 사물이나 현상에 대한 자기의 의견이나 생각.

■ 그와 나의 見解[　　　]는 차이가 좀 있다. • • 술집(술을 파는 집).

■ 사건의 진상을 즉각 解明[　　　]하시오. • • 어려운 일이나 문제가 되는 상태를 해결하여 없애버림.

■ 복잡한 내용을 알기쉽게 解說[　　　]했다. • • 까닭이나 내용을 풀어서 밝힘.

■ 교통난 解消[　　　]를 위한 대책 마련을. • • 문제나 사건의 내용 따위를 알기 쉽게 풀어 설명함.

■ 그들은 有毒[　　　]가스에 질식되었다. • • 독의 기운. 사납고 모진 기운이나 기색.

■ 복어에는 치명적인 毒素[　　　]가 있어. • • 어떤 것에 마음이 끌려 주의를 기울임.

■ 그의 눈에는 毒氣[　　　]가 서려 있었지. • • 독성이 있음.

■ 그녀는 자신의 외모에 關心[　　　]이 많아. • • 해로운 요소.

■ 그 사건은 나와 有關[　　　]한 일이 아냐. • • 넌지시 알림. 또는 그 내용.

■ 그의 말에는 어떤 暗示[　　　]가 있었다네. • • 관계나 관련이 있음.

■ 대통령 暗殺[　　　]음모가 발각되었다. • • 음흉하고 부정한 욕심이 많은 마음.

■ 黑色[　　　]계통의 색조로 그린 수묵화. • • 몰래 사람을 죽임.

■ 분명 그는 黑心[　　　]을 품고 있었을까? • • 검은 색.

■ 답변하기 곤란한 質問[　　　]은 하지마라. • • 묻지 아니함. 가리지 아니함.

■ 反問[　　　]하지는 말고 답변이나 하여라. • • 자신에게 스스로 물음.

■ 장소를 不問[　　　]하고 아무데나 누웠다. • • 모르거나 의심나는 점을 물음.

■ 너의 행동에 대해 自問[　　　]해 보아라. • • 물음에 답하지 아니하고 되물음.

·음식 · 폭음 · 애주 · 주점 · 견해 · 해명 · 해설 · 해소 · 유독 · 독소 · 독기 · 관심 · 유관 · 암시 · 암살 · 흑색 · 흑심 · 질문 · 반문 · 불문 · 자문

218

■ 한자어가 되도록 □ 안에 공통으로 넣을 한자를 보기에서 찾아 □ 안에 쓰고, 그 한자어들의 뜻을 생각하며 음을 적어라.

□ ⇨	過□	□食	□酒		□ ⇨	分□	□消	□毒

□ ⇨	□係	□心	□門		□ ⇨	□示	明□	□黑

□ ⇨	學□	質□	反□		□ ⇨	□念	□殺	□禮

보기

默 · 解 · 疑 · 問 · 飲 · 毒 · 酒 · 契 · 關 · 貪 · 係 · 黑 · 暗

■ 아래의 뜻을 지닌 한자어가 되도록 위의 보기에서 알맞은 한자를 찾아 □ 안에 써 넣어라.

▶ 관련되는 사람이나 조직체 사이에서 서로 지켜야 할 의무에 대하여 글이나 말로 정하여 둠. 또는 그런 약속.
▷ 위약금을 물고 [ ]約 을 해지하였다.

▶ 의심스럽게 생각함. 또는 그런 문제나 사실.
▷ 그의 설명으로 모든 [ ]問 이 풀렸어.

▶ 음흉하고 부정한 욕심이 많은 마음.
▷ 내가 너의 [ ]心 을 모를 것 같아?

▶ 둘 이상의 사람, 사물, 현상 따위가 서로 관련을 맺거나 관련이 있음. 또는 그런 관련.
▷ 그 일과 나는 아무 關[ ] 가 없었어.

▶ 생체가 음식물이나 약물의 독성에 의하여 기능 장애를 일으키는 일.
▷ 중금속 中[ ] 은 인체에 치명적이다.

▶ 지나치게 탐하는 욕심.
▷ 그는 먹을 것에 [ ]慾 을 부린다.

▶ '술'을 점잖게 이르는 말.
▷ 할아버지께서 藥[ ] 를 드셨나봐요.

· 과음. 음식. 음주 · 분해. 해소. 해독 · 관계. 관심. 관문 · 암시. 명암. 암흑 · 학문. 질문. 반문 · 묵념. 묵살. 묵례 / · 계약 · 의문 · 흑심 · 관계 · 중독 · 탐욕 · 약주

■ 한자의 음과 훈을 되새기며 필순에 따라 바르게 써 보자.

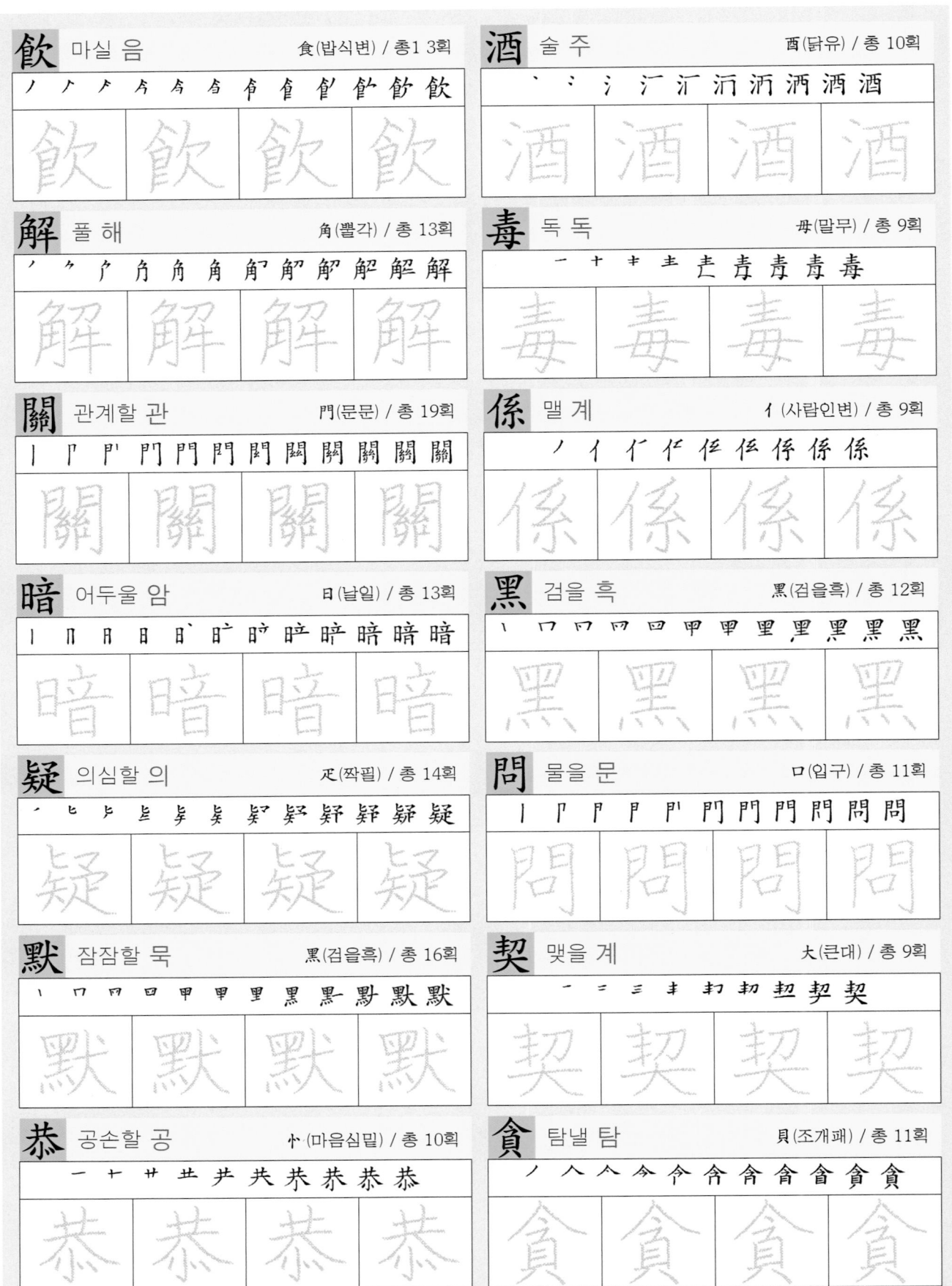

飲 마실 음 — 食(밥식변) / 총 13획
ノ ノ ゲ 欠 今 今 今 食 食 食 飲 飲 飲
飲 飲 飲 飲

酒 술 주 — 酉(닭유) / 총 10획
、 、 氵 氵 沪 沪 沔 洒 酒 酒
酒 酒 酒 酒

解 풀 해 — 角(뿔각) / 총 13획
ノ ク 广 角 角 角 角 角 解 解 解 解 解
解 解 解 解

毒 독 독 — 毋(말무) / 총 9획
一 十 ㄓ 主 丰 丰 毒 毒 毒
毒 毒 毒 毒

關 관계할 관 — 門(문문) / 총 19획
ㅣ ㅣ ㅣ 門 門 門 門 閂 閣 關 關 關 關
關 關 關 關

係 맬 계 — 亻(사람인변) / 총 9획
ノ 亻 亻 亻 仁 仔 仔 係 係
係 係 係 係

暗 어두울 암 — 日(날일) / 총 13획
ㅣ 月 日 日 日 日 昉 昈 晬 晬 暗 暗 暗
暗 暗 暗 暗

黑 검을 흑 — 黑(검을흑) / 총 12획
ㅣ ㅁ ㅁ 冊 罒 里 里 里 里 黑 黑 黑
黑 黑 黑 黑

疑 의심할 의 — 疋(짝필) / 총 14획
ㅗ ヒ ゲ ゲ ゲ 矣 矣 疑 疑 疑 疑 疑
疑 疑 疑 疑

問 물을 문 — 口(입구) / 총 11획
ㅣ ㅣ ㅣ ㅣ 門 門 門 門 門 問 問
問 問 問 問

默 잠잠할 묵 — 黑(검을흑) / 총 16획
、 口 田 田 甲 甲 里 黑 黑 默 默 默
默 默 默 默

契 맺을 계 — 大(큰대) / 총 9획
一 二 ㅌ 丰 却 却 契 契 契
契 契 契 契

恭 공손할 공 — 忄(마음심밑) / 총 10획
一 十 ㅓ ㅄ 共 共 恭 恭 恭 恭
恭 恭 恭 恭

貪 탐낼 탐 — 貝(조개패) / 총 11획
ノ 入 ↗ 今 今 含 含 含 貪 貪
貪 貪 貪 貪

학습한자 찾아보기

旗<기>	4-06	7급
期<기>	1-15	5급
棄<기>	3-16	3급
機<기>	3-03	4급
氣<기>	2-12	7급Ⅱ
汽<기>	추-2	4급
紀<기>	3-08	4급
記<기>	3-08	7급Ⅱ
起<기>	5-07	4급Ⅱ
緊<긴>	4-10	3급Ⅱ
吉<길>	2-02	5급

ㄴ

暖<난>	4-07	4급Ⅱ
難<난>	3-03	4급Ⅱ
南<남>	1-10	8급
男<남>	1-05	7급Ⅱ
納<납>	4-10	4급
內<내>	1-10	7급Ⅱ
耐<내>	5-05	3급Ⅱ
女<녀,여>1-02		8급
年<년,연>1-11		8급
念<념>	2-14	5급Ⅱ
努<노>	추-7	4급Ⅱ
農<농>	2-11	7급Ⅱ
能<능>	2-01	5급Ⅱ

ㄷ

多<다>	2-11	6급
丹<단>	1-04	3급Ⅱ
單<단>	3-02	4급Ⅱ
團<단>	3-02	5급Ⅱ
壇<단>	1-15	5급
斷<단>	5-11	4급Ⅱ
段<단>	추-4	4급
短<단>	5-11	6급Ⅱ
端<단>	5-14	4급Ⅱ
達<달>	3-05	4급Ⅱ
擔<담>	추-2	4급Ⅱ
談<담>	3-11	5급
畓<답>	1-05	3급
答<답>	3-14	7급Ⅱ
堂<당>	3-07	6급Ⅱ
當<당>	4-01	5급Ⅱ
代<대>	1-12	6급Ⅱ
大<대>	1-01	8급
對<대>	3-14	6급Ⅱ

帶<대>	4-07	4급Ⅱ
待<대>	5-16	6급
臺<대>	5-14	3급Ⅱ
貸<대>	4-12	3급Ⅱ
隊<대>	1-14	4급Ⅱ
德<덕>	3-01	5급Ⅱ
倒<도>	5-02	3급Ⅱ
刀<도>	1-07	3급Ⅱ
到<도>	4-05	5급Ⅱ
圖<도>	5-14	6급Ⅱ
導<도>	3-14	4급Ⅱ
島<도>	추-1	5급
度<도>	3-05	6급
徒<도>	3-04	4급
盜<도>	5-02	4급
逃<도>	추-1	4급
道<도>	1-09	7급Ⅱ
都<도>	추-7	5급
毒<독>	2-16	4급Ⅱ
獨<독>	2-13	5급Ⅱ
督<독>	추-8	4급Ⅱ
讀<독>	4-12	6급Ⅱ
突<돌>	5-12	3급Ⅱ
冬<동>	2-14	7급
凍<동>	4-09	3급Ⅱ
動<동>	2-06	7급Ⅱ
東<동>	1-10	8급
童<동>	4-05	6급Ⅱ
銅<동>	4-14	4급Ⅱ
斗<두>	2-04	4급Ⅱ
頭<두>	3-05	6급
得<득>	5-16	4급Ⅱ
燈<등>	3-05	4급Ⅱ
登<등>	1-14	7급
等<등>	2-08	6급Ⅱ

ㄹ

羅<라,나>4-13		4급Ⅱ
樂<락,악>2-07		6급Ⅱ
落<락,낙>5-04		5급
亂<란,난>5-14		4급
卵<란>	추-4	4급
覽<람>	5-09	4급
朗<랑>	추-8	5급Ⅱ
來<래,내>2-03		7급

冷<랭,냉>4-09		5급
略<략,약>5-02		4급
兩<량,냥>4-01		4급Ⅱ
良<량,양>1-11		5급Ⅱ
量<량,양>4-14		5급
慮<려>	4-04	4급
旅<려>	추-5	5급Ⅱ
麗<려>	5-06	4급Ⅱ
力<력>	1-03	7급Ⅱ
歷<력,역>3-04		5급Ⅱ
練<련,연>5-15		5급Ⅱ
列<렬,열>1-14		4급Ⅱ
劣<렬,열>4-04		3급
烈<렬,열>5-01		4급
裂<렬>	1-14	3급Ⅱ
令<령,영>1-12		5급
領<령,영>2-08		5급
例<례,예>1-14		6급
勞<로,노>2-13		5급Ⅱ
怒<로,노>5-12		4급Ⅱ
老<로,노>1-06		7급
路<로,노>1-15		6급
露<로,노>4-11		3급Ⅱ
綠<록,녹>3-08		6급
錄<록,녹>3-08		4급Ⅱ
論<론,논>4-15		4급Ⅱ
雷<뢰,뇌>4-14		3급Ⅱ
了<료>	5-15	3급
料<료,요>2-07		5급
龍<룡,용>3-16		4급
累<루>	추-2	3급Ⅱ
流<류,유>3-12		5급Ⅱ
留<류,유>4-06		4급Ⅱ
類<류,유>2-10		5급Ⅱ
六<륙,육>1		8급
陸<륙,육>5-16		5급Ⅱ
輪<륜>	추-3	4급
律<률,율>3-01		4급Ⅱ
利<리,이>1-07		6급Ⅱ
理<리,이>2-03		6급Ⅱ
裏<리,이>2-12		3급Ⅱ
里<리,이>1-10		7급
離<리,이>5-16		4급
林<림,임>3-08		7급
臨<림,임>5-10		3급Ⅱ
立<립,입>2-13		7급Ⅱ

ㅁ

馬<마>	1-05	5급
魔<마>	4-05	2급
幕<막>	5-16	3급Ⅱ
漠<막>	5-16	3급Ⅱ
莫<막>	2-12	3급Ⅱ
晩<만>	5-16	3급Ⅱ
滿<만>	5-15	4급Ⅱ
萬<만>	1-10	8급
末<말>	2-12	5급
亡<망>	2-02	5급
妄<망>	5-12	3급Ⅱ
忘<망>	5-08	3급
望<망>	3-11	5급Ⅱ
網<망>	4-13	2급
妹<매>	추-5	4급
每<매>	1-11	7급Ⅱ
買<매>	4-12	5급
賣<매>	4-12	5급
脈<맥>	3-13	4급Ⅱ
盲<맹>	2-02	3급Ⅱ
免<면>	5-03	3급Ⅱ
勉<면>	5-13	4급
綿<면>	4-14	3급Ⅱ
面<면>	3-05	7급
滅<멸>	5-13	3급
名<명>	1-09	7급Ⅱ
命<명>	1-12	7급
明<명>	1-03	6급Ⅱ
銘<명>	4-10	3급Ⅱ
鳴<명>	추-6	4급
暮<모>	3-16	3급
模<모>	4-11	4급
母<모>	1-06	8급
毛<모>	1-08	4급Ⅱ
謀<모>	5-02	3급Ⅱ
木<목>	1-03	8급
牧<목>	추-6	4급Ⅱ
目<목>	1-10	6급
沒<몰>	5-06	3급Ⅱ
夢<몽>	3-12	3급Ⅱ
墓<묘>	2-15	4급
妙<묘>	4-10	4급
務<무>	4-10	4급Ⅱ
武<무>	5-01	4급Ⅱ

無<무> 3-04 5급	凡<범> 1-15 3급Ⅱ	備<비> 5-12 4급Ⅱ	尙<상> 3-07 3급Ⅱ
舞<무> 5-14 4급	犯<범> 3-01 4급	悲<비> 5-10 4급Ⅱ	常<상> 3-07 4급Ⅱ
墨<묵> 3-10 3급Ⅱ	範<범> 추-4 4급	比<비> 5-11 5급	床<상> 3-12 4급Ⅱ
默<묵> 2-16 3급Ⅱ	法<법> 3-01 5급Ⅱ	碑<비> 추-7 4급	想<상> 4-03 4급Ⅱ
問<문> 2-16 7급	壁<벽> 4-08 4급Ⅱ	秘<비> 3-16 4급	狀<상> 3-09 4급Ⅱ
文<문> 2-02 7급	變<변> 3-15 5급Ⅱ	肥<비> 3-10 3급Ⅱ	相<상> 3-14 5급Ⅱ
聞<문> 2-02 6급Ⅱ	辯<변> 5-07 4급	費<비> 추-5 5급	象<상> 3-16 4급
門<문> 1-03 8급	邊<변> 5-06 4급Ⅱ	非<비> 1-15 4급Ⅱ	賞<상> 3-15 5급
物<물> 1-14 7급Ⅱ	別<별> 4-08 6급	飛<비> 3-16 4급Ⅱ	霜<상> 4-08 3급Ⅱ
味<미> 4-06 4급Ⅱ	丙<병> 1-04 3급Ⅱ	鼻<비> 1-14 5급	索<색> 추-7 3급Ⅱ
尾<미> 2-12 3급Ⅱ	兵<병> 1-12 5급Ⅱ	貧<빈> 3-03 4급Ⅱ	色<색> 1-08 7급
微<미> 4-06 3급Ⅱ	病<병> 3-13 6급	氷<빙> 4-09 5급	生<생> 1-02 8급
未<미> 2-03 4급Ⅱ	保<보> 3-16 4급Ⅱ	**ㅅ**	序<서> 4-02 5급
美<미> 3-01 6급	報<보> 5-05 4급Ⅱ	事<사> 1-09 7급Ⅱ	書<서> 3-07 6급Ⅱ
民<민> 1-11 8급	寶<보> 4-16 4급Ⅱ	似<사> 3-14 3급	西<서> 1-10 8급
密<밀> 3-16 4급Ⅱ	普<보> 2-08 4급	使<사> 3-04 6급	夕<석> 1-09 7급
ㅂ	步<보> 2-01 4급Ⅱ	史<사> 3-04 5급	席<석> 3-07 6급
博<박> 4-16 4급Ⅱ	補<보> 2-08 3급Ⅱ	四<사> 1 8급	石<석> 1-03 6급
拍<박> 추-5 4급	伏<복> 2-06 4급	士<사> 1-12 5급	先<선> 1-02 8급
朴<박> 추-8 6급	復<복> 3-05 4급Ⅱ	寫<사> 4-07 5급	善<선> 1-11 5급
迫<박> 3-12 3급Ⅱ	服<복> 5-03 6급	寺<사> 2-01 4급Ⅱ	宣<선> 2-05 4급
半<반> 1-09 6급Ⅱ	福<복> 2-04 5급Ⅱ	射<사> 4-16 4급	線<선> 4-11 6급Ⅱ
反<반> 2-12 6급Ⅱ	腹<복> 5-11 3급Ⅱ	師<사> 2-05 4급Ⅱ	船<선> 4-01 5급
叛<반> 5-03 3급	複<복> 5-12 4급	思<사> 4-04 5급	選<선> 5-07 5급
班<반> 추-1 6급Ⅱ	本<본> 1-10 6급	查<사> 4-12 5급	鮮<선> 3-08 5급Ⅱ
發<발> 3-15 6급Ⅱ	奉<봉> 추-3 5급Ⅱ	死<사> 2-02 6급	舌<설> 2-08 4급
髮<발> 3-04 4급	不<불,부>1-06 7급Ⅱ	沙<사> 5-16 3급Ⅱ	設<설> 4-07 4급Ⅱ
妨<방> 추-5 4급	付<부> 4-01 3급Ⅱ	社<사> 2-09 6급Ⅱ	說<설> 2-14 5급Ⅱ
房<방> 4-07 4급Ⅱ	副<부> 추-3 4급Ⅱ	私<사> 1-08 4급	雪<설> 4-07 6급Ⅱ
放<방> 5-02 6급Ⅱ	否<부> 2-09 4급	絲<사> 추-3 4급	城<성> 4-08 4급Ⅱ
方<방> 1-04 7급Ⅱ	夫<부> 2-12 7급	舍<사> 3-12 4급Ⅱ	性<성> 2-01 5급Ⅱ
訪<방> 추-7 4급Ⅱ	婦<부> 2-12 4급Ⅱ	蛇<사> 4-02 3급Ⅱ	成<성> 1-12 6급Ⅱ
防<방> 2-10 4급Ⅱ	富<부> 2-07 4급Ⅱ	謝<사> 5-08 4급Ⅱ	星<성> 1-03 4급Ⅱ
倍<배> 추-1 4급	府<부> 추-1 4급Ⅱ	辭<사> 추-4 4급	盛<성> 2-13 4급Ⅱ
拜<배> 3-07 4급Ⅱ	浮<부> 5-14 3급Ⅱ	山<산> 1-01 8급	省<성> 2-15 6급Ⅱ
排<배> 3-02 3급Ⅱ	父<부> 1-06 8급	散<산> 3-08 4급	聖<성> 3-04 4급Ⅱ
背<배> 5-03 4급Ⅱ	負<부> 5-11 4급	産<산> 3-06 5급Ⅱ	聲<성> 5-02 4급Ⅱ
配<배> 3-05 4급Ⅱ	部<부> 5-11 6급Ⅱ	算<산> 4-15 7급	誠<성> 2-13 4급Ⅱ
伯<백> 3-12 3급Ⅱ	附<부> 4-14 3급Ⅱ	殺<살,쇄>4-16 4급Ⅱ	世<세> 3-08 7급Ⅱ
白<백> 1-02 8급	北<복,배>1-10 8급	三<삼> 1 8급	勢<세> 3-11 4급Ⅱ
百<백> 1 7급	分<분> 1-09 6급Ⅱ	上<상> 1-01 7급Ⅱ	歲<세> 3-07 5급Ⅱ
番<번> 4-02 6급	奔<분> 3-14 3급	傷<상> 5-11 4급	洗<세> 추-8 5급Ⅱ
繁<번> 4-03 3급Ⅱ	奮<분> 5-09 3급Ⅱ	像<상> 4-03 3급Ⅱ	稅<세> 4-10 4급Ⅱ
伐<벌> 5-02 4급Ⅱ	憤<분> 5-12 4급	償<상> 4-12 3급Ⅱ	細<세> 5-13 4급Ⅱ
罰<벌> 3-01 4급Ⅱ	粉<분> 3-04 4급	商<상> 3-06 5급Ⅱ	小<소> 1-01 8급
	佛<불> 추-3 4급Ⅱ		少<소> 1-06 7급

소~승 (Column 1)

漢字	위치	급수
所<소>	1-13	7급
掃<소>	추-7	4급Ⅱ
消<소>	1-15	6급Ⅱ
笑<소>	4-06	4급Ⅱ
素<소>	1-16	4급Ⅱ
俗<속>	3-11	4급
屬<속>	추-5	4급
束<속>	2-04	5급Ⅱ
續<속>	5-05	4급Ⅱ
速<속>	2-05	6급
孫<손>	2-15	6급
損<손>	4-15	4급
率<솔,률,율>	5-11	3급Ⅱ
松<송>	1-08	4급
送<송>	5-12	4급Ⅱ
頌<송>	추-5	4급
碎<쇄>	2-02	1급
衰<쇠>	5-12	3급Ⅱ
修<수>	5-15	4급Ⅱ
受<수>	3-15	4급Ⅱ
守<수>	4-10	4급Ⅱ
手<수>	1-06	7급Ⅱ
授<수>	3-15	4급Ⅱ
收<수>	1-11	4급Ⅱ
數<수>	4-14	7급
樹<수>	3-08	6급
水<수>	1-03	8급
獸<수>	3-06	3급Ⅱ
秀<수>	5-06	4급
輸<수>	5-12	3급Ⅱ
需<수>	2-10	3급Ⅱ
首<수>	1-09	5급Ⅱ
叔<숙>	추-8	4급
宿<숙>	1-13	5급Ⅱ
熟<숙>	4-06	3급Ⅱ
肅<숙>	추-6	4급
巡<순>	5-03	3급Ⅱ
旬<순>	1-16	3급Ⅱ
純<순>	3-02	4급Ⅱ
順<순>	4-02	5급Ⅱ
術<술>	3-04	6급Ⅱ
崇<숭>	3-07	4급
濕<습>	5-13	3급Ⅱ
習<습>	5-05	6급
乘<승>	4-01	3급Ⅱ
勝<승>	3-02	6급

승~애 (Column 2)

漢字	위치	급수
承<승>	5-05	4급Ⅱ
昇<승>	5-03	3급Ⅱ
始<시>	5-07	6급Ⅱ
市<시>	1-11	7급Ⅱ
施<시>	4-07	4급Ⅱ
是<시>	4-12	4급Ⅱ
時<시>	2-01	7급Ⅱ
示<시>	1-12	5급
視<시>	4-11	4급Ⅱ
試<시>	5-15	4급Ⅱ
詩<시>	5-15	4급Ⅱ
式<식>	3-07	6급
息<식>	1-13	4급Ⅱ
植<식>	5-08	7급
識<식>	4-04	5급Ⅱ
食<식>	1-07	7급Ⅱ
飾<식>	4-02	3급Ⅱ
信<신>	1-16	6급Ⅱ
新<신>	3-08	6급Ⅱ
申<신>	추-7	4급Ⅱ
神<신>	3-04	6급Ⅱ
臣<신>	2-13	5급Ⅱ
身<신>	1-05	6급Ⅱ
失<실>	1-06	6급
室<실>	4-02	8급
實<실>	3-09	5급Ⅱ
審<심>	4-12	3급Ⅱ
心<심>	1-04	7급
深<심>	4-05	4급Ⅱ
十<십>	1	8급
雙<쌍>	3-05	3급Ⅱ
氏<씨>	추-7	4급

ㅇ

漢字	위치	급수
兒<아>	2-04	5급Ⅱ
我<아>	4-04	3급Ⅱ
牙<아>	3-16	3급Ⅱ
惡<악>	3-12	5급Ⅱ
安<안>	1-05	7급Ⅱ
案<안>	4-15	5급
眼<안>	3-13	4급Ⅱ
顔<안>	5-16	3급Ⅱ
暗<암>	2-16	4급Ⅱ
壓<압>	3-12	4급Ⅱ
央<앙>	1-02	3급Ⅱ
哀<애>	5-08	3급Ⅱ

애~영 (Column 3)

漢字	위치	급수
愛<애>	1-16	6급
液<액>	4-09	4급Ⅱ
額<액>	추-4	4급
夜<야>	2-14	6급
野<야>	4-05	6급
弱<약>	2-10	6급Ⅱ
約<약>	2-04	5급Ⅱ
藥<약>	2-07	6급Ⅱ
揚<양>	5-14	3급Ⅱ
樣<양>	4-11	4급
洋<양>	1-11	6급
羊<양>	1-08	4급Ⅱ
陽<양>	1-13	6급
養<양>	2-04	5급Ⅱ
漁<어>	2-11	5급
語<어>	1-16	7급
魚<어>	2-10	5급
億<억>	추-3	5급
言<언>	1-16	6급
嚴<엄>	5-10	4급
業<업>	2-11	6급Ⅱ
如<여>	1-08	4급Ⅱ
與<여>	3-15	4급
餘<여>	2-07	4급Ⅱ
域<여>	3-10	4급
役<여>	5-14	3급Ⅱ
易<역>	1-12	4급
逆<역>	5-07	4급Ⅱ
延<연>	추-1	4급
演<연>	4-03	4급Ⅱ
然<연>	4-02	7급
煙<연>	3-10	4급Ⅱ
燃<연>	추-8	4급
硏<연>	5-13	4급Ⅱ
緣<연>	2-14	4급
軟<연>	추-7	3급Ⅱ
連<련.연>	5-05	4급Ⅱ
熱<열>	5-07	5급
染<염>	5-06	3급Ⅱ
葉<엽>	5-04	5급
映<영>	추-4	4급
榮<영>	4-02	4급Ⅱ
永<영>	4-08	6급
營<영>	4-05	4급
英<영>	4-16	6급
迎<영>	5-10	4급

예~원 (Column 4)

漢字	위치	급수
藝<예>	3-04	4급Ⅱ
禮<례,예>	2-13	6급
豫<예>	5-05	4급
五<오>	1	8급
午<오>	추-7	7급Ⅱ
汚<오>	5-06	3급
烏<오>	2-10	3급Ⅱ
誤<오>	5-05	4급Ⅱ
屋<옥>	2-15	5급
獄<옥>	5-14	3급
玉<옥>	1-03	4급Ⅱ
溫<온>	2-15	6급
完<완>	1-12	5급
往<왕>	3-05	4급Ⅱ
王<왕>	1-02	8급
外<외>	1-10	8급
曜<요>	추-8	4급
要<요>	2-05	5급Ⅱ
謠<요>	추-8	4급Ⅱ
慾<욕>	2-06	3급Ⅱ
欲<욕>	2-06	3급Ⅱ
浴<욕>	추-5	5급
勇<용>	4-16	6급Ⅱ
容<용>	4-08	4급Ⅱ
溶<용>	4-09	특급Ⅱ
用<용>	1-11	6급Ⅱ
優<우>	4-04	4급
友<우>	2-06	5급Ⅱ
右<우>	1-10	7급Ⅱ
憂<우>	4-04	3급Ⅱ
牛<우>	1-08	5급
遇<우>	추-3	4급
雨<우>	2-02	5급Ⅱ
運<운>	2-06	6급Ⅱ
雲<운>	2-02	5급Ⅱ
雄<웅>	4-16	5급
元<원>	1-09	5급Ⅱ
原<원>	3-02	5급
員<원>	2-05	4급Ⅱ
圓<원>	2-06	4급Ⅱ
園<원>	5-04	6급
怨<원>	추-2	4급
援<원>	3-03	4급
源<원>	4-03	4급
遠<원>	4-08	6급
院<원>	2-01	5급

願<원>	5-08	5급	人<인>	1-01	8급	載<재>	추-6	3급Ⅱ	制<제>	3-12	4급Ⅱ

願<원> 5-08 5급 | 人<인> 1-01 8급 | 載<재> 추-6 3급Ⅱ | 制<제> 3-12 4급Ⅱ
月<월> 1-01 8급 | 仁<인> 4-13 4급 | 爭<쟁> 3-12 5급 | 帝<제> 추-6 4급
越<월> 3-11 3급Ⅱ | 印<인> 5-10 4급Ⅱ | 低<저> 3-11 4급Ⅱ | 弟<제> 1-06 8급
位<위> 4-01 5급 | 因<인> 3-02 5급 | 底<저> 4-11 4급 | 提<제> 4-15 4급Ⅱ
偉<위> 2-11 5급Ⅱ | 引<인> 3-14 4급Ⅱ | 貯<저> 4-14 5급 | 濟<제> 4-15 4급Ⅱ
危<위> 3-03 4급 | 忍<인> 4-09 3급Ⅱ | 敵<적> 4-16 4급Ⅱ | 祭<제> 3-09 4급Ⅱ
圍<위> 2-11 4급 | 認<인> 4-12 4급Ⅱ | 的<적> 2-11 5급Ⅱ | 製<제> 4-03 4급Ⅱ
委<위> 2-05 4급 | 一<일> 1 8급 | 積<적> 4-11 4급 | 除<제> 5-03 4급Ⅱ
威<위> 4-12 4급 | 日<일> 1-01 8급 | 籍<적> 추-6 4급 | 際<제> 3-09 4급Ⅱ
慰<위> 추-6 4급 | 逸<일> 3-06 3급Ⅱ | 賊<적> 5-02 4급 | 題<제> 5-13 6급Ⅱ
爲<위> 5-14 4급Ⅱ | 任<임> 2-04 5급Ⅱ | 赤<적> 4-06 5급 | 助<조> 2-06 4급Ⅱ
衛<위> 추-3 4급Ⅱ | 賃<임> 4-12 3급Ⅱ | 適<적> 4-01 4급 | 弔<조> 3-09 3급
違<위> 2-12 3급 | 入<입> 1-01 7급 | 傳<전> 2-14 5급Ⅱ | 操<조> 추-7 5급
乳<유> 1-08 4급 | | 全<전> 1-05 7급Ⅱ | 早<조> 2-05 4급Ⅱ
儒<유> 추-6 4급 | **ㅈ** | 典<전> 추-7 5급Ⅱ | 朝<조> 1-09 6급
幼<유> 2-04 3급Ⅱ | 姉<자> 추-5 4급 | 前<전> 2-03 7급Ⅱ | 條<조> 4-08 4급
有<유> 1-07 7급 | 姿<자> 추-8 4급 | 專<전> 2-14 4급 | 潮<조> 추-6 4급
柔<유> 추-5 3급Ⅱ | 子<자> 1-05 7급Ⅱ | 展<전> 3-15 5급Ⅱ | 祖<조> 2-15 7급
油<유> 4-06 6급 | 字<자> 2-09 7급 | 戰<전> 3-12 6급Ⅱ | 組<조> 추-3 4급
由<유> 2-03 6급 | 慈<자> 4-13 3급Ⅱ | 田<전> 1-05 4급Ⅱ | 調<조> 3-01 5급Ⅱ
遊<유> 추-2 4급 | 者<자> 2-07 6급 | 轉<전> 5-07 4급 | 造<조> 4-03 4급Ⅱ
遺<유> 5-04 4급 | 自<자> 1-07 7급Ⅱ | 錢<전> 4-14 4급 | 鳥<조> 2-10 4급Ⅱ
肉<육> 1-07 4급Ⅱ | 資<자> 4-03 4급 | 電<전> 3-05 7급Ⅱ | 族<족> 5-04 6급
育<육> 2-04 7급 | 作<작> 1-07 6급Ⅱ | 切<절,체> 3-12 5급Ⅱ | 足<족> 1-06 7급Ⅱ
恩<은> 5-08 4급Ⅱ | 昨<작> 추-4 6급Ⅱ | 折<절> 4-11 4급 | 存<존> 2-01 4급
銀<은> 4-14 6급 | 殘<잔> 4-09 4급 | 節<절> 2-13 5급Ⅱ | 尊<존> 4-13 4급Ⅱ
隱<은> 4-16 4급 | 雜<잡> 5-12 4급 | 絶<절> 5-09 4급Ⅱ | 卒<졸> 1-12 5급Ⅱ
乙<을> 1-04 3급Ⅱ | 丈<장> 3-02 3급Ⅱ | 占<점> 2-08 4급 | 宗<종> 2-15 4급Ⅱ
陰<음> 5-02 4급Ⅱ | 場<장> 1-14 7급Ⅱ | 店<점> 2-09 5급Ⅱ | 從<종> 5-03 4급
音<음> 2-07 6급Ⅱ | 壯<장> 5-01 4급 | 點<점> 5-15 4급 | 種<종> 5-13 5급Ⅱ
飮<음> 2-16 6급Ⅱ | 獎<장> 추-4 4급 | 接<접> 5-16 4급Ⅱ | 終<종> 5-07 5급
應<응> 3-14 4급Ⅱ | 將<장> 4-16 4급Ⅱ | 丁<정> 1-04 4급 | 坐<좌> 3-08 3급Ⅱ
依<의> 2-09 4급 | 帳<장> 추-2 4급 | 井<정> 4-04 3급Ⅱ | 左<좌> 1-10 7급Ⅱ
儀<의> 3-07 4급 | 張<장> 4-10 4급 | 停<정> 4-06 5급 | 座<좌> 4-10 4급
意<의> 2-08 6급Ⅱ | 章<장> 5-10 6급 | 定<정> 1-15 6급 | 罪<죄> 3-01 5급
疑<의> 2-16 4급 | 腸<장> 추-5 4급 | 庭<정> 5-04 6급Ⅱ | 主<주> 1-02 7급
義<의> 1-16 4급Ⅱ | 裝<장> 5-01 4급 | 征<정> 5-02 3급Ⅱ | 住<주> 1-13 7급
衣<의> 1-02 6급 | 長<장> 1-05 8급 | 情<정> 1-16 5급Ⅱ | 周<주> 2-11 4급
議<의> 4-15 4급Ⅱ | 障<장> 추-2 4급Ⅱ | 政<정> 5-07 4급Ⅱ | 晝<주> 2-14 6급
醫<의> 3-14 6급 | 再<재> 5-07 5급 | 整<정> 5-12 4급 | 朱<주> 5-04 4급
二<이> 1 8급 | 在<재> 2-01 6급 | 正<정> 1-07 7급Ⅱ | 注<주> 4-06 6급Ⅱ
以<이> 1-12 5급Ⅱ | 才<재> 1-02 6급Ⅱ | 淨<정> 5-06 3급Ⅱ | 舟<주> 1-04 3급
異<이> 3-07 4급 | 材<재> 2-07 5급Ⅱ | 程<정> 추-6 4급Ⅱ | 走<주> 3-13 4급Ⅱ
移<이> 5-08 4급Ⅱ | 災<재> 3-03 5급 | 靜<정> 추-6 4급 | 週<주> 5-09 5급Ⅱ
耳<이> 1-10 5급 | 裁<재> 5-11 3급Ⅱ | 頂<정> 5-09 3급Ⅱ | 酒<주> 2-16 4급
益<익> 4-15 4급Ⅱ | 財<재> 3-06 5급Ⅱ | | 竹<죽> 1-08 4급Ⅱ

準<준>	3-11	4급Ⅱ	唱<창>	5-09	5급	衝<충>	5-12	3급Ⅱ	鬪<투>	2-06	4급

準<준> 3-11 4급Ⅱ　　唱<창> 5-09 5급　　衝<충> 5-12 3급Ⅱ　　鬪<투> 2-06 4급
中<중> 1-02 8급　　昌<창> 4-03 3급Ⅱ　　取<취> 3-03 4급Ⅱ　　特<특> 3-13 6급
仲<중> 3-06 3급Ⅱ　　窓<창> 추-6 6급Ⅱ　　就<취> 5-16 4급
衆<중> 4-06 4급Ⅱ　　彩<채> 3-04 3급Ⅱ　　臭<취> 3-08 3급

漢<한>	2-09	7급Ⅱ	混<혼>	5-14	4급
閑<한>	3-09	4급	紅<홍>	5-04	4급
限<한>	3-04	4급Ⅱ	化<화>	1-15	5급
韓<한>	2-15	8급	和<화>	3-01	6급Ⅱ
割<할>	5-14	3급Ⅱ	火<화>	1-03	8급
含<함>	3-10	3급Ⅱ	畵<화>	3-10	6급
合<합>	1-04	6급	禍<화>	5-11	3급Ⅱ
抗<항>	5-01	4급	花<화>	1-15	7급
航<항>	1-15	4급Ⅱ	華<화>	4-02	4급
害<해>	2-10	5급Ⅱ	話<화>	4-05	7급Ⅱ
海<해>	1-11	7급Ⅱ	貨<화>	4-14	4급Ⅱ
解<해>	2-16	4급Ⅱ	擴<확>	3-08	3급
核<핵>	추-1	4급	確<확>	4-02	4급Ⅱ
幸<행>	2-04	6급Ⅱ	患<환>	3-13	5급
行<행>	1-06	6급	換<환>	2-12	3급Ⅱ
向<향>	1-04	6급	歡<환>	5-10	4급
鄕<향>	4-07	4급Ⅱ	還<환>	4-12	3급Ⅱ
香<향>	3-10	4급Ⅱ	活<활>	1-11	7급
虛<허>	4-02	4급Ⅱ	況<황>	3-09	4급
許<허>	4-08	5급	黃<황>	1-13	6급
憲<헌>	추-1	4급	回<회>	1-11	4급Ⅱ
險<험>	5-15	4급	會<회>	2-09	6급Ⅱ
驗<험>	5-15	4급Ⅱ	灰<회>	추-2	3급
革<혁>	3-15	4급	劃<획>	3-10	3급Ⅱ
現<현>	1-16	6급Ⅱ	孝<효>	1-09	7급Ⅱ
賢<현>	4-13	4급Ⅱ	效<효>	3-13	5급Ⅱ
顯<현>	추-8	4급	候<후>	추-2	4급
血<혈>	1-08	4급Ⅱ	厚<후>	5-08	4급
協<협>	2-06	4급Ⅱ	後<후>	2-03	7급Ⅱ
兄<형>	1-06	8급	訓<훈>	5-15	6급
刑<형>	3-01	4급	揮<휘>	추-5	4급
型<형>	5-10	2급	休<휴>	1-13	7급
形<형>	2-06	6급Ⅱ	凶<흉>	2-02	5급Ⅱ
惠<혜>	5-08	4급Ⅱ	黑<흑>	2-16	5급
慧<혜>	4-04	3급Ⅱ	吸<흡>	2-12	4급Ⅱ
呼<호>	2-12	4급Ⅱ	興<흥>	5-09	4급Ⅱ
好<호>	2-06	4급Ⅱ	喜<희>	5-10	4급
戶<호>	1-03	4급Ⅱ	希<희>	3-11	4급Ⅱ
湖<호>	2-08	5급			
虎<호>	3-16	3급Ⅱ			
號<호>	4-02	6급			
護<호>	4-10	4급Ⅱ			
豪<호>	4-02	3급Ⅱ			
或<혹>	추-4	4급			
酷<혹>	4-09	2급			
婚<혼>	2-04	4급			

초등 때 키운

한자 어휘력! 나를 키운다 시리즈

이 책으로는 많이 쓰이는 한자와
그 한자들로 이루어진 한자어를 익혀 어휘력을 키우며
나아가 다른 한자어의 뜻도 유추할 수 있게 합니다.

초등 때 키운 한자 어휘력! 나를 키운다 1
이재준 | 20,000원 | 224쪽

초등 때 키운 한자 어휘력! 나를 키운다 3
이재준 | 20,000원 | 230쪽

초등 때 키운 한자 어휘력! 나를 키운다 4
이재준 | 20,000원 | 230쪽

초등 때 키운 한자 어휘력! 나를 키운다 5
이재준 | 22,000원 | 260쪽

어휘력은 사고력의 출발인 동시에 문해력 학습 능력의 기초입니다.